KATE BROWN

# 惡托邦記

# DISPATCHES FROM DYSTOPIA

凱特．布朗 著

黃煜文 譯

Histories of Places Not Yet Forgotten

# 目次


導讀　鏽墟裡的點燈人：凱特・布朗的反烏托邦紀事／郭婷　4

第一章　親臨現場　17

第二章　巴拿馬飯店，日裔美國人與無法壓抑的過去　41

第三章　車諾比禁區（不）可能的歷史　67

第四章　克什特姆，身體的祕密　93

第五章　烏曼，受玷花園的神聖空間　121

第六章　格子狀的生活：為什麼哈薩克和蒙大拿幾乎是相同的地方？　147

第七章　鐵鏽帶，返鄉憶往　197

致謝　221

註釋　223

參考書目　246

# 導讀 墟裡的點燈人：凱特．布朗的反烏托邦紀事

郭婷（多倫多大學語言研究學系助理教授）

我花了很長的時間才發現，我小時候在鐵鏽帶目睹的瀕臨臨界點的潛在暴力，居然在我想理解它的渴望中再次顯現……有一天，我終於領悟，我成為歷史學家以來，一直記述著環境、人口與經濟上的反烏托邦。這是否意味著我表面上撰寫蘇聯的歷史，之後又開始撰寫美國的歷史，實際上我只是在諷喻自己的過去？我不這麼認為。地方與個人的生平及認同息息相關，我認為我有能力看出在別的史家嚴重尚未成形的故事，因為我的故事賦予我這樣的敏感度。

我的生平充滿各種情感、不安全感、同理心以及反感，當我探索與撰寫主題時，我往往援引這些感受。從我幼年在埃爾金時開始，我一直深受空無一人的建築物與空蕩蕩的街道吸引，我會在荒涼的地點漫遊，檢拾棄置的物品，想從這些無皮那種探求原來的主人的故事。正是這些人，這些最後關燈的人，最能引起我的興趣……地方不可避免位於這些傳記的中心，因為就算只剩下地方本身，地方依然會繼續講述故事。

歷史學家凱特·布朗（Kate Brown）在本書結論章節中真誠地回顧自身經歷，為這本關於反烏托廢墟的著作帶來一絲希望。她所走訪和描繪的反烏托邦之地，比如西雅圖破落的酒店、俄羅斯的封閉核區、烏克蘭的哈西迪猶太教朝聖小鎮烏曼、哈薩克的監獄城市、蒙大拿的鐵路城市……都不是傳統意義上的廢墟或遺址，因為那些地方依然有人跡。許多人已經不在，許多人漸次遷來，還有許多人從未離開。

她抵達監獄城市卡拉干達時驚訝地發現那裡道路開闊、秩序井然，雖然居民已不是當年的那批勞改犯，雖然在一九九〇年代的校園還會挖到人骨；巴拿馬酒店直到今天依然有住客，二戰時曾是十多萬亞裔聚居的西雅圖種族隔都（ghetto）的一部分，七千多名日裔美國人因為珍珠港事件一夜成為戰俘，而被送去位於西北部愛達荷州的集中營，當時來不及變賣的物件至今還儲藏在地下室倉庫；核洩漏城市依然有居民，那裡依然是機密地區，但機密不在檔案，而是在身體裡，被不同陣營的科學家視作資料。這本書搜尋人們不斷流動和遷徙的影子，透過他們留下的痕跡、物件、甚至身體，點亮那些被留下的地方。

## 思考現代廢墟的歷史學家

凱特·布朗在麻省理工學院任教科技與社會（STS）課程。她是一位以研究現代廢墟著名的歷史學家，麻省理工新聞曾稱她為「腹地歷史學家」（historian of the hinterlands）。她的作品《無名之地的歷史：從民族邊境到蘇聯心臟地帶》（*A Biography of No Place: From Ethnic Borderland to Soviet Heartland*, 2004）獲美國歷史學學會最佳國際歐洲史著作獎（George Louis Beer Prize for the Best Book in International European History）。

《鈽托邦：失去選擇的幸福與核子競賽下的世界墳場》（*Plutopia: Nuclear Families in Atomic Cities and the Great Soviet and American Plutonium Disasters*, 2013）獲美國歷史學學會的最佳美國史著作獎，也在美國環境歷史學會和西方歷史學會分別獲獎。以上兩本書也都獲得女性斯拉夫研究協會的認可。出版於二〇一九年的《生存手冊：車諾比未來指南》（*Manual for Survival: A Chernobyl Guide to the Future*）曾獲美國國家書評人協會獎。這本《惡托邦記》入選《大西洋雜誌》（*The Atlantic*）推薦的二〇一六年最佳書籍之一。她還獲得過古根海姆基金會、國家人文基金會、美國大屠殺博物館、美國學術團體協會（American Council of Learned Societies）等機構的研究基金。

誕生於一九六〇年代的 STS 是跨學科的研究，致力於將科技置於社會情境中進行反思，麻省理工學院是 STS 最早開始學院化的地方。凱特・布朗的學術生涯從俄羅斯文學開始，逐漸開始傾向研究科學、技術和社會因素如何相互作用從而塑造現代世界，以及現代人與空間和環境的關係。近幾年新型冠狀病毒大流行，她開始了新的研究，關於土壤。她認為病毒並不只是公共衛生和醫學危機，更是生態危機。凱特・布朗在《紐約客》（*The New Yorker*）發表的散文中認為，近幾十年來，我們的生物生命之間的聯繫變得更加清晰，促使我們重新思考對自然界和對我們自己的理解。譬如大家都熟悉的林奈分類法已經開始受到質疑，因為環境災難和疾病讓我們意識到生物不能被單獨地作為分支來理解，而要關注物種之間的交流網絡。我們對人體的看法正發生變化，人體似乎更像是一個開放的生態系統，在空氣和環境的網絡中收集各種氣體、微生物和生物。新型冠狀病毒爆發，要將身體作為一個物種的集合和一個社區的想法的確會讓人感到不安。如果我們是如此開放流動的生態系統，那麼我們在新型冠狀病毒大流行中應該如何保護自己？

當我們談論生物世界時大多數使用的隱喻，都不符合這種流動開放的生態模式。布朗指出達爾文主義思想向我們傳授了適與不適之間永無止境的競爭概念；亞伯拉罕的宗教告訴我們，神將地球交給人類統治；美國神話鼓勵企業家個人主義。但是，我們從空氣和土壤中共享微生物，將牠們納入我們的呼吸，擦到我們的手上，又不自覺地攝取牠們。透過日常行為，我們在社會和微生物的意義上形成了一個社區。在我們的整個歷史中，微生物網已經在人類和其他物種之間架起了橋梁。

無庸置疑，自我隔離是遏制這次大流行病的關鍵，但這種隔離需求本身認可我們與周圍環境的深度融合。我們需要反思將我們凝聚在一起的全球生態網絡。

## 廢墟與廢鐵：霸權、災難與身體

這本書可以看作一個對人與環境動態共生的實驗。

凱特・布朗在書裡用了一個有趣的詞——鏽墟（rustalgia），它和廢墟（ruins）相反。她稱之為「廢墟情色」（ruins porn）的影像表現廢墟之荒涼空曠，通常比較受歡迎，因為人已經從廢墟中消失了，所以我們可以放心地、離地地、脫離語境地緬懷。鏽墟則指人和環境之間鏽跡斑斑、黏連不斷的關聯和牽絆，有哀悼也有掙扎。廢墟被賦予了荒涼的美感，而鏽墟則充滿了無法直視的尷尬和痛苦。

她所說的在研究方法上的空間轉向（spatial turn），就是回到被遺棄但依然有人居住的空間，看看那些空間如何被製造，又如何改變生活其中的普通人，以及作者在重訪這些空間時感到的迷茫。換言之，空間不是預先存在的東西，是非本質化的、動態的、在互動中生成的。

這種結合回憶和敘述的寫作方式呼應了近年出版的《愛這個世界：漢娜鄂蘭傳》（*Hannah Arendt: For Love of the World*, 2018）。如果說鄂蘭傳是用精神分析法來看哲學史，那麼《惡托邦記》就是用現象學呈現了政治霸權和環境災難的有形細節和聲色氣息，以及這些細微之處如何在精神和身體上對社會造成了持久的傷害。這種討論霸權下個體經歷的方式，讓人想起俄國史專家 Sheila Fitzpatrick 書寫日常生活中史達林主義的經典作品《每日史達林主義：非常年代的日常生活》（*Everyday Stalinism: Ordinary Life in Extraordinary Times: Soviet Russia in the 1930s, 2000*）。因為新冠肺炎疫情，車諾比的災難又重新出現在公共討論之中，從這個角度來說，此書是對災難、極權與環境之互動關係的當代回應。

凱特．布朗的高明之處在於她無意重申意識形態上的差異，而是細緻地探討和呈現相互異化、互為他者之間的共通點，在不同的意識形態和國家機器之下人性的尊嚴和堅韌。

她寫到蘇聯和美國以不同的方式面對輻射致病——蘇聯監測身體，美國監測環境。美國和蘇聯都有提煉廠，美國華盛頓州的漢福德鈽提煉廠是美國版的瑪亞克，導致當地工作人員和居民患上長期疾病。同時代的蘇聯科學家未必一定比美國科學家差（雖然美國不以為然），而是意識形態的差異導致檢測方式和限制有所不同。封閉社會可以進行廣泛的祕密研究，研究人員可以收集當地居民的血液和尿液樣本，病患不會被告知自己受到暴露，但醫療人員卻花數十年監測他們的身體。美國的科學家不能進行這樣的研究，但也並不妨礙他們在九〇年代來到俄羅斯，利用蘇聯科學家收集的人民的身體資料進行研究。

在臨床醫學誕生之前，醫師們也都相信疾病與地貌有關。傅柯在《臨床醫學的誕生》中就探討了現代醫學如何開始專注於人體某些具體的部分，於是身體與環境在醫學的範疇內彼此分離。科學領域本身持續分支，使針對環境和人體影響的有機研究變得更困難。比如研究生態和人體的科學家被劃分成不同的領域，因此放射性同位素在特定環境產生何種狀態的知識，鮮有進入輻射對人體影響的醫學研究。環境變遷與人類健康的變化之間的關係是常識中理所當然的東西，但在科學研究和證明中難以產生連結。在實際操作中，美國沒有記錄漢福德提煉廠放射性同位素的致死率。一直到一九九〇年代，保健物理學家都沒有將員工的暴露與職業思維聯繫起來。

我們的身體才是鏞墟。

要將人體看作環境的一部分，需要改變的不僅是認知上的慣性思維，也是整個學科乃至意識形態的分類。冷戰結束後六十年，我們依然在摸索如何跨越國境尋找共同問題的答案。但就像凱特·布朗所展示，不同政權都直接或間接地犧牲了個體，也忽視了身體，我們必須為在歷史上被作廢的身體重新創造和重新賦予生命，同時又不能忽視身體的痛苦。在核子犧牲區的全景中，最受到忽視的地貌就是身體的地貌。

## 遷徙時代的隱喻

凱特·布朗說自己總是在尋找最後關燈的人，那些在遷徙和流動中依依不捨或留下印記的人。她的童年充滿遷徙的痕跡，不斷隨著家人遷徙，希望逃離貧困：「凝視著帶有先進邊緣性的地方並且從旁繞道而過，這股衝動具有較大的誘惑力。凡是在美國出生，屬於我母親家庭那個世代的人，都曾因為成長的地方陷入衰退而不得不舉家遷徙到另一個看起來較有遠景的地方，直到那個地方也遭遇蕭條，全家人又不得不再度離開。」

她之所以一直在歐亞腹地做研究，是因為背井離鄉的童年記憶讓心裡充滿不安，她一直想知道人們留下和離開是怎麼回事。

凱特·布朗在社會政治層面關注遷徙，讓人想到美國哲學家 Thomas Nail 的《移民的輪廓》（*The*

*Figure of the Migrant*）：在今天，每個人都是移民，移民是我們這個時代的政治隱喻。環境因素和經濟和政治的不穩定都使遷移變得更加必要。其中沒有身分或證件的移民所占比例正在增加，對民主和政治代表性構成了嚴峻挑戰。今天人們的遷移比人類歷史上的遷移更加頻繁，我們很多人都有離開家鄉去外地求學或工作的經歷。雖然許多人可能不會跨地區或跨國際邊界流動，但我們可能更頻繁地更換工作，通勤時間更長或距離更遠，反覆改變居住地，又或更頻繁地出國旅行。

但是，並非所有移民的動機和移動方式都相同。對於某些人來說，流動只是暫時的，它提供了機會、娛樂和利潤。對於另一些人來說，流動是危險和受到限制的，他們被社會驅逐的情況更加嚴峻和持久。在某種程度上，所有移民的流動都帶著政治、司法或經濟地位的不確定性。即使移徙的最終目的是錢財、權力或享樂，移徙過程本身總是涉及某種形式的不安全感：土地所有權或使用權的消失；政治權利的喪失，包括投票權和社會福利；喪失工作或法律地位；因交通或居住地的變更造成的經濟損失等等。最近英國提出香港 BNO 護照持有者可以按規定申請英國居住權，看似伸張人權與正義，其實是利用了香港政治局勢之不穩定以及當中香港人的危機感，從香港人身上榨取經濟利益：透過這個方法遷往英國的香港人不得享受任何英國社會福利，而繳納稅金卻比英國居民更高昂；遷徙的門檻則是技術和經濟資本，並不是普世人權。

在香港這樣的移民城市，遷徙的經驗幾乎可以說是塑造了城市的根基，也是大家的共同記憶。面對最近香港政治局勢的變化，一位朋友的一番話讓人感懷不已：「我祖父離鄉別井去海外求生，我父親四歲時回鄉探親因內戰被滯留在家鄉，但也同樣帶著我們一家四口到香港生活，希望子女有更好的教育和前途，而不是被政治運動負累……我希望不要走父祖輩遷徙漂泊的路，我想我和孩子們在香港一直生活下去。」我能理解這種狀態的痛苦，因為我自己和他的祖輩一樣都在不斷遷徙，為學業、為工作、為自由的可能性。

能夠選擇遷徙，即使迫於無奈，都是幸運的。但也有遷徙是很消極的，比如被奴役、殖民或侵略，被迫接受遷徙和「全球化」。還有另外一種遷徙，那就是被留下的人。有時遷徙是一種選擇，有時是迫於無奈，兩者並不相互排斥或相互矛盾。大時代中，並不是每個人都有機會移民，很多人只能默默承受，尋找適應的方式。小人物是大時代的泥沙，因為他們是被時代浪潮沖刷下來留在岸邊，而不是隨波而去的人。

凱特・布朗這本書最特別的地方，在於尋找那些留下的人。

## 從文本到空間

空間轉向是凱特・布朗所使用的歷史學方法，看空間設置如何建構和影響人類和自然世界。人總是以為空間是自然生成的一部分，忘記了空間是建構出來的，也是規訓人的東西。空間與人又在互動中不斷彼此生成，無論是曾經居住在那裡的，還是後來遷徙而來，抑或是前來到訪的，皆是如此，比如她本人。

她像系列推理小說那樣回顧上集提要，在研究其他廢墟時所遇到的工作人員想盡辦法幫她找一份她並沒有要求的檔案，透過讓她看到自己身上的殘疾，看到歷史真正的祕密和關鍵。她反思自己犯了一個歷史學家的錯誤，只關心自己預設的問題，從預設的檔案中尋找答案，忽視了在尋找檔案過程中的線索。

歷史學家傾向於重視文本甚於空間，但是檔案經常是錯誤的，或有意模糊真相。空間的追尋可以幫助我們重構或解析過去的謎團。我們都以為空間是自然的一部分，但隱藏在空間背後的邏輯其實是被權力和經濟製造出來的，在日常點滴和潛移默化中規訓著我們，影響著我們的言行、氣質、思維模式和世界觀。在空間中的行走是透過摸索、商榷、談判來確定信念的一種形式，也是在陌生人的幫助下重拾過去的一種方式。如果說人類學家大都在田野中觸摸當下，那麼她就是在田野中觸摸歷史。

她在第六章〈格子狀的生活，為什麼哈薩克和蒙大拿幾乎是相同的地方？〉中提到，即使冷戰時意識形態南轅北轍，美國和蘇聯卻不約而同地建造了格子狀的新城市。這種空間的建構是基於工業經濟的邏輯，比意識形態更重要。或透過工業擴張，或由國家推動大型工業與農業經濟，格子狀的空間是一種征服的方式。不僅是權力擴張意義上的征服，也是透過新的空間規劃來創造新的民族神話，從而征服歷史。我剛到美國的時候，也被中部城市的空曠和劃一所震撼。和工業時代的美國一樣，蘇聯也希望建立新的民族神話，一切重新開始，建造全新的、空曠的、仔細規劃的生產方式和居住環境。生活其中的公民，對任何一個超級大國而言，都無關緊要。

工業化運動不僅預示了第二次世界大戰，也讓蘇聯首次成為工業化與科層化強權。政治力量製造出格子狀的空間，而這種暴力背後帶有政治經濟目的。我們在討論冷戰時往往著重文本、書面資料和思想，貶低了空間生產以及因空間而生成的生活史。她甚至斷言，在空間史之中，共產主義和資本主義並沒有生產出任何足以區別彼此的特質。

## 反烏托邦與烏托邦的共存

烏托邦和反烏托邦在社會政治史中經常是共存的，而不是非此即彼的關係，包括在所謂的烏托邦中，不同群體的壓迫或排斥關係。喬治・奧威爾在小說《一九八四》中提供了最著名的例子：公務員認為自己為了人類福祉創造了一個烏托邦。為了這個烏托邦的存在，必須有人做出犧牲；對於做出犧牲的人來說，公務員的烏托邦就是他們的反烏托邦。

《反烏托邦：一部自然史》（*Dystopia: A Natural History*）的作者Gregory Claeys認為，第二次世界大戰之後，反烏托邦的敘述以五個主題為主導：核戰爭的幽靈；環境退化和氣候變化；機械的進展和威脅，人們對機器的依賴和服從程度越來越高，人與機器之間的身分界限越來越模糊；非極權自由社會潛在的文化退化，呈現出知識上的衰老和被享樂主義消費奴役的無意識；最後，對恐怖主義和反恐戰爭的擔憂。

這些都是凱特・布朗的主題。反烏托邦不僅是社會主義烏托邦留下的鏽墟，也是我們想像中永遠的他鄉。我們通常認為烏托邦是天堂的同義詞，但對她而言，烏托邦更像是不存在的所在（no place），裡面沒有人，而「反烏托邦」卻是有真實生活和苦樂哀愁的地方，不只是通俗意義上的噩夢或被人們認為是空無一物、毫無活力的廢墟。

與去除個體存在和具體身體的想像相反，「反烏托邦」有具體的人在那裡生活過，並繼續在那裡生活，以可見和不可見的方式離開或留下痕跡。就好像她在《生存手冊》中帶我們回到車諾比，展現了在車諾比廢墟之上，樹木和動物如何重新回到人類的視野中來，致命的輻射並不可見，但潛伏在這幅圖景之外。她在本書第三章〈車諾比禁區（不）可能的歷史〉裡寫到自己如何找到某位「埃琳娜」（Elena）的部落客。後者自稱是一名植物工程師的女兒，她說自己通過了禁令，在空蕩蕩的高速公路上騎摩托車。但後來我們發現埃琳娜從未去過那個地區，只是盜用他人的照片捏造謊言。真正的車諾比地區一直有人在生活。但連凱特・布朗這樣的蘇聯史專家都未能及時發現這個謊言，因為她承認自己也落入了一個常見的廢墟想像，認為那種核事故的廢墟應該是空曠的，這對探究外人看來不可知的歷史是一種安慰和誘惑。

在這裡，凱特・布朗提到俄羅斯哲學家巴赫汀（Mikhail Bakhtin, 1895-1975）所強調的「多音複調」（polyphony）概念，透過這種複調來反抗自上而下、強加於人的單一真理。這是展現反烏托邦有血有肉的真實性的意義。

透過描述反烏托邦中具體的生活，甚至是人們的身體，凱特・布朗為抽象概念提供具體經驗，讓回憶和不斷生成的歷史成為有形的實體，更讓被政權忽視、被大眾想像他者化的人，在反烏托邦中擁有話語權，重新成為歷史的主體。

## 新冷戰時代的恐懼和希望

凱特・布朗最可貴的地方，還包括將不同陣營、種族、地區、生物、生態連接照應，勘查二十世紀霸權的全球聯繫和脈絡，並從中看出今日世界格局從何種意義上承襲了歷史暴力，又在哪些方面有所改變，獲得新的空間。

區域性事件的警示和成因是全球性的，而全球性事件比如冷戰，又必須透過具體的地區和個體來呈現，尤其是被遺忘的人群和地區。Netflix 走紅的政治隱喻作品《車諾比》和《怪奇物語》（*Stranger Things*）都是探索環境問題和政治恐懼之間的關係，在今天新冷戰的局勢下有了新的意義。

在遷徙和流動變得更劇烈的時代，新冠病毒依然在全球範圍內蔓延，政治和經濟上的變動讓很多人感歎，我們又落入了一個黑暗的時代。漢娜・鄂倫曾在《黑暗時代群像》中借用自布萊希特

（BertoltBrecht, 1898-1956）的名詩〈致後代子孫〉（To Posterity），詩中提到動盪與飢餓、大屠殺與劊子手、不公不義與絕望所引起的民憤，「當斯時也，巧詐橫行，民憤無門」。然而這一切難以察覺，因為一切都被官方掩蓋了起來。

如果說漢娜．鄂倫在《黑暗時代群像》中將「時間底層的經驗及其相關的概念性描述」，那麼凱特．布朗在此就是透過揭露空間底層的經驗，再次向我們展示，即使是在最黑暗的時代，人們還是有期望光明的權利，而光明未必來自鴻儒的理論，而來自於凡夫俗子對抗痛苦和厄運的微光。這些光雖然微弱而搖曳不定，但卻能通透時空，流瀉於大地之上，流瀉於反烏托邦之中。這是在今天的黑暗時代，為那些尚未失落的空間點燈的意義。

親臨現場

# Being There

DISPATCHES FROM DYSTOPIA

寫作者很少透露隱藏在作品之後的構思歷程。在本書中，我描述當一名研究者猛然闔上筆電，拿起包包，緊張地再次確認護照與機票，然後搭乘飛機飛往幾乎無人知曉的目的地時所發生的事。在前往故事發生地旅行的二十年間，我遊遍部分東歐、中亞與美國西部。不知不覺地，我竟成為一名專業的災難觀光客。在撰寫歷史的過程中，我歷經一連串現代主義的荒原，一個比一個惡名遠播，一個比一個孤寂淒涼。我的冒險經常每況愈下。我罕能找到想尋找的東西。我迷失、犯錯、追尋愚蠢的假定，並且因為對文化缺乏敏感度而失誤連連。面對這些不幸的困境，正如田納西・威廉斯（Tennessee Williams）的名句，我有幸仰賴陌生人的好意，提供我食宿，為我指引道路，並且告訴我他們的故事。我遵循卓越而大膽的冒險家傳統，這些冒險家比我更吃苦耐勞且更具勇氣，也比我更確信他們所見的一切。他們隨身帶著標籤，用來製作地圖、目錄清單、百科全書、統計資料與各項法則。但旅行不全然是單方面擴展見聞的行為。本書的基本前提是，旅行可以是一種協商的形式，是對確然無疑之事與信念的闡明、對過去的重新蒐集，而這些全靠陌生人的協助，他們慷慨地打開家門，向我們揭露正在進行中充滿偶然與主觀的歷史。

本書每一章分別以一個地點為題，探討各地社群與土地的歷史，這些地方的歷史在過去一直遭到噤聲、打壓與汙名化。在講述故事的過程中，我將敘述這些地方的歷史，包括它們的興起與衰微，以及依然在這些被遺忘的地區生活的居民。這種說法看似簡單，但地方鮮少成為非文學類散文的主題。許多作家先入為主地認為行為的發生地是既存的，彷彿地方只是用來承載人類互動交流的中立容器，而非本身具備動力的影響因素。與此相對的是所謂的「空間轉向」（spatial turn），這個觀念的核心旨在探討空間安排如何形塑人類、自然與動物世界，空間對世界的影響遠不如頒布的律法、市場交易或社會規範的效果來得容易被人察覺，因為人們經常把空間組織當成自然（或既存）世界的一部分。[1]因此，本書的動機是把地方當成某種原始資料，這種資料與檔案館裡建檔的文件一樣豐富、重要、不穩定與不可靠。

歷史學家傾向於認為文本與時間要比空間來得重要，他們主張與時間緊密連繫的文件證據具有正當性。但檔案管理人員與歷史學家也知道，文件有可能不精確、曖昧不明且帶有某種目的性，有時根本是錯的，甚至還會故意造假欺騙。[2]歷史學家發現檔案並非死氣沉沉的記錄，而是擁有自身的敘事，這些敘事主動塑造並決定了過去。[3]在接下來的章節裡，我將探討地方做為一種原始資料，它們提供研究者解碼的內容，與檔案文件一樣曖昧不明和充滿挑戰。

本書提到的地方都是我在俄羅斯、烏克蘭、哈薩克與美國擔任研究員時專門研究的對象。有些主題微小，而且有一定的範圍。例如我在第二章探討西雅圖一家飯店的地下室，一九四二年日裔美國人在被送往監禁營途中將個人的財產寄存於此，但他們從此未再返回。有些主題則毫無限制。我先是在網路上漫遊車諾比隔離區（Chernobyl Zone of Exclusion），然後又親自前往當地，我想搞清楚哪一種——現實或虛擬——才是偽造的。在第四章〈克什特姆，身體的祕密〉中，我在俄羅斯南烏拉山脈（southern Urals）小鎮克什特姆（Kyshtym）重新領略十九世紀的「蒸汽」觀念，這個詞被用來描述不可見的二十世紀汙染物，並且說明這些汙染物如何神祕地擊倒身體並阻礙家族的傳承。在第五章〈烏曼，受玷花園的神聖空間〉中，我想參與烏克蘭（Ukraine）烏曼（Uman）哈西迪猶太人（Hasidic Jews）一年一度的猶太新年慶典，卻發現自己只能以乾女兒的身分短暫跨越神聖空間的疆界。二〇〇〇年，我寫下第六章〈格子狀的生活，為什麼哈薩克和蒙大拿幾乎是相同的地方？〉，因為我對於自己眼中所謂「贏得」冷戰的美國之勝利主義深感挫折。為了讓美國人從不同的層面思考美國以及（而非對抗）俄國的歷史，我在冷戰結束後的那幾年試圖說明蒙大拿州（Montana）鐵路城鎮與哈薩克（Kazakhstan）古拉格城鎮的明顯區別，實際上已不存在。如今看來，當時的比較文章有點過頭，但我還是在書裡收錄這篇文章，因為它反映了當時的時代背景。[4]最後一章我回到出生地，中西部的工業鐵鏽帶，我考察自己的人生經歷如何啟發自己開啟一段對現代主義荒原的長期探索。

當我進行這項棘手的事務，將這些被猛烈撕扯開來的地域之敘事重新縫補在一起時，我遭遇到各式各樣的問題。地方與生活在地方上的人說了許多不同而且彼此衝突的過往故事。如何講述這些聲音多元的故事又能維持完整的敘事形式，確實讓我傷透腦筋。更糟的是，如果這些是沒有聲音的故事呢？如果我所追查的歷史，每個記得這段歷史的人要不是不在當地或者早已不在人世了呢？當我抵達某個地方時，我在當地的事實便改變了地方本身，也改變了我講述當地故事的方式。當我承認自己的觀點受到影響，當自己的視角受到當地的束縛與限制時，我講述的故事如何能臻於完善？然而，承認這件事會不會讓我講述的故事變得不夠道地，或者反過來變得更加真實？當我成為故事的一部分時，我又使用什麼聲音寫作？這些問題就像漩渦一樣，讓我受困在歷史的海洋而難以掙脫。在往後各章裡，我分享我所思索的答案，這些答案不算是真正的解答，而是我在面對二十世紀晚期哲學家所提出的主觀性問題時，草率拼湊而成的。

## 大陸的分界

地理學家羅伯特・薩克（Robert Sack）與馬爾帕斯（J. E. Malpas）寫道：「地方是最基礎的，因為它是我們存在的經驗事實。」[5]如果他們說的是正確的，地方確實是理解人類存在的核心，那麼為什麼當我出現在某地時，我經常無法捕捉到地方的意義？事實上，只要一句有關位置的簡單陳述就能指出問題所在。我的研究絕大多數是在歐洲或亞洲進行的，這樣一句事實宣告十分簡單，然而一旦你開始質疑為何歐洲與亞洲在地理上是分開的，一切就變得不簡單了。

一七三〇年代，歷史學家兼地理學家瓦西里・塔提什謝夫（Vasilii Tatishchev）在地圖上畫了一條線，這條線意義重大，它以烏拉山脈山脊為界，將歐洲與亞洲區分開來。其他的大陸都是以海洋為分界，但塔提什謝夫卻是在龐大的陸塊上畫下歐亞兩洲的界線。在馬匹與車輛可以輕易通行的低矮山脈上畫定大陸分界，這個做法相當大膽。塔提什謝夫為彼得大帝（Peter the Great）工作，彼得受人景仰的偉大之處在於——與前幾任沙皇不同——他認為歐洲較為優越，因而致力於讓俄羅斯擺脫他所認為的落後亞洲，設法讓俄羅斯出現在歐洲的地圖上。在塔提什謝夫畫下分界線之前，歐洲地理學家約略以莫斯科以西的頓河（Don River）作為歐洲的東界，這條界線正好將俄羅斯劃入亞洲。彼得希望俄羅斯能成為歐洲的一部分，他也了解所有十八世紀有自尊心的歐洲君主都擁有海外殖民地。[6]將大陸的分界移到東邊的烏拉山脈，不僅讓俄羅斯披上歐洲的大衣，也讓西伯利亞成為俄羅斯的腹地，位於亞洲的西伯利亞瞬間成了俄羅斯的附屬地。塔提什謝夫大筆一揮，一口氣讓俄羅斯成為位於歐洲的宗主國，同時也擁有亞洲殖民地。[7]

在今天，只需要兩條腿和一點想像力，你就能橫跨歐亞大陸分界。在塔提什謝夫重新想像歐洲與亞洲之後，過了很長一段時間，二十世紀自然地理學家開始解釋塔提什謝夫分界。他們想像三億年前西伯利亞板塊碰撞歐洲地台東緣，衝擊力抬升了陸塊，造成西伯利亞板塊扭曲變形，沉入歐洲地台下方，在北極與哈薩克沙漠之間形成一道低矮的山脈鏈。[8]烏拉山上的界碑協助造訪者辨識歐亞大陸的分界。二〇〇七年，我在一個寒冷下雨的六月天與一群人來到此地。從葉卡捷琳堡（Yekaterinburg）出發，開車一個小時，我們開上一個長而低矮的斜坡，幾乎沒有人感覺到這是一座山脈，我們最後在路邊一個小餐館停車。這是個渺無人煙的地方，是松樹與樅樹林中的一處空地，我們四周圍繞著樹木，宛如高聳的城牆，看起來難以穿越、潮濕且不宜久留。一名男子在小亭子裡販售香檳給結婚的新人與觀光客。我環顧四周，尋找在此停留的理由。我發現小空地上有一座紅色大理石平台，平台當中有一道白色石頭紋路，這就是歐亞大陸的分界。幾對新人繞著平台，等著輪到自己上去，讓攝影師拍一張新郎、新娘橫跨歐亞兩洲親吻的照片。從丟棄的酒瓶數量不難看出，許多夫婦的結婚相簿裡一定有著類似的照片。我也不能免俗地站到台座上，讓人拍了張照片。

當我站上區隔歐亞大陸的分界時，一切如此平靜。陰暗的樹林並未傳來漸強的管絃樂，也沒有壯闊的遠景宣示我踏入了亞洲。只有偕行的眾人砰地一聲打開香檳，倒入塑膠杯裡。雖然這道大理石分界是當代重要的分類範疇，將俄羅斯人歸類為歐洲人、哈薩克人歸類為亞洲人，但顯然香檳的氣泡更能吸引眾人的注意。我們舉杯，才一輪敬酒就把香檳喝個精光，然後將空瓶扔進酒瓶堆裡，便心滿意足地返回溫暖乾燥的巴士，讓車子迅速載我們回到葉卡捷琳堡與亞洲。

這是不可告人的小祕密：通常表面看來充滿意義的地方，乍看之下卻難以描述其歷史與重要性。地方經常讓人失望，這是它受到忽視的原因之一，但對我來說，第二個原因，同時也是比較迫切的原因，在於描述我造訪的地方時等於承認我從這些地方提取的知識是片面且不足取的。地方呈現的只是遺跡與殘骸，遭到破壞、充滿泥濘、凹陷、鏽蝕與被掠奪。一旦我到了正確的地方，所有的事物卻不在正確的位置上，毫無組織而混亂，就像一箱文件扔到了空中，所有的結構與秩序都被抹滅。我抵達一個地點，對於哪些事物遭到錯置、偷竊、破壞或掩埋一無所知。布魯諾・拉圖爾（Bruno Latour）寫道：「能見度是許多不透明與不可見的事物所構成的結果。」[9]然而，唯有我抵達之時，那些事物才呈現出這樣的結果。

進行歷史研究的地方通常是檔案館或圖書館。乍看之下，檔案館似乎比過去事件的發生地更為有用而完整。在檔案館裡，文獻經過系統化的整理，文件已經分類與歸檔。檔案人員做了大量不可見的工作，讓事物可見與可理解，他們收集文獻並予以分類，藉此構建知識框架。如此一來，當歷史學家抵達時，就有現成的結構來理解過去。檔案人員透過歸檔與組織，將廣袤的領土擠壓到如地圖般微小的圖樣裡，這比你站在現場觀看地貌，焦急地望著地平線尋找線索，來得更條理分明也更容易判讀。當研究者來到現場，組織性的工作幾乎未曾進行，解讀地方尋求過去的前景總是令人沮喪。學者在試圖釐清過去發生的事件時，通常是形單影隻的。歷史學家以批判的眼光鑽研檔案，有些知識經過整理，有些知識則遭到消音，但認識這些問題並不表示歷史學家會放棄這些檔案。檔案依然非常有用，地方也是如此。雖然我想從地方有限的視角觀看過去所需面臨各式各樣的問題，但我不認為這構成了放棄地方的理由。

想想，歷史發生在地方，而不是像歷史學家普遍認為的，歷史是在時間中發生。或者更精確地說，時間與地方透過隱喻的方式混合在一起，因此所有的事物，無論過去或現在，都在特定的時空中發生。[10]菲力普・艾辛頓（Philip Ethington）提到，西方文化總是將時間想像成某種空間之物——時間是一條「線」，是一個「框架」，人們即將跨越某個時代的「門檻」。他寫道：「過去在我們身後，未來在我們面前。」[11]時間與空間融合的隱喻，源自於時間是人類行為在空間中的軌跡，而空間本身則是移動的目標。基於這點，地理學家認為人類必須先在某個地方，而後才能創造事物，地方是建構意義與社會的核心條件，除此之外，我認為地方也是建構歷史學、社會學、文學批評與人類學的核心條件。[12]光從檔案資料標繪過去的時間軌跡，這種做法只會讓能見度更加晦暗。地方的闕如在非虛構敘事中造成引人矚目的缺口，讀者在埋怨文字枯燥毫無生命的同時，一定會發現這一點。讀者會感覺到少了什麼。

## 下落不明

美國能源部官員有一個首字母縮略字 MUF，意思是下落不明（missing unaccounted for）。他們用 MUF 這個字來表示鈽經過能源部處理後卻下落不明。鈽在一九四〇年代出現在週期表中，是一種人工合成的元素。鈽也是人類所創造最不穩定且最具摧毀性的產物。在微量狀況下，人類的感官無法感知它，但如果在某個地點累積足夠的量，鈽就會超越臨界點，產生連鎖反應。下落不明的鈽可能造成嚴重的問題，而下落不明一詞也成為學術研究一個恰當的比喻。在非虛構的敘事中經常出現下落不明這四個字。自一九六〇年代以來，歷史學家致力於挖掘與呈現國家歷史中長期消失的聲音。一九六〇年代暴動後不久，歐美學界出現了新社會史，原本在城市街頭長久下落不明的民眾憤怒情緒，不知從哪裡冒出來，一下子就衝破了臨界值，讓那些忽視民眾情緒的人大驚失色。從那時起，勞工、社會與環境史家，以及文化、種族與性向的少數族群史家，都開始研究全新的社群、運動與認同歷史。因此在今天，作家可以擷取比過去更為廣泛的聲音與主題。然而，在尋求這些聲音時，社會科學家發現，面對文盲、社會邊緣人或歷史遭到刻意抹煞的人，要透過文字記錄恢復這些人的歷史往往成效不彰。

有些人的生活完全被推土機推倒掩埋（這種說法有些是比喻，有些則確有其事），關於這些人的文獻記載往往十分缺乏且令人挫折，因此我養成了前往過去行為發生的現場探查的習慣。我追隨前現代史家的腳步，他們研究的都是些未留下任何文獻歷史的人物。他們發展了一套解讀地方、地質學、氣候、動植物群落、民間傳說與宗教儀式的方法，試圖尋找解開過去的線索。[13]在本書中，我不斷提到某個地點，而這個地點就是哈薩克，一九二八年到一九三二年間，這塊土地受到蘇維埃集體化的嚴重侵奪，四百萬名哈薩克人有二百萬人死亡或逃亡。往後十年，數百萬被驅逐者、犯人與流放者被送到哈薩克。由於這段歷史，我也到了哈薩克。

我該從哪裡開始？從整體的氣氛開始嗎？

在巴士站，賣魚乾的婦人向我叫賣。她們穿著帶花樣的家居寬長袍，這是商業市場中最類似過去哈薩克主流服飾的服裝，過去哈薩克人總是穿著由羊毛與絲織成的夏潘（shapan）。我走過首都阿拉木圖（Almaty）各個庭院。[14]閒晃的男子用悲傷的聲調唱著三個音節 mo-lo-ko，但他卻沒有牛奶可賣。兩名女孩坐在長椅上，月光將她們的身影映照在陰暗的城牆上。

或者，我應該從映入眼簾的第一印象說起。在北方草原一座冷清的小城裡，一名哈薩克女服務生說她從未看過美國人。她打斷我的晚餐對話：「不好意思，我想問個問題，美國人是不是真的拿我們和非洲人比？」一名波蘭裔婦女，她在一九三〇年代因身為「波蘭人」而被放逐到此地，她站在她的草皮屋門口向我打招呼，屋子收拾得整齊而涼爽。她像捧著貴重瓷器般，小心翼翼地用波蘭語說出幾個句子。在簡單寒暄之後，她隨即換回平日說的俄語。

我最想說的是關於帕妮・賈妮娜女士（Pani Ms. Janina）的事。我在一九九六年認識她，但我們只相處了六個星期，我無法將這個人從我腦海中抹去，只是基於一個不光彩的理由：我不喜歡她。帕妮・賈妮娜看起來像個修女，穿著灰色圍裙與輕便運動鞋，臉上帶著海軍將領的不耐。她有一台速克達，她會騎著這台速克達，如入無人之境地橫越塵土飛揚的被流放波蘭裔蘇聯居民屯墾區，這些屯墾區位於阿拉木圖的外圍地區。帕妮・賈妮娜帶我一起進行一項重要任務，將一九三〇年代從烏克蘭放逐到此地的村民，轉變成一九九〇年代的波蘭人。與此同時，後共黨時期的波蘭政府正努力清償共黨時期的外債，他們不願給予哈薩克這些說俄語的族群波蘭公民身分。波蘭失業的集體農場農民已經夠多了。儘管如此，這畢竟是帕妮・賈妮娜的任務。

老舊的市公車行駛時發出巨大聲響，帕妮・賈妮娜高聲說話，企圖蓋過公車的噪音，簡要地向我介紹波蘭人、烏克蘭人與俄羅斯人接觸的歷史。她迅速帶過十六到二十世紀的烏克蘭歷史，強調烏克蘭人是「原始」民族，沒有中世紀歷史，沒有國王或文學傳統。「這是為什麼他們無法挺身為自己奮戰。」帕妮・賈妮娜帶有一種傳教士的執著：對她來說，民族是上帝、歷史與語言持續融合的結果，是用來判斷一個人的重要稜鏡。波蘭人是一種人，烏克蘭人是另一種人。問題是，在哈薩克，這些分離的民族疆界毫無意義。

我們前往位於阿拉木圖郊區前放逐者屯墾區的羅馬天主教會。教堂沒有尖塔，也沒有圓頂，外表像是一般農舍，只在前面的鐵門釘了一塊牌子。帕妮·賈妮娜帶我走進掛著蕾絲簾子的聖殿，裡頭的長椅看得出來鋸得相當粗略，而且漆上象徵市府的綠色。聖殿前方的小祭壇是巴洛克風格，漆上白色與金色。馬利亞懷裡抱著襁褓中的基督，歐洲人的臉孔，看起來十分慈祥。神父是義大利人，說著不流利的俄語。帕妮·賈妮娜協助他，起初是翻譯，接著索性不管他說什麼，便逕自說著自己想說的話。根據波蘭哈薩克共同協定，帕妮·賈妮娜是官方任命的地區學校波蘭語老師，但實際上她卻是哈薩克南部被流放波蘭裔社群的精神與社會領袖。許多與她共事的人都不知道自己的身分其實是被流放的波蘭人，直到一九九〇年代初消息見報才知曉。在波蘭，新聞記者與社會活動分子針對「哈薩克的波蘭人」連番發起抗爭。烏克蘭的流放者象徵蘇聯數十年來對波蘭的迫害。帕妮·賈妮娜在前流放者屯墾區來回奔走，幾乎沒有一天休息過，她一個星期有幾天在外頭過夜，擔任起巡迴教師與民族覺醒者的角色。她的辛苦終於有了回報。一名從小就被流放的婦女告訴我，「在帕妮·賈妮娜到來之前，我們從不承認自己的波蘭根源。我們被分散到各處，不知道這裡還有其他波蘭人。她騎著速克達四處奔波，將我們連繫在一起。」

即使如此，帕妮·賈妮娜仍對自己的成果感到不滿。這些波蘭裔居民不懂天主教儀式。他們波蘭語學得很慢，而且帶有很重的俄語口音。某天，在

從烏克蘭流放到哈薩克的兩姊妹，1997 年。（作者提供）

她如宿舍寢室般大小的公寓裡，帕妮・賈妮娜不悅地描述她執行任務時所遭遇的阻礙。她對很多事感到生氣：哈薩克政府、波蘭大使館、哈薩克的波蘭人表現得不夠波蘭、神父不夠投入。沒有人像帕妮・賈妮娜一樣關心。她對這件事有著不懈的熱忱。我坐著聆聽，她一邊說，一邊忙著打包行李，準備前往另一個流放者村落。此時她突然流鼻血。她急忙用手摀住鼻子，紅色的血沿著手腕流下，她的情感與眼淚也瞬間潰堤。我勸她坐下，令人意外的是，她堅持不肯。我才想到我從未看過帕妮・賈妮娜好好休息過。她最後還是在長椅上躺下，但心情煩躁，她的頭往後仰，裹上毛巾。她的雙眼緊閉，暫時卸下武裝，這讓我有機會拋開對她的反感，試著了解她的沮喪。帕妮・賈妮娜騎著速克達在塵土飛揚的村落間來回奔波，她的身影已成為當地地貌的一部分，但她每到一地，都會努力宣揚對另一個更美好與值得追求之地的想像。她想像一個草木蒼翠的波蘭，一個在二十世紀動盪不安且前景黯淡的波蘭，她希望將這個波蘭與哈薩克流放者的生活結合起來。

任務的艱鉅迫使帕妮．賈妮娜無法停下腳步，她因而產生不耐、苛刻、焦慮與憤怒。我批評她，是因為我認為她把前放逐者當成背景，從中虛構一個田園牧歌式的前共黨時期波蘭。但老實說，我自己也利用前放逐者來拼湊一個從未存在的世界。而且與帕妮．賈妮娜一樣，我也會擷取放逐者的故事，然後將他們遺棄在一九九〇年代中葉已被掏空的哈薩克農業經濟的半廢棄村落裡。帕妮的焦慮反映了我自己的焦慮，我終於明白，為什麼自己不喜歡她。她提醒了我，我自己從事項目的失敗之處。而我的速克達甚至要比她的速克達更有可能在這條形單影隻的道路上拋錨。

好吧，我承認我人在當地，在哈薩克，我被放逐者的歷史牽著鼻子走。我把自己置入故事之中，就像面向觀眾的舞台演員，對著想像布景的第四面牆說話。更糟的是，我必須坦承，我原本應該維持中立與客觀，卻對自己的主題產生情緒。在這裡，在本書的首章中，我犯了兩個大錯，我違反史學界的默契：敘事必須不偏不倚且超然，必須以第三人稱的角度描述。

承認自己在現場有什麼不對？有個觀念一直困擾著我，一般認為在進行學術寫作時若提到自己，這是一種不專業或過於瑣細的表現，也會讓一個人的作品充滿贅詞——「我們不會做的事。」這個問題讓我苦惱很久：一個追求可驗證事實的學科，當學者在研究與書寫時，如果從未親臨現場，憑什麼相信發生的事情為真？

史學界對於第一人稱敘事避之唯恐不及，部分是因為坦承自己親臨現場，會讓自己的客觀性與正當性遭受質疑。我覺得這毫無道理，因為學者早就承認所有的陳述都經過處理，也同意每個對現實的詮釋都是一種高度特定且帶有立場的組織世界的方式。絕大多數從事歷史研究的人都知道，寫作者帶有主觀性，身體所在之處會讓寫作者產生一連串的依附關係，而這一切都從他們立足的地方開始。[15]然而，學術作品產生時卻很少提到這點。作者將自己從研究與地方中抹除——無論是自己所在的地點還是在文章之中——他們通常不會明言自己知道什麼，也就是說，他們不會交代故事的全貌。當讀者察覺這種潛在的掩飾手法時，他們的反應是憤怒與挫折，並且把這種情緒稱為「厭煩」。

在文法上，超然可以翻譯成去除自我（「有人認為……」）或多個自我（「我們知道……」）。唐娜・哈拉維（Donna Haraway）把這種「不知從哪裡看到的一切」稱為「上帝的戲法」。這種敘事模式掩蓋了寫作者——這些寫作者與一般人沒什麼兩樣——植根於時空的事實，而時空限制了研究者可以看到的事物以及研究者觀察事物的方式。[16]換言之，活著就表示置身於某處，置身於某處就表示存在著立場。在敘事中，敘事者的聲音清晰可聞。當我閱讀第三人稱的敘事時，我經常在想，敘事者是誰？他或她是如何抵達當地的？敘事者究竟身在何處？

科學家有一種說法叫「觀測者效應」（observer effect），意思是觀測者在觀測研究對象的同時，也會改變研究對象。人類學家在進行參與觀察（participant observation）時，會考慮觀測者效應帶來的影響。[17]口述史家與人類學家會描述他們訪談的脈絡，讓讀者針對研究者的問題與受訪者的答案做出判斷。歷史學家、記者、政治學家與文學批評家一般很少有這類學科訓練，讓他們能好好收集資料、選擇或捨棄史料，以及從受訪者、其他學者與檔案人員擷取資訊。而傳統上我們也未曾探究寫作者的職涯、生平與個人技術（例如語言或科學知識，育兒經驗）對於寫作者研究的問題種類與解答造成的影響。這也讓我深感困擾。我們深陷於對民族、社群、個人認同與生平這些觀念的創造與再定義上，但我們卻缺乏嚴謹的學科訓練來反思這段私密而敏感的過程。[18]沒有人教我們在寫作時要重新思考我們棄而不用的證據；或者是反省自己由於階級、文化、種族、公民身分、性傾向或性別而得以接觸或不得其門而入的資訊；或者是檢視自己因為缺乏語言能力或技術知識而無法探討的重要文獻或題材。我們也從未訓練自己思考親臨現場——在現場提出問題與近距離調查主題——對於主題以及主題存在的地方造成什麼影響。

要正視這些問題，其中一種做法是將研究者安放到地方之中，無論這地方位於何處。唐娜・哈拉維提出的「體現自我的客觀性」（embodied objectivity），讓非虛構散文的敘事者得以揭露「下落不明」的事物。一九八八年，哈拉維談到處境知識（situated knowledge）。往後數十年，我開始攻讀研究所，鑽研主觀性的問題，閱讀哈拉維與其他人的文章，在啟發之下，我著手撰寫博士論文，斷斷續續地書寫第一人稱的旅行見聞。我認為撰寫歷史是一場身體與精神的旅程，這場旅程使我不得不承認有些遺失的歷史片段確實無法尋回，原本抱持的觀點也在研究過程中遭到推翻，並且坦承自己收集到的資料與各種推測其實問題重重。當我宣示我的意圖時，我遭遇各方驚恐的抵抗，但這些抗拒與其說是一道高牆，不如說是帶刺的荊棘。有人出於善意提出忠告：「這種博士論文會讓妳找不到工作。」「其他學者會提到妳的作品，但不會引用妳的作品。」「導論之後的章節用第一人稱是行不通的。」在幾位學界前輩與支持我的編輯協助下，我無視這些阻礙繼續進行，終於完成並且發表以我的博士論文為基礎的專論。我的批評者有部分說對了。我在一所優秀的研究型大學找到工作，但幾乎沒有人聽過這所大學（它沒有美式足球隊），而且如他們所言，教授提到我的書（《無名之地的歷史》）的機會遠多於引用我的書。而這部作品的出版也未能擴展可接受的歷史散文疆界。從那時起，我屢次與我的編輯起爭執，他們懷疑把自己寫進歷史之中並不明智。

體現自我的散文可以改變歷史閱讀的方式。我發現，坦承自己在故事中的地位有很多好處。我在某個地方觀看、聆聽與觸摸，並且站定立場！我坦承自己的視角是有限的、帶有政治性的、受時間限制，讀者可以把我的傾向看成是意見或選擇，而非缺陷，就像讀者自己也有一套對現實的看法，我的觀點也是其中一種。我希望第一人稱的聲音能讓我的判斷更為人所接受，而

從蒙古遷徙到哈薩克的一家人攝於他們的蒙古包前，1997 年。（作者提供）

非主張自己的想法是普世真理或擺出一副高高在上的態度。第一人稱還有其他的好處。一旦親臨現場，敘事將成為透過書寫來進行思考的過程，是對地方與人物的探索，是從過去挖掘地方與人物的複雜工作。[19] 簡言之，我的體現自我取向分成三個部分——把地方定位成檔案館；把敘事者安放在地方之中，讓敘事者對所有遭到損害與扭曲的性質進行知性的探索；親臨敘事現場。

當我還在中亞的時候，我到一個哈薩克聚落尋找從蒙古遷徙過來的一家人。這家人分住在兩個蒙古包裡。其中一個蒙古包外表閃爍著塑膠光澤，這是蒙古工廠生產的製品。旁邊的則是「哈薩克」蒙古包，以煮過的毛氈手工製成。這家人在一九三〇年代集體化時期逃離哈薩克，在流亡蒙古六十年後返回家鄉，他們回到哈薩克已經七年。阿克迪・圖伊希（Akedey Touishi）拿出一本寫滿日期的筆記本，開始講述他的家族歷史，關於祖先事蹟的描述長達數頁，其根源可以上溯到成吉思汗。然而圖伊希幾乎不需要翻閱筆記。他伸出手指數了數，傳到他是第九代。

「每個兒子都知道傳了幾代，」圖伊希說。「我們小時候總會被問道，你是誰？」答案在族譜上，族譜的每個祖先都對應著哈薩克大草原上的每座祖墳，每個家族在歷經流亡的歲月後，總是渴望返回故鄉。在哈薩克文化裡，地方是故事，而故事是一個人日常與祖先生活的地理學。[20]

「在蒙古時，」圖伊希笑道，「我總夢想能回到蘇維埃哈薩克。凡是哈薩克的事物我都認為比蒙古好。所以我用自製皮箱換購蘇聯製的乙烯基皮箱。同樣地，我也用自己的靴子與羊毛大衣換取蘇聯製的聚脂纖維靴子與大衣。然而我搞不懂，這些東西為什麼壞得這麼快。」

圖伊希在蒙古時老惦記著哈薩克，這成為圖伊希要面臨的難題，因為與此同時，蘇聯的哈薩克人成了蘇聯人。一九九〇年代，當圖伊希全家回到哈薩克時，他們感到有些失望。「我們向哈薩克人問問題時，他們用俄語回答。他們已經忘了自己的語言與做事情的方式。」在蒙古，圖伊希有數百頭牛羊與馬匹。但環境的困難與遷徙的費用使他們的牲口所剩無幾。在蒙古，圖伊希全家是牧人。在哈薩克，他們只能領取失業救濟金。「我們在這裡找不到工作，」他說道，「沒有錢，沒有土地。」與圖伊希說話，使我感受到遭受剝奪之人也有鬼迷心竅的時候——他們活在已經破落瓦解的過去，無法邁開大步面對現實的人生。[21]

遭受剝奪是後蘇聯時期哈薩克人生活的共同特徵。數十年來，哈薩克共和國像是一座垃圾場，許多放逐者、犯人與流放者都被丟棄在這裡。離開阿拉木圖，我訪談了一對老夫婦。一九三〇年代，赫伯特．亨克（Herbert Henke）是烏克蘭作家聯盟成員。他以德文寫作，曾經是知名的蘇德作家，但他卻在一九四一年因懷疑可能與德國互通聲息而被放逐到哈薩克。[22]他的妻子法娜（Fana）曾是忠貞的共產黨員。法娜的父親於一九三〇年代在烏克蘭嚴酷推動集體化。我在特別骯髒的住宅社區一間狹窄凌亂的公寓裡找到這對夫婦。赫伯特打了領帶，但領帶上沾了午飯的湯汁。法娜看起來像是一隻歡蹦亂跳的鳥兒。她在公寓裡雀躍地跳著，一個話題換到另一個話題嘰嘰喳喳地說著。

丈夫與妻子都讚揚史達林以及他對國家做的一切。「史達林是太陽。沒有太陽（當史達林去世的時候），就沒有生命。」法娜說話很大聲，因為她說赫伯特快聾了。她大聲說著史達林、戰爭、推動集體化的父親，但當她說到哈薩克總統努爾蘇丹．納扎爾巴耶夫（Nursultan Nazerbaev）以及「哈薩克人接管哈薩克」時，她放低音量，就像在耳語一樣。「總統通過法律，凡是說他壞話的都屬非法。我們的鄰居全是哈薩克人。任何人都可能告發我們。」

當時我覺得法娜簡直瘋了。如今想來，法娜同時生活在過去與現在，她在我面前活生生地顯示她這一生揮之不去的恐懼，無論在蘇聯時期身為德裔人士，還是德國法西斯主義擴張時期在烏克蘭的生活，以及之後在哈薩克屈辱地以放逐者身分努力隱藏自己的德裔身分，並且對外表現她較為體面的階級根源（無產階級）。[23]被連根拔起的人，如難民、放逐者、監禁者，以及被移出家園或原有生活的年長者，這些人都欠缺外在脈絡（無論是透過比喻還是實際描述）來講述自己所處的地方，因此我發現他們往往轉而訴諸昔日的回憶好將自己安放在新環境裡。他們既無法在空間中描繪自己的位置，於是就從時間入手，這導致許多被剝奪之人以格外強烈的方式活在過去。法娜就是如此。我懷疑她所說的話，但我無法核實，然而她話裡表現的情感卻是真實的。地理學家指出，人同時生活在多重的時空領域裡——不只生活在一個地方，也同時生活在現在、過去與未來——這些領域會以不尋常，有時縈繞人心，但多半還是平凡無奇的方式結合起來。[24]日常的與歷史的紀錄是一種尺度，不斷影響著我們的心靈。

法娜·亨克說明了一個普遍問題：親眼目睹通常是經驗的副產品。對學者來說，法娜及她的人生很容易被視為精神失常，因此不能算是可靠的證詞來源。被剝奪是一種空間現象，因為在我們這個允許私有財產與個人主義的時代，沒有財產的人生活就像社會殘渣，沒有財產意謂著不可信賴與無法為自己辯解。[25]沒有財產，被剝奪者無法對他們過去的生活提出主張。[26]一位在放逐者家庭長大的女性告訴我，她從不相信她的父母曾被丟棄在「杳無人煙的大草原」。「聽起來實在太不合裡。」她回憶道。在一九九〇年代之前，蘇聯社會沒有報紙報導、書籍、展覽或可使用的檔案來支持她父母的主張或證明其經驗。放逐者被丟在哈薩克大草原自生自滅的詭異故事根本不存在，低聲講述這類故事的人並不可信。從那時起，我開始留意那些看似不可靠的敘事者，正是這些令人困擾的聲音，這些無人說出的字句，讓絕大多數社會惡夢連連。這些眾人皆知卻不可說破的故事是不能對外宣揚的地雷，我們只能靜靜地懼怕，用善意的語氣警告自己的孩子與朋友：「夜裡不要到那裡去。」「你不要到鎮上的那一區。」「你不會從那些東西得到什麼。」[27]

我曾經安排一群研究生和我在巴爾的摩的某個社區碰面，這個社區歷經五十年的衰退，是美國典型的衰廢市鎮。當地的住房活動分子帶領我們徒步參觀這個社區。頂著秋老虎的陽光，我原以為這是一場愉快的散步之旅。許多人在人行道的草坪躺椅上乘涼並且向我們打招呼，有些人則上前向我們這群人數約十餘人絕大多數是白人的團體問了諷刺的問題。（「今天又沒有球賽，你們來這裡幹嘛？」）我們第二次見面是在校園，我驚訝地發現有些學生生我的氣。他們說我讓他們陷入危險，他們在巴爾的摩（或者應該說是巴爾的摩的郊區）長大，知道（「大家都知道」）不應該去那個社區。有個年輕人宣稱他前後看到六把手槍。（「六把？」我問道，內心難以置信。「是的，六把。」他以嚴肅的表情肯定地說。）另一個學生則堅定地認為，如果我們只是閱讀社區的歷史而非實際前往當地，在安全的校園研討室裡進行討論，我們會學得更多。

當然，我的學生是對的。待在家裡，看地圖，閱讀其他探險家的描述，想像他們的組織與測繪是決定性與最終的，這麼做顯然較為容易與安全。知道有這些陷阱並擔心這些危險，我會因此就待在家裡嗎？或者，如果我決定出門，我是否要假裝自己一點也不害怕？我要撰寫一部彷彿答案就存在於某處、等待人們發現、拂去灰塵且詳細描述的歷史，還是承認我撰寫的歷史必須對某些地方、對象與史料進行審慎揀選，然後再由自己而非他人來深思熟慮、拼湊且憑藉直覺感受而得？

顯然，我不這麼認為。我想知道空間如何讓人陷入沉默、不可見，並將他們貼上惹人嫌惡與瘋狂的標籤。[28]但反過來說，這也是對的。我想知道，透過空間安排，人類如何集結知識、可能性、可信度、能見度與心智健全。在往後的章節，我將簡要介紹史家傳統上不會使用或不願承認他們使用過的資料，這些資料來自滿是塵土的地板、水溝的底泥或喧囂的農村咖啡館，它們是無人聞問的資料，沒有編號也沒有經過認證。這些資料殘渣代表被丟棄的人與地方，它們也許可以成為通往新學科的門徑，重新區劃學術研究與敘事散文的地形地貌。我希望這些非傳統的資料可以讓研究者從困住而非釋放知識的陷阱中解放，並藉此顯示這些無人聞問的資料也許可以受到激勵而發聲，這股新興的聲音將可從混亂的廢墟、藏汙納垢之處與杳無人煙的地區形塑出敘事形式。這些故事並非以預定的形式或隨機的方式出現，而是作者個人思考的產物。依照我最樂觀的看法，我認為這些故事可以讓兩種紀錄重獲新生。我不僅想讓地方以及和地方故事共同生活的人再現生機，也想讓歷史再次復甦，使其有能力挖掘人類經驗的深度與廣度。

# two

# 第二章：巴拿馬飯店，日裔美國人與無法壓抑的過去

# The Panama Hotel, Japanese America, and the Irrepressible Past

DISPATCHES FROM DYSTOPIA

一九九〇年代，我住在西雅圖，一位朋友告訴我，他相信有個地方我一定想去看看。就在鬧區南方，一塊沒有明確界線的區域，西雅圖人稱為「國際區」，區內有一家短期住宿飯店。飯店地下室深處有一間儲藏室，堅硬橡木門上的掛鎖已經鏽蝕，儲藏室裡放置了行李箱、籐籃、箱子與條板箱，存放了大量的殘留物品。這些物品是一九四二年被逐出西岸的日裔美國人留下的。經過五十年的忽略與無視之後，成堆被丟棄的物品似乎以非正統的方式訴說，二十世紀美國歷史上公民身分與福利的不確定性。[1]

眾人皆知這起事件。一九四二年四月與五月，西雅圖有七千名日裔美國人在未經審判下被定罪為「敵國僑民」。他們只有兩個星期的時間帶走兩個行李箱，並被迫出售他們的事業、住宅與家具，美其名為「疏散」到「再安置」營，實則被囚禁在愛達荷州（Idaho）中部寸草不生的平原上。[2]許多家庭將他們無法帶走或賣不掉的家當留在巴拿馬飯店的地下室裡，有行李箱、家具、衣物、碗盤、家庭照片、釣竿、工具箱。五十年後，這些物品蒙上厚厚的灰塵，長滿了蛀蟲，被丟得七橫八豎，完全遭到遺忘。物品的主人從未回來認領，也未洗刷他們的罪名。歷史，特別是被壓抑的歷史，往往在最意想不到的地方以最不尋常的方式出現。[3]對我而言，這間地下儲藏室宛如考古挖掘遺址。我在地下室尋找已經成為化石的物品，希望這些物品能夠呈現被放逐、囚禁與戰後同化粉碎前的社群與社群的日常經驗。

巴拿馬飯店位於大街（Main Street），離西雅圖港不遠。在一九四二年

巴拿馬飯店地下室，西雅圖，華盛頓州。（Gary Oliveira 提供）

初，這個地區非正式地被區劃成少數民族居住區，大約有一萬四千人住在這裡。除了日裔美國人，也居住了華裔、菲裔與非裔美國人，這個地區人口稠密，面積只有二平方英里，當地人委婉地將此地稱為「日本街」，以日本話說則是「日本町」。[4]從二次大戰以來，這個地區被重新命名為國際區，曖昧的名稱配上曖昧不明的分區，一連串路網與出口匝道將這個區域與西雅圖其他地區隔開來，這個地區與其說是國際區，不如說是無人地帶。一九九〇年代中期，國際區的街道人煙稀少，毫無喧囂聲。我在當地只看到老年人慢條斯理地在攤子前面挑選水果，或者是在人行道上緩慢走著。就像餐廳水槽裡的魚漫無目的地游動，這些老人似乎不急著到哪裡去。這裡的空氣似乎暫時凝結住了，彷彿在繁華熱鬧的西雅圖，這部分的城區已完全凍結，只等著都市更新或拆除隊員進駐。

巴拿馬飯店建於一九一〇年，當時是日本工人的宿舍。我造訪此地時，飯店裡依然住了一些臨時工，但幾乎沒有日本人。這些工人多半來自墨西哥、瓜地馬拉或美國中西部鐵鏽帶。有些人從阿拉斯加漁船上岸，還有些人來自喀斯開山脈（Cascade Mountains）乾燥面的果園。另外一些人是失業者，他們在沿著西岸北上尋找工作時在巴拿馬飯店短暫停留。一九九五年，人們可以在巴拿馬飯店租房，環境乾淨且光線明亮，窗戶有蕾絲窗簾，角落有洗手台，走廊上有洗澡間，一個月租金三百美元。

從一九四〇年以來，飯店內部陳設沒有太大變化，唯一的改變是第三代老闆珍．強森（Jan Johnson）加裝了投幣式洗衣機與吹風機。這家飯店是歷史文物保存者的夢幻逸品，是蕭條的產物，生意欠佳反而讓飯店經理無力進行大規模整修，也未破壞陰暗的跨世紀內部裝潢或清除儲藏室大量的可燃性雜物。這段期間，儘管生意慘淡，但飯店仍持續經營，周遭的建築物都已改建成砂色大樓，但巴拿馬飯店依然維持低矮、毫不起眼的建築外觀。

為了觀看這些戰時放逐者的行李箱，強森帶我往下穿過巴拿馬飯店史的沉積層。我們沿著磨損的砂石階梯下樓，經過廢棄的鍋爐室（鍋爐人員油汙的工作服還掛在釘子上），穿越一次大戰時代的錢湯（日本的公共浴池），上面貼著早已被人遺忘、用來宣傳產品的日文與英文廣告。我們經過幾個巨大的軍綠色圓桶，裡面裝滿冷戰時期放射性落塵避難所的配糧（四十磅的鹹餅乾），並走過狹窄斑駁的走道，來到這家破落飯店的最深處。儲藏室裡箱子、條板箱、籐籃與皮革行李箱堆得高高的，上面標記著外國港口的名字——馬尼拉、北京、橫濱。天花板上的長繩索懸掛著幾顆裸燈泡，燈泡晃蕩著，在燈泡之間聳立著破損的輪船衣箱，宛如古代的廢墟。衣物散落一地，成排的茶壺堆成了寶塔狀，所有的東西全都蒙上一層厚厚的灰塵。

我嚇呆了，因為儲藏室看起來就像被人遺忘的垃圾堆。賽迪雅・哈特曼（Saidiya Hartman）認為，垃圾具有重大意義。她表示，「廢棄物是生與死的交界。它反映整體歷史不可見、邊緣與可犧牲的部分。」[5]這家飯店的地下室提供了一九四〇年代一部分西雅圖的景象，工人隨著景氣的榮枯訂房和退房。飯店位於城市的邊緣地區，讓人聯想起日裔美國人的生活，處於美國與日本文化的夾縫。如戰爭顯示的，他們的命運既整體又無力地與美日兩國的命運連繫在一起。數十年來，這些物品就這樣棄置在無人聞問的陰暗空間裡，我突然有股毛骨悚然的感覺，彷彿什麼事即將發生。在陽光照射的光柱下，飛揚的大理石灰色塵埃不斷讓人想起再也無法現身的放逐者。

最難得的是這些物品並非有意保存與編目的「加工品」。這些物品能夠保存下來純屬意外，我認為這些被遺忘的物品更能顯示某種真實。這些物品並非刻意被放置在這裡，等著數十年後被人發現做為「歷史」根據。這份偶然讓我覺得自己是在無意間撞見這些物品。加上地下儲藏室不是每個人都能前往，更讓我覺得一切都是意外。當時幾乎沒有人知道地下室有什麼東西。終於，媒體關注帶來的探索熱潮讓強森不堪其擾，她只好對訪客設限。同時，她也不願意將這些物品送交給要求這些物品的博物館。我必須不好意思地承認，我滿享受進入地下室參觀的特殊待遇。

儲藏室是反向的檔案室，是官方陳列室的反面、專門存放被忽視之物的地方，也是要讓物品遠離人們視線的地方。就像潛意識一樣，心靈竭盡所能將記憶壓縮起來，地下室也以同樣的方式存放這些被遺忘的物品，不同的是，這個存放的過程並非意外，而是有意為之。一九四二年二月，西雅圖白人以壓倒性的票數贊成驅逐日裔美國人。想像一下，如果日裔美國人在眾目睽睽下留下他們的財物，這些白人會有什麼反應：曬衣繩上晃盪著被雨水淋濕的衣物，水果攤上陳列著腐爛的農產品，商店櫥窗裡的貨物在陽光曝曬下逐漸褪色。人們突然消失，留下的物品赤裸裸地展現在眾人面前，將傳達出與新聞報導所說的「疏散」、安全、國家保障、對民族的絕對效忠迥然不同的故事。[6] 堆滿物品的地下室凸顯美其名為「疏散」的神話，疏散一詞暗示著慈善，顯示聯邦政府是為了保護日裔美國的人安全才移走他們。[7] 事實上，就像放逐者一樣，物品被儲藏在地下室，目的是為了讓人遺忘。對我來說，巴拿馬飯店儲藏室鎖上的物品代表日裔美國人被安靜地逐出美國社會之外。

西雅圖的電話簿顯示，一九四二年到一九四三年間，日裔美國人被驅逐離城有多麼徹底。一九四〇年代，電話簿是依照街道排序。（見下頁）

電話簿上的破折號、每週新聞影片的短暫影像，讓人幾乎難以察覺日裔美國人的消失。十二萬名日裔美國人——除了三個例外——走得無聲無息，他們帶著被許可的兩個行李箱，在規定的時間與地點出現。他們穿著整齊，井然有序，登上灰狗巴士或火車，看起來像是高高興興去度假，而非在經過

| 1942 | | 1943 | |
|---|---|---|---|
| 大街 | | 大街 | |
| 522 | Mitswando Sagamiya Booksellers & confymfrs | 522 | — |
| 522a | Nikko-Low café | 522a | Allison Birdie Mrs |
| 527 | Panama Pharmacy Izui M<br>*6th av S. intersects* | 527 | —<br>*6th av S. intersects* |
| 600 | Mimbu Wm Y Lawyer<br>Yoshihara Kenichi gen. insur.<br>Hara Iwao acct. | 600 | — |
| 601 | Pacific Printing Co. | 601 | — |
| 602 | Yuasa H | 602 | — |
| 603 | 無人使用 | 603 | — |
| 604 | Takahashi Yuri restaurant | 604 | — |
| 604½ | Oriental-American Bank Building<br>Yuasa H Lodgings | 604½ | Maine Hotel Lodgings<br>Kobb Jos. G. mgr |
| 605 | Maki Kioyichi grocery | 605 | — |
| 605½ | Panama Hotel Lodgings<br>Hori Takashi, owner | 605½ | Panama Hotel Lodgings<br>Monroe Alex D. G. mgr |
| 606 | Sato Kosaku 2d hand gds | 606 | — |
| 607 | Educational Society of Japanese Cannery Workers | 607 | — |

數年聯邦調查局的監控、數月的逮捕與宵禁，以及與日俱增的「反日」暴力攻擊之後，終於遭到強制放逐的命運。日裔美國人被放逐時表現出來的穩重，加上財產被儲藏在看不見的地方，掩蓋了生活被打斷、家庭被拆散與財產被充公的暴力。

巴拿馬飯店地下室放了一些無法塞進行李箱的東西——釣竿、衣櫥、家庭肖像、高爾夫球桿、雕花皮鞋。堆積如山的家庭財產，顯示剝奪公民身分與自由這類抽象物品是如何導致具體物品的喪失——財產、家、工作——而具體物品的喪失又如何剝奪人們擁有的抽象物品。書籍被沒收，使人們失去一部分知識。書信與照片被沒收，使個人的記憶加速消散。汽車被沒收，使人們失去機動性、獨立性與成年人應有的地位。剝奪日裔美國人的財產，等於否認表彰其公民身分的一切，他們因此被貶低成手裡提著兩個藤製行李箱、剛上岸且身無分文的外國移民。

我仔細檢視皮箱，打開抽屜、翻閱日記，覺得自己既像旅行者又像偷窺狂。一股靜謐感延伸到這個洞穴般的房間各個角落，街道也似乎退到了遠方。這是一條無時間的毛毯，阻礙停滯了一切快速的行動，也蒙住我手錶的滴答聲。我沉浸在這些物品之中，將地下室當成另一個時代的旅行日誌、回憶錄或隨機的文學小冊子來閱讀。堆置在此的物品所描述的日常生活全在中途遭到打斷。在一個工具箱裡，我發現一個手工雕刻但未完成的小提琴琴頸。日記寫到一半突然停筆。西裝讓人想起遭受監禁的人不得不放下僱主所

Kampkook, "America's Favorite Camp Stove"（美國最受歡迎的露營爐），巴拿馬飯店。（Gary Oliveira 提供）

交代的工作。地下室，反向的檔案室，它的功能就像普魯斯特（Proust）的非自主性記憶，令人隨機想起曾經遺忘的事物：書信、衣物、廚具，毫無次序地浮現腦際，為普魯斯特所謂尚未憶起的過去提供線索。8

架上有個未拆封的包裹，裡面裝著狄克西甜點餐盤，十二個紙盤堆疊著，以玻璃紙包起來。包裹上清楚寫著：「用來盛裝冰淇淋、布丁、水果與冰品。」這類產品主要買來供派對或邀請朋友來家中共進晚餐時使用。這個無人領取的狄克西甜點餐盤包裹，其價值在於未完成的部分：未能舉辦的聚會、取消的野餐，

慶生地點改在愛達荷州中部米尼多卡監禁營（Camp Minidoka）的夾板桌旁舉行。狄克西甜點餐盤是個迷你奢侈品，一份只要幾分錢，但使用這些餐盤需要搭配更好的配備——要有冰箱才能冷藏布丁與冰品，要有桌子才能擺放食物與盤子，而這一切意謂著穩定。

在儲藏室中間，有個老舊的露營爐放在幾個條

板箱的頂端。爐子的牌子是 American Kampkook。這個爐子至少使用過一次，它被仔細收納在原來的紙箱裡，外面牢牢捆上麻繩，不過現在繩子都已經磨損。還留在燃料槽裡的丁烷緩慢揮發了五十年，其他揮發性較低的物質卻早已消失殆盡。乍看之下，Kampkook 只是另一件不起眼的美國量產產品，但只要一觸摸那蒙塵的表面，就會墮入他人的記憶中。莫妮卡．曾根（Monica Sone）回憶家人忙著將行李塞進車裡，開車出城，抵達一處雄偉的木造大門前，那是美國國家公園的入口。她在回憶錄裡提到他們在湖邊野餐、烤熱狗，孩子們四處奔跑大叫，玩到累得站不起來。[9] 那天唯一掃興的事是廣播播放了一首膾炙人口的戰時歌曲：「我們會找到一個黃皮膚的傢伙，把他打得青一塊、紫一塊。」[10]

Kampkook 的爐子訴說著美國契約失效的故事。辛勤工作、儲蓄、不去招惹麻煩，你也可以擁有每個勤勉的美國人所應該獲得的中產階級娛樂：車子、到大自然度假、露營設備、耐用的羊毛大衣與貴族皮草領子。日裔美國人的財產最後被放置在巴拿馬飯店的地下室，他們辛勤工作、儲蓄與購買物品，希望能同化成一般美國人。然後戰爭到來（如人們預期的），「日本鬼子」轟炸珍珠港，一九四一年十二月之後，「日本人」的身分成為可怕的累贅。

在日裔美國人的回憶錄裡，自家的汽車是露營時特別需要的工具，除了廚房之外，車子也是最令人懷念的物品。珍．若月．休士頓（Jeanne Wakatsuki

五斗櫃的抽屜，巴拿馬飯店。（Gary Oliveira 提供）

Houston）回憶開著老車外出旅行，一九四二年買的二手車，外觀光滑無瑕疵，內裝十分昂貴，一九四五年，在經過三年的監禁後，他們重獲尊嚴離開監禁營，買了一輛破車，輪胎都沒氣了。[11]公路與汽車或許是難以擺脫的美國象徵，因為開車讓人以為自己進入了熔爐這個難以捉摸的神話。在公路上，所有的車輛融入一條有著各種色彩的車流之中，眾人以相同的速度朝相同的方向行駛，有效率而且舒適。美國的公路或許在書本、歌曲與電影中受到尊崇，有著不朽的地位，而且每天都受到捍衛、照顧與改善，因為在美國地貌中很少有地方像公路一樣可以彰顯平等與社會流動的神話。然而在監禁營裡，即使是個人流動性的自動化承諾，也無法實現。

五斗櫃抽屜裡放著最後一期《北美時報》（*North American Times*），發行時間是一九四二年三月十二日星期四，就在「所有日裔民眾」疏散的命令貼在西雅圖電線桿上的幾個星期前。當時該報編輯被當成潛在危險的敵國僑民而遭到監禁。[12]《北美時報》頭條提到美國財政部下令該報與西岸所有其他日裔美國人報紙必須停止發行。《北美時報》的頭版是英文，看起來和報攤上其他報紙一樣，但內頁全是日文，照片與廣告也都是日文。外頁英文，內頁日文，在戰前美國的歧視氣氛下，西雅圖日本人維持著一種精神分裂的存在。

從一個物品到另一個物品，我感受到日裔美國人每天都要跨越許多邊界。從舊的到新的，從手工製造到量產，從內部、私密與通常源自於日本到公共、社會與通常由美國製造。行李箱裡放著西式服裝，看起來是戰前最新的款式，寬翻領，寬闊的阻特裝（zoot-suit）肩膀。還有一些美式物品，一些蘋果派愛國主義的裝飾：美國國旗懸掛在木製旗桿上，旗桿的頂端是金色的，瑞尼爾山國家公園（Mt Rainier National Park）的粉紅色與綠色枕頭，邊緣帶有花穗，一本名叫《空中冒險》（*Air Adventures*）的漫畫書，內容是殺死納粹分子。這些物品象徵著公民身分、忠誠與歸屬感。只有少數私人消費的用品與日本有所牽連，這構成他們遭受放逐的理由——一只迷你茶壺，帶著茶水的色澤，為這只細緻的陶瓷增色；桶子裡裝著手工打造的天婦羅煎鍋，木雕把手已經烤得焦黑；一件和服，精細的針線讓天鵝絨與絲綢合為一體。或許就在這裡，在烹調的渴望與私密的家庭生活中，日裔美國人的文化對同化稍微做出了一點抗拒。

基於其他理由，地下室沒有傳統日本物品。正如沉默能蘊含意義，在談論放逐時，地下室缺少的東西所講述的內容，其實與地下室存放的東西不相上下。珍珠港事變之後，報紙頭條連續數天狂暴地報導聯邦調查局進行搜索調查，日裔美國人得知消息，開始焚燬一切看起來太過日本，可能無法讓他們通過夜間調查的東西：絲質國旗，白底紅點的和服，手工裝訂的專論、書信、地圖與照片。[13]昂希・勒費弗爾（Henri Lefebvre）提到「科層控制消費的社會」，在這種社會裡，工業化社會的產品是用來進行社會化與管制。為了達到效果，管制必須帶有粗暴的面向，透過潛伏的暴力賦予管制力量。[14]日裔美國人自發性地焚燬書籍，銷毀自己的重要紀事與文件，意謂著消費社會無所不在的控制力已不再潛伏，而是開始浮上檯面大肆沸騰。與此同時，聯邦調查局幹員與警察巡視日本街，搜索住宅，沒收相機、短波收音機與個人文件，拘禁絕大多數的男性社區領袖。[15]未能在巴拿馬飯店地下室找到的物品，描述了一個暴力的漩渦，在漩渦的中心，壓迫來到最高點，導致毀滅破壞。刪除本身可以隱匿摧毀的時刻，因此這段歷史通常無法以毫無間斷的連續形式，把被靜靜毀滅的物品、價值與人記錄下來。

內部與外部的隱喻，持續透過監禁營生活的措辭形式來表現。珍・若月・休士頓待在加州中部的曼扎納監禁營（Manzanar Camp），年幼的她仔細看著西爾斯・羅巴克（Sears Roebuck）的商品目錄，渴望獲得外界的物品：「我夢想得到那裡的衣服、鞋子與大衣，那裡，就在門外，跨越公路的那一頭。」[16]在若月・休士頓的眼裡，消費品的世界就是獲得接受與正常化的烏托邦世界。然而一旦到了那裡，「到了公路的那一頭」，在結束監禁後回到洛杉磯的高中就讀，若月・休士頓便發現，即使自己穿上最短的裙子與最新潮的芭比襪（bobby-socked），她也無法進到「裡面」——女童子軍、姊妹會與啦啦隊。她發現，要開啟白人世界，唯一的方式不是透過消費品與時尚，而是透過白人男性，她必須扮演神祕的「東方」異國形象。在返校日選美期間，若月・休士頓穿上印有花朵圖案的紗籠，耳後別著木槿，光著腳在高中體育館地板上遊行，男孩們響起如雷的掌聲，而她順利奪冠。但若月・休士頓發現，這只是一場空洞的勝利，因為一個帶有異國情調的「東方人」，儘管受人歡迎，「依然是另一種形式的隱形。」[17]羅蘭・巴特（Roland Barthes）形容異國情調是在同化他者時產生的「緊急狀態下的人物」：「他者成了純粹的客體，一個景象，一個丑角。他被局限在人的軀殼之內，再也無法對家鄉構成威脅。」[18]根據這個定義，我看出戰前西雅圖各處張貼的海報說明「如何分辨日本鬼子不是你的朋友」，以及戰後日裔返校日皇后選拔之間的親緣性，而後者確實返回了家鄉。[19]

地下室裡沒有留下太多痕跡，可以讓我們一窺監禁營的生活。一九三八年到一九八五年間，堀高志是巴拿馬飯店的所有人，一九四五年夏天，他從米尼多卡監禁營回來，並且重新收回他的飯店與重拾在西雅圖的生活。在監禁營三年期間，堀高志有了新的物品，原本的兩個行李箱裝不下，於是將東西塞進美國陸軍步槍箱裡帶回家。木製的步槍箱上印了堀高志的名字與住址，箱子裡裝了文件，大部分是監禁營期間與美國政府官員的談話記錄。

仔細閱讀這些文件，我對監禁營生活有了大致的認識，監禁生活看起來像是一場奇怪、退化形式的社會工程。監禁營根據美國海軍工兵隊（Seabees）在二次大戰期間所建立的量產原則進行設計。[20]每個區塊的營區與其他區塊的營區完全相同，從加州到阿肯色州的十個營區全都根據一個主計畫建造。所有的營區都依照強制共同性系統運作。居民被塞進簡陋的睡覺場所，每個家庭之間僅以懸掛在牆壁上的軍用毛毯隔開，完全阻絕不了聲音與氣味。他們在共同的食堂用餐，在開放式的廁所大小便。監禁營的設計者不考慮隱私與個別性，彷彿將所有日裔美國人歸類為「敵國僑民」，以姓名與出生判定他們的罪名之後，就可以認定所有的日裔美國人都屬於一個巨大的大家庭成員，是單一的集體。

與許多烏托邦計畫一樣，監禁營體現了為未來提供正面的解決方案為名，實則以神祕的方式策畫出令人恐懼的計畫。[21]日裔美國人長久以來一直被指控為「排他」與拒絕同化，他們被安置在一望無際的沙漠，在這種狀況下，他們唯一來往的對象也只有日裔美國人。然而事實上，許多日裔美國人過去從未居住在有「東方人」的社區。若月．休士頓認為，日裔美國人順從地前往監禁營，因為他們自己也相信影響美國流行文化的諷刺漫畫對他們的描繪。在監禁前數年，法律與物質上的歧視與隔離不是那麼全面，但若月．休士頓與家人都接受了這種宣揚日裔美國人較為低等的敘事，並且相信自己應該受到不當的對待。若月．休士頓寫道：「反正無論如何你都會變成隱形人，為什麼不乾脆完全消失？」[22]

當亞伯特・史佩爾（Albert Speer）為柏林設計宏大計畫，想讓柏林成為「千年帝國」的首都時，他試想著兩千年後柏林會是什麼樣子。在羅馬廢墟的啟發下，史佩爾計畫中的柏林即使衰頹，但也能彰顯第三帝國的雄偉壯觀。與此相反，日裔美國人監禁營的建造則是為了讓營區快速消失，一旦監禁營的目的達成，將不會留下任何一點痕跡。美國做為在歐亞為民主奮戰的個人公民自由國家，監禁營的存在對其自我形象顯然是個汙點。因此，基於集體種族認同而對個人實行囚禁的監禁營，在建造時特別使用了可推倒的圍牆與不用修繕的圍籬，讓日後軍方的拆除工作可以快速進行。從建築形式來看，監禁營被計畫成暫時性的，當時的人認為時間短暫可以維持無瑕疵的戰時記錄。鐵絲網是監禁營的骨架，這種設施曾對西方造成革命性的影響，鐵絲網的出現使圈圍牲口的成本變得低廉，牛仔因此遭到淘汰。除了鐵絲網之外，還有以夾板興建的營舍，讓營區得以出現在一望無際的不毛之地。監禁營既無固定建築物又不具永久性，充分反映了日裔美國人在美國社會的地位：既在內部，又在外部；被放逐到沙漠，又被徵召參加美國陸軍；不許上岸，卻又被送到美國內陸。日裔美國人的身分就像鐵絲網邊界一樣充滿不確定性，讓人懷疑他們隨時有可能背叛國家。

一九四五年，監禁營就和三年前突然出現一樣，也於此時突然消失。在堀高志的文件中，有些是米尼多卡監禁營社區委員會與營區委員的開會記錄。會議的召開主要是與某個「來自華府的金伯爾先生（Mr. Kimball）」會談，他是戰時再安置局（War Relocation Authority）的代表。金伯爾負責監督米尼多卡監禁營的關閉，並讓剩下的日裔美國人離開，當時剩下的人多半是老人與孩子。在會議中，一世，也就是第一代移民，根據法律他們無法取得美國公民身分，這些人向金伯爾尋求協助。他們先前被告知必須在幾個月內離開米尼多卡，並且對此感到憂心，因為他們早已無家可歸。金伯爾不得不向第一代移民解釋美國政府的權力（將民眾趕離故居並予以放逐）與美國政府並無義務（讓民眾返回故居重建家園）之間的差異。金伯爾官腔官調，從開始到結束，都只是複述一樣的話：

**緊急狀態是否存在，最早是由政府決定，也由政府決定是否結束……當緊急狀態不存在時，就必須思考結束的問題，因為中心已經沒有繼續存在的理由。**[23]

金伯爾解釋他的機構的責任在「緊急狀態」（戰爭）結束之時停止，並局限於營區大門之內。他表示，戰時再安置局不負責幫日裔美國人在營區外找房子，也不提供賠償或貸款讓他們振興原先的事業或農場。[24]

稍後，戰時再安置局局長狄倫．邁爾（Dillon Myer）抵達米尼多卡監禁營，他與被監禁的日裔美國人談話時更加堅定地表示，被監禁者的地位已經改變，他們不再是戰時再安置局監禁的對象。邁爾解釋，「有一些人，不只是米尼多卡，還有其他中心，這些人獲得基金與收入，在再安置中心享受退休生活。」[25]對邁爾來說，日裔美國人已不再是危險的潛在間諜與「敵國僑民」，當這些人拒絕離開監禁營時，他們就成了領取福利金、好吃懶做、游手好閒之人。[26]

羅蘭・巴特表示，神話不否認事物的存在；相反地，神話的功能在於談論事物，進行淨化，使事物單純，並賦予事物自然的理由與清晰，使詮釋變成事實陳述。[27]這些事務中有一部分是邁爾與金伯爾的任務。雖然邁爾與金伯爾抱持善意，但無法提供被監禁者具體的協助。「敵國僑民」一詞不再使用。戰後詮釋從依存的角度將移民及其子女視為國家財富的潛在物質消耗者。「疏散」是為了保護他們不受非理性種族主義者攻擊，這種說詞也消失了。事實上，麥爾對監禁者表現出不耐。監禁者表示，他們對於返回西岸感到恐懼，因為當地的反日聯盟（Anti-Japanese Leagues）仍在集會。「當地是有一些反日情緒，但與一兩年前相比已有所減少，」邁爾說道，「為了保護而疏散他們，這完全是假話，並不是真正的理由。但話既然已經說出口，大家也都認為有疏散計畫。我們就不在這個點上爭論，只要略而不提就好了。」[28]

邁爾與金伯爾不擅長編造神話。在解釋一九四二年日裔美國人為何受到監禁時，兩人所提供的說法都過於簡略。這兩人平日說的話都清楚明瞭，但在提到放逐背後的動機時卻開始支吾其詞。金伯爾談到「緊急狀態」，緊急狀態確實存在，然後又不存在。邁爾明明直接對著日裔美國人說話，但提到日裔美國人時卻以第三人稱來指涉他們。他提到疏散「民眾」是對「他們」的保護與普遍「承認」。這兩名官員對第一代移民說話時並未提到「敵國僑民」的地位，因為在他們面前的都是年長者，指控他們是「敵國僑民」顯然十分荒謬。邁爾與金伯爾看到的不一致讓他們感到困惑，一方面是漫畫裡描繪的日本人，捲起袖子露出手臂，眼睛斜視露出凶光，帶著淫蕩的笑容，另一方面是他們面前這群和善看起來像中產階級的人，這些人說話十分客氣，內心關切的不過是安全、家人與福利。依照巴特的說法，神話的編造需要維持一段距離，維持距離才能模糊細節，如此解釋才更清楚。麥爾與金伯爾靠得太近了。

時間也創造出距離。五十年可以讓人毫無顧忌地從比麥爾與金伯爾更為清楚的角度來頌揚、簡化與解釋這起放逐事件。巴拿馬飯店地下室的物品在塵封數十年後，為什麼突然在一九九〇年代成為可見之物？在此之前，有些人知道這些物品，但大家顯然不認為這些地下室的廢棄物值得關注。直到一九八五年為止，堀高志一直是巴拿馬飯店的所有人，他一點也不覺得地下室這些舊行李箱有何神聖之處。堀高志告訴我，他從來沒想過要保存這些東西，他只是不想付錢叫人把這些東西送去垃圾場。堀高志說這些東西的主人在監禁營關閉後前往美國其他地方重新生活，他語氣平淡地解釋他小時候住過的日本人社區在戰後無法恢復原狀。他說，「大家都另謀出路了。」

堀高志不太願意談他的監禁生活。只要開始講到監禁營，他的記憶就變得斷斷續續，句子也變得十分簡短。他記得小學校長的名字，甚至連他妻子小學校長的名字也記得，但他卻不記得自己是哪一天被放逐的。「啊，那是很久以前的事了，誰還會記得呢？」我試著追問，他停下來，低頭思索，然後輕聲地說。「我想我們失去了許多機會。但人生就是如此。」

堀高志比較喜歡談戰前舊日時光，當時這個區域還有許多飯店，街上瀰漫著地下室錢湯噴出的蒸汽，街角有一間佛寺，同一條街還有一家日本劇院。與堀高志一樣，西雅圖半數日裔美國人靠著獨立開店為生，他們的店舖全開在傑克森與大街的巴拿馬飯店周圍。[29] 堀高志又說了一次，「監禁後，這裡的日本人社區再也無法恢復了。每個人都四散到其他地方。」

記憶是一種心境。巴拿馬飯店的地下儲藏室，就像美國監禁日裔民眾的集體記憶一樣，五十年來一直存在於記憶中被遺忘的角落——儲藏的地方雖然伸手可及，卻委婉地放在視線之外，眼不見心不煩。堀高志擁有自己的回憶，並且小心翼翼地保存在自己的大腦儲藏室裡。對他來說，行李箱就是那樣，就只是老行李箱。不只是堀高志如此。數十年來，監禁成了沉默的遺產，沉默卻顯眼。珍妮絲·愛德華斯（Janis Edwards）將這種監禁記憶稱為「缺席的在場」（absent presence），「在流行文化中隱藏卻又無所不在。」[30]

歷史需要長時間才能形成，而公眾歷史所需要的時間更久。在西雅圖的國際區，沒有任何公共紀念碑紀念日本町的消失——一九四二年五月，數千名被放逐者聚集在佛寺前等待移送，這些充當「民眾控制站」的佛寺至今未豎立任何紀念標示；第二大道二一〇〇號的監禁中心、瑞尼爾大道一三一九號的監禁中心或東麥迪遜街二二〇三號的基督教青年中心，這些地方也沒有任何紀念標示。[31]一九九〇年代，我造訪巴拿馬飯店時，只看到一幅一九七七年畫的壁畫，位於一處低矮的角落，畫的是在鐵絲網後的一群人。這幅壁畫沒有標題也沒有文字。你必須知道有監禁這件事才能看出這幅畫的意義。

然而，在二十、二十一世紀之交，巴拿馬飯店開始引人關注，在往後十年獲得越來越多人的注意。記者說，巴拿馬飯店地下室是一項「發現」。描寫這家飯店及其辛酸歷史的小說也成為暢銷作品。[32]二〇〇六年，宣布巴拿馬飯店成為國家地標。[33]二〇一〇年，當地居民興建紀念碑，就像華盛頓特區的越南退伍軍人紀念碑（Vietnam Veterans Memorial）一樣，被監禁者的姓名刻在石頭上，造訪者經常將這些姓名拓印下來。到了二〇一四年，巴拿馬飯店與地下室的祕密成為觀光景點，同時也成為Yelp、雅虎（Yahoo）、貓途鷹（Trip Advisor）與孤獨星球（Lonely Planet）的評分對象。觀光客開始在巴拿馬飯店長住而非短暫停留。旅客在新茶屋裡用餐，透過最近裝設的地板玻璃俯瞰地下室。如果旅客預先訂房，就可以參觀飯店的浴場，根據巴拿馬飯店網站的說法，這是全美唯一一座完全保持原樣的錢湯。[34]十年的時間，巴拿馬飯店從反向的檔案室轉變成地標、一個記憶的特定地方與流行文化地點。

一九三〇年代，華特・班雅明（Walter Benjamin）希望，儘管他並不是很有信心，藉由指出微小的、被丟棄的事物，也就是「歷史的垃圾」，他可以破壞與資本主義擴張相結合的進步神話。然而，在某些時候，即使是進步造成的破壞也有利可圖。旅行社、遊戲設計公司與製片商販售車諾比區的災難、美國鐵鏽帶的殘破與日裔美國人被監禁的慘痛教訓。在此同時，美國昔日的種族隔離與強制同化則回流產生了多元文化主義，讓多元文化主義成為商業化的美國商品，並且強調種族差異是構成美國得以偉大的主要原因，從而將這些商品販售給美國民眾與外國觀光客：義大利麵、非裔美國人藍調、印第安人帕瓦儀式、韓式桑拿、中國舞龍舞獅，以及星期日早上吃的猶太貝果。到了二〇〇〇年，巴拿馬飯店也加入這場花車行列。看到這些原本放在家中的小物品起死回生成為大眾文化的展示物，並且充當多元文化國家自我概念與個人成功神話交織下的產物，我思索著將歷史方法與歷史本身結合在一起所帶來的危險。

在本書中，我支持多元聲音的歷史敘事，但這些聲音與被找到的物品的合鳴，在擴大復甦美國民族主義音量的同時，是否真能掩蓋種族隔離與種族差異？[35]在美國，無論是一九六〇年代的民權運動或七〇年代開始的多元文化論述，都無法減少一九五〇年到二〇〇〇年在美國城鄉黑白族群之間持續擴大的居住與教育隔離現象。從二〇〇〇年到二〇一〇年，學校隔離再度升高。[36]居住隔離對於巴拿馬飯店能成為一九四二年被放逐日裔美國人財產的儲藏地起了關鍵作用，之後居住隔離仍持續成為衛生、貧困、就業與教育上種族不平等的基礎。[37]在美國，絕大多數民族自治形式都已經遭到有效壓制，埃利斯島（Ellis Island）文化的敘事，甚至是帶有批判性的敘事，反而成為安全與輔助性的內容，因為它模糊了隔離的現實。

然而，這是對發現巴拿馬飯店意外封存的時光膠囊做的最憤世嫉俗的詮釋。記憶也有個人層面。珍・強森自稱是這些非官方收藏品的管理人，她在一九八五年從堀高志手中買下巴拿馬飯店。強森在二次大戰剛結束時出生，她表示自己深深著迷於巴拿馬飯店的各種謎團，因此不希望這家飯店被土地開發商夷為平地。當堀高志表示會在移交飯店前清空擁擠的地下室時，強森反而拜託他一切保留原狀。

在強森的監督下，五十個行李箱被運往洛杉磯日裔美國人國家博物館的美國集中營做短期展出。當我與強森見面時，強森正焦急地要將行李箱運回她那迷宮般的地下室。她說，地下室是行李箱的歸屬地，你應該在地下室看到這些行李箱。

「妳知道我的意思，妳曾經到地下室看過。那些行李箱原本是放在那裡的。地下室正等著那些行李箱。」

我的確了解她的意思。地下室有著不可思議的時間感，或者應該說是毫無時間感。陳舊的衣物散發出記憶般的氣息，那是在博物館觀看文物時未曾有過的感受。博物館的文物往往經過消毒、建檔，被放置在玻璃櫥櫃之中，配上文字說明。強森說飯店是「她的藝術」，而她的藝術形式概念很簡單，雖然有點脫離傳統。她傾向於不去碰觸任何東西，除非有所助益，否則她不會移動任何物品。這種做法引發爭議；當地檔案人員與歷史學家批評強森拒絕將被遺忘的物品整批移交給博物館，因為行李箱只有在博物館才能獲得建檔，放在溫度濕度都受到控制的房間，並且做為大眾記憶安全保存起來。

但誰才是這些記憶的擁有者？數十年來，日裔美國人的監禁以各種方式構成大眾的記憶。二次大戰期間，日裔美國人遭到「疏散」，相較之下，德裔美國人與義裔美國人卻幾乎未受到任何處置，這當中的差異隱約透露一個訊息，那就是在東方正進行著一場完全不同且本質上屬於種族的戰爭。[38] 二次大戰剛結束，美國一些權威人士就認定監禁營是戰時歇斯底里的孤立時刻，顯示美國追求自由與正義的底線。一九四六年出現了「永不重蹈覆轍」這句格言，哈瑞・杜魯門（Harry Truman）總統在對美國陸軍第四四二步兵團——由被隔離的日裔美國人組成——發表賀詞時賦予這句話神聖的地位：「你們不僅與敵人奮戰，也與偏見奮戰——而你們贏了。」評論者也提到，被監禁者在戰後四散到美國各地，促進了同化，因此監禁在本質上不算是壞事。[39] 往後幾年，歷史學家指出，雖然監禁經驗帶來屈辱與痛苦，但也帶來政治上明快的賠償運動，使美國立法者正視種族化的國家政策，而且導致民權運動的產生。[40]

監禁的詮釋滿足不同的目的。有些詮釋可給予被監禁者的子孫心理補償，讓他們在戰後默默承受痛苦的父母與祖父母能從損失中獲得意義。[41] 從政治上來說，解釋支持了國家主權。從道德上來說，則解釋描繪了通往未來的正確道路。然而，要是巴拿馬飯店地下室的物品無法產生推動市民活動的作用呢？或者如強森主張的，這些物品應該原封不動地留在地下室呢？雖然我領了薪水來詮釋這些物品與文件，賦予它們過去的意義，但我還是認同強森抵抗各方壓力的做法。

對強森來說，行李箱與發現有關。大量堆積的行李箱，提供通往社群日常存在的橋梁，而這些存在當初卻被一紙行政命令摧毀。強森並未屈從於時間與悲劇的拉扯，讓這些陳舊物品淪為眾人蜂擁觀看的對象。她教我如何拿起這些物品，感受這些物品的輪廓，然後再將它們放回原處，而非將它們包裝在嶄新、縝密架構的敘事裡。強森拒絕博物館的請求，她採取的藝術形式讓這些失落與被遺忘的物品從國家、種族與社群敘事中解放，使這些物品能向認真追尋它們的人傳達（或不傳達）專屬的訊息。地下室做為一個地方，在強森的管理下，依然維持反向的檔案室的樣貌。隨後的監禁歷史敘事將隨著政治與文化潮流浮沉，但地下室將在強森管理下不受外在驚擾，持續不斷地提供證言。

# three

# History (Im)possible in the Chernobyl Zone

# 第三章：車諾比禁區
# （不）可能的歷史

DISPATCHES FROM DYSTOPIA

作者攝於車諾比核電廠石棺前，2004 年。（瑪麗・麥西歐提供）

衛兵打開行李箱，往裡頭瞧了瞧，關上行李箱，檢查我們的傳真許可文件，然後揮揮手，讓我們進入車諾比隔離區。我關心車諾比隔離區近十年，卻到了這個時候才得以進入一窺究竟。[1]

我想起安德烈・塔可夫斯基（Andrei Tarkovsky）一九七九年的電影《潛行者》（*Stalker*）「禁區」（the Zone）裡的荒涼景象。在塔可夫斯基的電影及我的想像裡，禁區四處可見生鏽的工廠廠房、倒塌的電話線與被陰暗森林占據的建築物。除了人煙稀少、設下重重障礙與衛兵把守，禁區還散發著一股神祕而致命的力量，威脅要殺害暴露者的子孫，或讓他們出現突變。在塔可夫斯基的電影裡，潛行者為了賺取一小筆錢，祕密帶領冒險者進入禁區，想揭露其中的謎團。他們在夜色與濃霧的掩護下潛入，在傾頹的工業廢墟間躲避子彈。

我的兩個旅伴與我並未聽見槍聲。二〇〇四年，在溫暖的六月天與舒服的陽光下，我們進入車諾比區。不同於塔可夫斯基電影中刺青與帶著傷疤的潛行者，我們的嚮導名叫麗瑪．基瑟利查（Rimma Kiselitsa），由車諾比區新聞署派任，她的眼睛明亮，看起來像是瑪麗蓮．夢露（Marilyn Monroe）的廉價仿製品。和善的衛兵為我們開門之後，車子載著我們隨即穿過一片松樹林，越過和緩的溪流與開闊的濕地，景象與車諾比區外並無不同。潛行者與他帶領的兩個人在睡意來襲時就地而睡，我們則是在Interinform飯店住宿，說是飯店，其實是兩倍寬的拖車，雖然簡陋，但住起來相當舒適，這些拖車是在核爆後開進車諾比區的。飯店位於車諾比鎮內，絕大多數合法在車諾比區工作的人也居住在車諾比鎮，車諾比鎮看起來就和其他破舊、經濟衰敗的烏克蘭城鎮一樣。街角有一家小商店，販售甜點、香腸與酒，生意很好。我們每晚都上夜店。夜店裡聚集了車諾比區的工人，許多人才剛步入中年，他們頭髮灰白、肚子凸出、在昏暗的燈光下跳舞，他們模仿貓王扭動身軀，只是動作緩慢不少。

我來到車諾比區，因為我逛到一個名叫Kiddofspeed的網站，這是某個難以摸清底細名叫埃蓮娜（Elena）的人創立的。埃蓮娜有一台機車，一百四十七匹馬力，淡綠色的川崎忍者。埃蓮娜有一對深色眼珠與一頭黑髮，她的綠色騎士皮衣貼身得像是義大利手工皮革手套，性感的臀部高坐在競速賽車上。埃蓮娜的父親原是車諾比核電廠的核子科學家，現在仍在當地進行清理工作。由於「老爸」的關係，埃蓮娜擁有特別通行證，可以在車諾比區來去自如。而她也確實做到這一點，在寬闊的道路上長途騎車，她說，她有「絕對的自由騎車，好奇心與速度的惡魔帶她到哪裡，她就騎到哪裡。」埃蓮娜宣稱，世界上沒有任何一個地方比這裡更適合騎車，這裡的「路況與二十年前一樣，除了偶爾有草從路面的裂縫鑽出來。」[2] 二〇〇四年二月在網上貼文後不到幾個月，埃蓮娜的網站吸引了數百萬名訪客。從倉促成立的聊天室可以看出，來自全球的許多訪客顯然都是男性，他們無法抵擋性感寶貝、拉風機車與禁區的吸引力。

我擁有的幻想不太一樣，與情色較無關聯。我希望恢復被時間拋下與遭到遺忘的地方的歷史。埃蓮娜外出騎車時，會在廢棄的村落以及居民完全撤離的現代城市普里皮亞特（Pripyat）停留並且拍照。她的網站絕大多數貼的都是這些照片：這些令人印象深刻的照片，描述反應爐屋頂扭曲變形並且不可見地、難以想像地與不可避免地噴出核子時代最令人恐懼的毒物時，當地居民生活永遠停止在那一刻的景象。照片裡的公寓凌亂不堪，彷彿居民是在倉皇之下頭也不回地離去：書本散落一地，鞋盒裡掉出家庭照片，衣服還掛在曬衣繩上，一期《狩獵與釣魚》（*Okhota I rybolovstvo*）塞在信箱裡。埃蓮娜猜想，這份雜誌是屬於某個外出釣魚的男人所有，但這個人出去之後就再也沒回家。埃蓮娜解釋說，民眾逃跑時不可能帶走那些已受到輻射汙染的東西。絕大多數人能活著離開已屬萬幸，儘管有些人健康已經受損。

我在誘惑下被騙入埃蓮娜的網站。她的說法充滿自信，富有主見。她創造了一種我夢寐以求的作家敘事。她親臨現場。她知道自己看見了什麼，她能清楚講出那些東西的名稱，毫不含糊，充滿自信。部落格通常是個人性的，但埃蓮娜在貼文時卻極為坦率，她的親身體驗成為家鄉遭到毀滅的證詞。她的語調帶有的親近，搭配網站上自己的照片，讓部落格帶有一種沉痛感與直接性。

我立刻開始擬定前往車諾比區的計畫。對於研究蘇聯的史家來說，很少有地方能比車諾比區更具說服力。車諾比區是世上最大的時間膠囊，凍結在一九八六年的關鍵時刻——正好在米哈伊爾・戈巴契夫（Mikhail Gorbachev）對蘇聯社會進行實驗導致蘇聯滅亡的前夕。十三年後，一切都變了：車諾比區位於獨立的烏克蘭境內，地處近年來重構的歐洲邊緣。車諾比區與不再生產家電與罐頭食物的全球資本主經濟僵持不下，而境內的共產黨擁有的土地又居住著從前蘇聯帝國治下各共和國放逐而來的居民。我要探查這些廢棄的村舍與公寓，我想知道人們是否知道他們的帝國即將崩潰。我想重新捕捉被遺忘的故事，以及在匆忙離開始被留下的家中物品。

問題是，我的幻想與數百萬名在電腦螢幕前守候的男性抱持的幻想一樣，就真的只是一場幻想，一種想像。埃蓮娜的網路角色是虛構的。[3] 埃蓮娜首次在網站上貼文時，她根本沒去過車諾比區。她掃描精裝大開本畫冊裡的照片，虛構一篇敘事，然後就在網路上發表。

埃蓮娜的故事幾乎少有真實。根本不存在特別通行證這種東西。她的父親從未在核電廠工作過，甚至連看門人這個職位都談不上。埃蓮娜的網站爆紅之後，她決定實際到車諾比區走一趟。標準的五小時旅遊，她花了二百美元。她在車諾比區的嚮導就是麗瑪．基瑟利查，我與瑪麗．麥西歐（Mary Mycio）到車諾比區旅遊期間，麗瑪當了我們一個星期的嚮導。瑪麗．麥西歐是一名作家，她寫了一本關於車諾比的書籍，並且為《洛杉磯時報》（*Los Angeles Times*）撰寫故事。[4]麗瑪告訴我們，埃蓮娜出現時手裡提著帆布袋，裡面裝了安全帽，她擺出脫下安全帽的動作，讓她的丈夫拍下證明她在現場的照片，然後再上傳到 Kiddofspeed 網站上。這裡沒有機車。麗瑪說，車諾比區裡沒有人可以駕駛開放式的車輛，更甭說是機車。這裡沒有寬闊開放的道路。區裡每隔十幾英里就設有衛兵崗哨。道路經過二十年的棄置，早已布滿坑洞，很少有人使用。裂縫裡長的不只是草，甚至連樹苗都冒出頭來。在車諾比區開車就像進行一場瘋狂的越野賽，人造的地貌又重新復原到覆蓋沙塵的松樹林與濕地的自然地形。

對我來說，最重要的是車諾比區已無被遺棄的人家。核電廠爆炸後的數年間，幾乎所有住戶都疏散一空。就連廚房櫥櫃上的球形把手也沒留下。甚至小學生在一九七〇年代埋下的時間膠囊也被挖走。（我之所以知道這件事是因為我自己也想挖出時間膠囊據為己有。）一九八六年夏天，在輻射線稍微緩和之後，居民們回到故居盡可能帶走家中物品。[5]接著，士兵們開始將重型設備、家具、機器與汽車丟進大坑掩埋。[6]而在轉向資本主義的那段飢餓的歲月裡，掠奪者把在車諾比區能找到的一切遭輻射汙染的物品，拿到烏克蘭與中歐各地跳蚤市場販賣。據報導，二〇〇四年，一些藏匿在車諾比區的逃犯靠盜獵與偷竊為生。他們潛伏在廢棄農舍裡，生火取暖，有時還會搶奪旅人。我去車諾比區之前，羅斯提斯拉夫·歐梅里亞什科（Rostyslav Omeliashko），他是基輔的考古學家，經常到車諾比區，他告訴我他到當地總會帶著武裝保全人員。他建議我也帶一名保全前去。

我得知埃蓮娜的騙局之後，又重新到Kiddofspped網站觀看，這回我發現其中的煽情與不實之處。我注意到許多先前未留意的地方。舉例來說，她貼了不少空拍圖。我怎麼知道這些照片真的是她拍的？在追查之下，我發現有幾張照片是新聞攝影師伊霍爾·柯斯汀（Ihor Kostin）的作品。[7] 爆炸當晚，柯斯汀搭乘直升機飛到燃燒的反應爐上方進行拍攝。在機艙中，柯斯汀成功在相機故障前拍攝了二十張照片。絕大多數相片未能沖洗出來。放射性氣體形成的煙霧吞沒了直升機（與柯斯汀的身體），使得底片過度曝光。埃蓮娜盜用柯斯汀冒著生命危險拍攝的照片，這種欺騙的行為格外令人不恥。

我也注意到埃蓮娜散文有著聳人聽聞的一面，她的文章彷彿是為了吸引災難觀光客與遊戲玩家而寫，例如那些付費玩線上遊戲浩劫殺陣（S.T.A.L.K.E.R.）的玩家。在遊戲裡，玩家在網路空間的核子城市普里皮亞特與突變種、怪物以及無固定形狀的團狀物戰鬥。埃蓮娜強調，在這個「不真實」的「死亡區域」裡「一片死寂」。她寫道：「這裡非常詭異陰森，就像踏進了薩爾瓦多·達利（Salvador Dali）懷錶融化的畫中世界。」[8] 我親自前往當地之後，隨即看出她寫的東西完全不是真的。在車諾比區工作的人們，他們守衛當地，維持核電廠原狀，進行研究，從事監測與清除工作。數百名年長的村民返回車諾比區生活。他們的家人無論合法或非法都會回去探望他們。車諾比區周邊的居民則是進入車諾比區捕魚、打獵或搜尋財物。[9]車諾比區並不詭異也不是空無一人。它只是一個可悲的地方，而它的可悲就和世界其他掙扎求生的地方一樣，悲傷但平凡無奇。

為什麼我在抵達之前未能看出埃蓮娜是假的？為什麼我覺得她的故事如此可信？很晚我才發現自己受到引誘。埃蓮娜的敘事有說服力，因為當她首次在網站上貼文時，她還沒去過車諾比區。在她編造的敘事中，她擁有通行證、機車與開闊的道路。她寫道，她總是一個人旅行，因為她不喜歡另一名騎士在她的前方揚塵。我感到羨慕。埃蓮娜自己一個人，自由去她想去的地方，不拘時間，毫無防備與毫無束縛，不像我一樣身邊跟著司機、嚮導與恐懼。這個虛構的埃蓮娜是個自主的、有勇氣的與單獨行動的作者，我只能幻想自己能和她一樣。

我可能會將埃蓮娜的敘事觀點歸類為旅行小說的主人翁，小說敘事者的意識形態不會改變，改變的只是敘事者周圍的地貌。[10]她的立場堅定，對於自己看到的一切毫無保留也毫無疑問，或者應該說，她所看到的一切證實了她已經知道的事物。在她的網站上，敘事者「埃蓮娜」相當肯定地征服了真相，並且糾正了所有忽視車諾比區與她的國家悲慘歷史的人。俄國哲學家米哈伊爾・巴赫汀（Mikhail Bakhtin）指出，敘事形式是作家為了支撐某種知識而創造的空間。[11]比埃蓮娜早七十年，巴赫汀住在維爾紐斯（Vilna）、敖得薩（Odessa）與維捷布斯克（Vitebsk），這幾座城市就像埃蓮娜居住的基輔一樣是多語言城市，也和基輔一樣過去曾是俄羅斯帝國西部邊境城市。巴赫汀走在滿是爛泥的街上，街道兩旁是傾斜的農舍與破舊的聯排住宅，他聽到周圍的語言形成、轉變與消亡。維爾紐斯是波蘭的藝術與文學中心，這座城市的猶太作家形成了意第緒（Yiddish）文學。在敖得薩，作家如伊扎克・巴別爾（Isaac Babel）將意第緒小偷的黑話與俄羅斯散文結合起來。在維捷布斯克，唯心主義藝術家如馬克・夏卡爾（Marc Chagall）與卡濟米爾・馬列維奇（Kasimir Malevich）為窮困學生開設藝術學校，並且要求敖得薩市民僱用學生粉刷房屋來支持學校。市民們同意了，白色牆上出現由馬列維奇學生繪製，受夏卡爾啟發外型奇異、顏色鮮豔的天使與飛馬，以及綠色圓圈、橘色四方形與藍色長方形。

巴赫汀在這些邊境地方發展出他的複調（polyphonics）觀念。複調式的溝通容許語言、文化與階級各群體的混和，在巴赫汀的想像中，這種混合保證了永久性的思想革命，防止出現「單一的真相語言」。[12]巴赫汀可能會將埃蓮娜的敘事模式稱為「獨白式的」，他的這項分類針對的是那些縮短對話、試圖固定真相、排除其他觀點與拒絕衝突論證的文本。[13]關於固定真相與排除觀點，巴赫汀有第一手的經驗。一九二九年，在即將出版討論杜思妥也夫斯基（Dostoyevsky）小說許多彼此衝突的觀點前夕，巴赫汀於彼得堡（Petersburg）被捕。[14]巴赫汀被判刑並且遭到流放，他從充滿創造性的沃土、充斥著猶太人、烏克蘭人、波蘭人與白俄羅斯人刺耳話語的維捷布斯克，前往讓人覺得聲音遭到壓制，一切顯得寂靜的哈薩克，而當時，哈薩克正發生一場大饑荒。[15]

埃蓮娜利用她的敘事模式呈現出一個關於烏克蘭與車諾比悲劇不可避免的真相，讓「這個議題獲得全世界應有的廣泛注意」。這個主張是由Kiddofspeed網站的第二個敘事者提出的，這個敘事者是「唯一能透過電子郵件聯繫」埃蓮娜的人士，也是埃蓮娜網站伺服器的管理者。這名敘事者將埃蓮娜的名字用引號括起來，承認「埃蓮娜」與每個敘事者一樣都是個虛構人物。埃蓮娜陷入造假風波之後，她在後來的Kiddofspeed版本中寫道，她不是為了名利，而是「出於對國家的愛」。[16]埃蓮娜可以使用絕對的詞彙與絕對的自由來探索車諾比區，因為她不需面對那些可能模糊她的愛國主義、犧牲與受害的麻煩現實。

我雖然批評埃蓮娜，但我也明白絕大多數非虛構的學術研究與新聞報導也以類似的敘事模式鋪陳。埃蓮娜將自己展現成一個前後一貫而穩定的主體，可以完全讓他人與自己所理解。這個可理解的敘事形式，由不變的旅行者在不斷改變的地貌中移動，這是造成數百萬讀者與我對Kiddofspeed深信不疑的一部分原因。現在，更仔細觀看她的網站，我開始更深入思考自己使用的敘事模式。[17]我很少使用埃蓮娜運用的古典非虛構敘事模式。我寫作時最常使用的是告解模式，我對於自己撰寫的人物表現出某種內疚感，這些人的生活宛如一場悲劇，而我明知如此卻還是利用他們的故事來撰寫歷史。（讀者可以在本書中發現這種告解模式，有些人或許會對此感到厭倦。）有時我會使用不可靠的敘事者模式。在這種模式中，當我發現自己有限的視野與其他人的分歧觀點出現矛盾時，我會貶低自己身為非虛構敘事者的資格，並且認為自己不具備提出真實主張的正當性。我使用不可靠的敘事者來指出歷史研究的高度主觀性，這種高度主觀性創造出關於過去的臨時真相——這種真相肯定會改變。當我創造各式各樣的敘事觀點時，我試圖做到真實，但這些觀點顯然與「埃蓮娜」一樣虛假。我編造了這些故事。即使我直接以第三人稱書寫，敘事者依然是我的創造物。文學批評研究虛構的敘事觀點，但非虛構的敘事者帶有的被創造性卻未受到質疑。我要改變這種狀況。在這個特定故事裡，相對於「埃蓮娜」這個孤獨而大無畏的探險者，「我」要為自己創造出一個新的敘事觀點：懦夫。

我得知埃蓮娜的網站是杜撰的之後，儘管先前已經去過烏克蘭中部，我還是決定盡可能利用這次旅行。我想，蘇聯帝國晚期的遺跡，肯定還存在於斷垣殘壁之中，這些東西看起來沒什麼價值，應該沒有人會去搶奪。所以，在車諾比的第一天早晨，我起了個大早，趁著餐廳提供早餐之前（線上觀光網站推薦這裡的「無輻射」食物）四處繞了一圈。我獲准在沒有嚮導陪同下參觀這座城市；至少，沒有人會阻止我這麼做。車諾比是一座年代悠久的波蘭人與猶太人小城（shtetl），但城裡的波蘭人與猶太人早在二次世界大戰之前與期間就遭到「清洗」。在一九八六年核事故之前，據說車諾比是一座祥和、安樂與平凡的烏克蘭城鎮。二〇〇四年，車諾比依然祥和，只不過變得更加寧靜。我隨意遊蕩，就這樣來到普里皮亞特河岸邊高處，在這裡，雜亂無章的小城街道逐漸隱沒在森林與藤蔓構成的綠牆之下，緊接在綠牆後方是一段斜坡，斜坡下方是緩慢流動的河水。我仔細看著這一片綠意，忽然瞧見有個窗框的輪廓，這才發現有幾間房舍隱身在這片綠意之後。我穿過灌木叢，來到一間廢棄房舍的門檻前。

我可以看見屋內有個衣櫥，裡頭的衣服都被倒了出來。一個塑膠洋娃娃沒了四肢，癱倒在窗台上。舊鞋子，讓我想起在奧斯威辛（Auschwitz）看到的展示，還有學校的筆記本，雜亂地散落在地板上。這些被遺棄的物品沒有人想拿走，但光是這些「物品」也許就能告訴我有關過去的事。我很想進屋窺探一番。我身上沒有面罩來過濾輻射塵，也沒有攜帶蓋革計數器（Geiger counter）。雖然車諾比是該區最安全的區域，但沒有輻射劑量計還是很不保險，因為放射性同位素會隨機聚集在幾個熱點。一個的地區可能相對乾淨，但在地區內的某個點有可能輻射指數非常高。下過一場雨或吹過一陣風，都有可能改變熱點的位置。我們一般會將地球想成堅實的大地（terra firma）：堅固、穩定、不移動。然而，環境史家卻告訴我們，看似靜態的地貌實際上

車諾比一間房舍的門檻，2004 年。（作者提供）

進行著十分劇烈的運動。[18]放射性同位素的活動性特別強，除了在物體上，也可以在地形上充當示蹤劑，描繪我們在三維空間中的遷徙、移動與進退兩難。在被汙染的地區，如烏克蘭北部與白俄羅斯南部，這些地面物體的流動變化對於毫無警覺的旅行者特別危險。

即使沒有輻射劑量計，我還是有可能走進屋內，但一看到這間有著百年歷史，由黏土、稻草與木柴建造的小屋，天花板的橫樑已經歪斜，我擔心自己一跨進門檻，整間房子就有可能坍塌下來。我看看四周，發現地上有野豬的抓痕。牠們四處刨抓，尋找蟲子與食物，留下大塊翻開的新土。這個地方看起來才廢棄不久。之前有人提醒我要留意野豬。自從居民撤離之後，野豬又返回這個區域。他們說，如果野豬覺得自己受到威脅，就會朝著你衝過來。

這種研究與我過去做的研究大不相同。歷史學家工作的地點大多是在檔案館或博物館。一旦獲准入內，我們會坐在桌前，指定需要哪些檔案，由樂於助人的館員把資料送過來。歷史學家研究檔案與物品，這些事物都已經過揀選，被認定具有重要性與價值。每個世代都花費大量精力與時間來收集、小心使用、分類與保護這些被視為對後世十分重要的文化財。通常，一件物品是否具有重要性與是否應該保存是由那些居於權威地位的人來決定。如果一件物品被認為不再具有價值，或者，或許是令人感到困窘，那麼這件物品就有可能遭到捨棄。這是真的：很多物品遭到丟棄。過去有大量的物品因為歷史研究，因為歷史而消失。絕大多數被捨棄的事物是那些生活在邊緣、不

車諾比市區的一頭普氏野馬（Przhevalski horse）。（作者提供）

重要、與世隔絕之地的卑微民眾的歷史，例如因為核事故而揹上惡名之前的車諾比。

歷史學家遇到最大的困難通常是檔案館暖氣太弱、檔案人員脾氣暴躁與檔案館的伙食不乾淨。要像「埃蓮娜」一樣，為了敘述被遺忘者的生活歷史，騎車在輻射汙染的地貌上奔馳，需要很大的勇氣——不過，我必須提醒自己，埃蓮娜並未真的在車諾比區騎車。她就像數百萬造訪她的網站的人一樣，只是「想像」自己在車諾比區遊蕩。當我站在小屋的門檻時，這些人全安全地待在家裡，坐在電腦前，舒適地暢遊網路空間。只有我受騙來到這個事故發生現場。我是否真的應該振作起瘦弱的身軀，獨自與無情的時間和稍縱即逝的現實搏鬥——與這一片已經遭受輻射汙染、變得分崩離析的廣大地貌奮戰？

不難想見，我最後還是決定不要進屋，並且退回到相對安全的車諾比市街。在主廣場，我突然與一匹野馬對望，這匹野馬正吃著列寧雕像周圍的嫩草。這是普氏野馬，核事故發生後從蒙古

普里皮亞特市中心全景，烏克蘭。（作者提供）

引進了一群普氏野馬，用來吃掉或踩踏這些受汙染的草。這匹野馬有著巨大的史前下顎。牠一邊盯著我瞧，一邊用力咀嚼。這也令我感到緊張。我掉頭回到溫暖的自助餐廳，享用我的無輻射早餐。

之後，我們搭車前往核電廠附近的普里皮亞特，埃蓮娜稱這座城市為「鬼城」。普里皮亞特就在輻射雲一開始籠罩的路線上。[19]這座城市已經不能住人。在車諾比區裡，普里皮亞特位於幾個古老而富有特色的村落之中，很適切地體現了車諾比區在二十世紀飛黃騰達的歷史。一九七〇年代，這座城市在空曠的土地上建立起來，一九八〇年，市政府成立，為新核電廠員工及其眷屬提供住處。這些工作人員是專業級的工程師與技師，所以薪水很高，商店也擺滿商品。根據計畫，普里皮亞特的建設必須採取一致風格，目的是建立一座現代的花園城市。全市四萬七千名居民構成規劃者心中人口與商品勞務供給的最適比例。城市外圍有一圈廣大的「氧氣區」，有連綿數英里的松樹林、沼澤與湖泊。[20]由於電力來自豐富、廉價與無煙的核能，這裡的空氣與環境維持純淨與未開發，因此成為愛好自然人士與戶外活動者的避風港。

根據計畫，普里皮亞特也是步行者的天堂。在建造者的安排下，居民前往主要服務設施，步行距離不會超過五十公尺。住宅大樓的一樓設有學校、圖書館、診所、政府機關、商店與咖啡廳。筆直的小路，兩旁種植樹木，讓民眾不需要開車或搭公車就能辦好日常事務。普里皮亞特從主廣場向外延伸，主廣場是社區的政治與經濟中心：共產黨地方黨部、文化中心、百貨公司、奧運等級的游泳池與足球場等運動設施，以及一座設有新摩天輪的小遊樂場，然而這座摩天輪從未運轉過。（這座摩天輪首次旋轉是在一九八六年核事故發生後幾天，主要是為了慶祝國際勞動節。）普里皮亞特是蘇聯最年輕的城市之一，擁有一萬七千名孩童。每到週末，家家戶戶離開公寓，沿著小路走幾分鐘，就可抵達未受破壞的森林、蜿蜒的溪流與湛藍的湖泊。普里皮亞特是個擁有蘑菇、莓果、漁獲的地方，歐洲東部的民眾都非常喜歡這裡。在這樣的環境下，也出現了蘇聯官方所推崇的文化。在普里皮亞特，民眾敦親睦鄰，喜愛體育活動、音樂會、戲劇與吟詩，這些活動在蘇聯其他地區早已不流行。[21]埃蓮娜想像她在普里皮亞特度過童年，她說普里皮亞特是個適合孩子成長的地方，安全且乾淨——我想大概就像美國郊區的童年吧。

從各方面來看，普里皮亞特提供的其實是戰後美國郊區的縮影，只不過這裡的繁榮以及以核心家庭為中心的幸福生活是蘇聯晚期的版本。普里皮亞特建立的年代剛好很難得的是絕大多數蘇聯民眾感到經濟穩定與政治滿意的時期。[22]在舒適而服務周全的普里皮亞特，民眾過著非常好的生活，不過在車諾比災難的時期，許多西方人並不相信這種說法，他們一向認為蘇聯是個經濟悲慘與即將爆發政治抗爭的地方。回憶這起事件，前副市長亞歷山大・埃索洛夫（Alexander Esaulov）描述電視脫口秀主持人菲爾・唐納修（Phil Donahue）於一九八七年來到普里皮亞特的狀況。唐納修一行人穿著舊靴子到處查看，擔任嚮導的埃索洛夫緊跟其後。埃索洛夫驚訝地發現，唐納修對於觀看核電廠或與廠內工作人員交談興趣缺缺，反而跑到說波蘭語的鄉間努力尋找最困苦的村落然後拍攝照片。對他來說，穀倉或小屋越破爛越好。

埃索洛夫對於唐納修關心的焦點感到不解，他試圖告訴唐納修，普里皮亞特是一座現代城市，居民在這裡過著很好的生活。唐納修聽了以後笑了，當他得知埃索洛夫是這座疏散城市的副市長時，他驚呼道：「這一定是一份輕鬆的工作！」埃索洛夫無法讓這個頭腦簡單的西方人了解，管理一座疏散城市要比管理一座住滿人的城市困難得多。埃索洛夫遭遇各種問題，這些問題完全無法靠現有的法規或方針來處理。當你發現一名癱瘓的祖母被留在公寓裡，而醫療院所都已經關閉，你會怎麼做？當銀行不願接受棘手的金錢時，你如何支付工人薪水？當所有餐廳都關門時，負責清理的工人要到哪裡用餐？由誰來清理垃圾桶與冰箱裡的腐敗食物？存放在市府檔案管理的文件，如結婚證明、出生證明與死亡證明，這些都已經汙染無法帶走，後續該怎麼處理？然後是被疏散的孩子，他們被送往烏克蘭城市白采爾科維（Belyi Tsirkiv）過正常生活，他們又累又怕。從疏散巴士下車時，他們看到的是戴著防毒面具穿著防護衣的人，這些人全副武裝準備處理這些遭輻射汙染的車諾比孩子。[23]

車諾比是最現代的災難，是二十世紀科技造成的不幸事件，但與這起事故奮戰，卻必須使用極度原始的工具。西德、日本與蘇聯的機器人被用來清理放射性石墨以及在沸水反應爐挖掘隧道，但無法完成任務。暴露在車諾比的高輻射下，機器的電子迴路開始失靈。蘇聯緊急應變小組沒有辦法，只好派出「生物機器人」，由人類穿上重達七十磅由皮帶串起來的鉛片。這些核能鬥士輪班前往三號反應爐頂部，將一兩堆正在悶燒帶有強大輻射的石墨鏟進已損害的四號機反應爐深處，以避免這些沉重的石墨掉落。一九八七年九月，十二天的時間，五千名士兵以鏟子、手推車、帶著手套或用赤裸裸的雙手，從反應爐頂部清運一百七十噸的核子殘骸。[24]冒煙的殘骸放射出強大的伽瑪射線，這些人每四十秒輪一次班，共同分攤暴露在射線下的時間。這場最現代的災難帶來非常古老的生物脆弱性，令人感到不安。

事實上，問題不光是如此。普里皮亞特是一座現代城市，一座幾乎完全由當代科技與機器生產的城市。在這座城市的計畫與概念中，人類沒有犯錯的可能，也不需要為了對抗災難而鼓起勇氣犧牲生命，因為災難絕不可能發

「埃蓮娜」安排的曬衣繩上的衣服，普里皮亞特，烏克蘭。（作者提供）

生。反應爐原始的設計是為了軍用，因此周圍沒有安全殼來防堵爆炸。這件事眾所皆知。即使如此，事故後的幾個關鍵日，市府與發電廠領導人卻茫然失措無法做出決定，因為他們既無緊急計畫，也無應變器材，例如抵擋伽馬射線的防護衣，保護甲狀腺的碘片，用來沖洗設備、建築物與人行道的化學溶劑，以及人員使用的拋棄式手套與鞋子。普里皮亞特井然有序的現代性，寫下了自信而安慰人心的空間敘事，使人們失去對核子災變應有的戒心。或許正因如此，在事故發生前，幾乎沒有人注意到車諾比核電廠的管理不善，以及將放射性同位素洩漏到周遭環境中。一九八〇年代初一名 KGB 幹員與一九八六年一名新聞記者都曾提出警告，車諾比核電廠存在重大安全違規與操作次序問題，但他們的提醒都被置之不理。[25]

參觀已無人居住的普里皮亞特，這座城市的現代性讓這場探險變得索然無味。普里皮亞特沒有地方或教會建築；沒有小村舍、農園的棚子、獵戶的小屋，沒有猶太會堂、禮拜堂、墓園或供奉被遺忘的上帝的石窟。城市的每個地方，絕無例外，全依照計畫建造，而計畫的設計、批准與蓋印全在莫斯科。進入私人空間，舉目所及，沒有任何一件物品是手工製造，每一件物品都是出自工廠的生產線。一九二〇年代，哲學家華特·班雅明猜想，一旦手工製品完全被量產商品取代，生活會是什麼樣子。[26]普里皮亞特原本會是回答這個問題的好地方，然而現在這裡已經沒有人留下來讓他詢問。

在普里皮亞特，每一扇門都是開著的，這是為了不讓含有放射性同位素

鋼琴以及「埃蓮娜」刻意安排的照片，普里皮亞特，烏克蘭。(作者提供)

的塵土堆積在室內與屋內。門戶洞開意謂著小偷與意圖窺探的歷史學家可以輕易登堂入室。在嚮導麗瑪的指引下，我們在無人居住的公寓裡駐足觀看，希望能找到埃蓮娜承諾在網站上公開的私人居家用品，但我知道機會渺茫。當麥西歐在樓下等候時，麗瑪與我看了一間又一間陰鬱的公寓。所有的屋子都是空的。

奇怪的是，麗瑪沒有帶我走向能照亮過去的源頭——計畫式社會主義烏托邦的失落夢想——反而帶我去看埃蓮娜網站偽造的反烏托邦。在一棟建築物裡，麗瑪向我展示埃蓮娜的丈夫自己帶去的《狩獵與釣魚》雜誌，他把這本雜誌塞在信箱裡然後拍照。在陽台上，麗瑪指出埃蓮娜與丈夫先在曬衣繩上掛上褲子，然後拍照。我們沿著樓梯蜿蜒爬到一棟高樓的第十六層，麗瑪讓我看埃蓮娜與她的丈夫選擇用來做為拍攝場景的公寓。他們分別從幾間公寓收集一些遭人遺忘的照片、書籍與耶誕節裝飾，然後將這些東西擺在某間公寓的一架立式鋼琴上，這架鋼琴是我們找到的唯一一件遺留下來的家具。可能是因為鋼琴太大，無法經由狹窄的階梯搬到樓下，而當初把鋼琴運到樓上的電梯也早已停止運作。我到了這裡之後，就盡責地為埃蓮娜安排的場景拍照，我知道這是人為建構出來的，但我也開始懷疑，有哪些不是呢？

一旦有少數懷疑者開始質疑埃蓮娜網站的真實性，埃蓮娜就開始產生防衛心，她在聊天室與之後的網站版本上解釋，真相是相對的，重點是了解她的祖國烏克蘭車諾比區被遺忘的歷史悲劇。某方面來看，我覺得這種說法合理。我來車諾比區是基於相同的理由，受到相同幻想的吸引，也傾向於類似的相對主義。畢竟，在後現代主義論戰上，對於何謂歷史與真實，以及歷史與真實在何處交會——如果有的話——這樣的爭議在今日要比以往更為激烈。我逐漸發現共產黨報紙或政府文件未記錄的事。在「不可分割的」蘇聯，民眾居住在被宣稱是「完全安全」的核電廠的陰影下，我發現民眾的生活樣貌以及他們彼此之間的交談內容或私下的想法。我想聚焦在尚未被官方機構揀選、編輯、展示或保存的原始資料上。我企圖在不被官方歷史看門人發現下溜進去，就像埃蓮娜拿著父親的通行證溜進車諾比區一樣。

然而顯而易見的是，埃蓮娜的真相、歷史與表述的三角關係，因為車諾比區無人居住且處於荒廢而遭到扭曲。當居民消失而維繫居民生活的事物（建築物、文件、照片、家庭用品）崩解，真相也就跟著支離破碎。埃蓮娜可以宣稱她說的就是車諾比區的「現實」，因為她線上的讀者沒有人在當地要求她說出真相。除了麗瑪，沒有人親眼看到埃蓮娜進行偽造，而麗瑪並不知道Kiddofspeed這個網站，直到她的上司因為被聲稱允許一名機車騎士進入車諾比區而遭到責罵，整起事件才因此曝光。

過去，就和車諾比區一樣，杳無人跡。一旦我走出檔案館，走進車諾比區，我必須靠自己的力量，就像埃蓮娜仰賴自己的想像力一樣，在眾多彼此衝突的歷史表述真相中尋覓道路。沒有博物館員來核對物品的日期與擁有者，也沒有檔案人員來鑑定文件以及將所有的收藏集結起來（或至少讓它們看起來像是收藏品）。沒有人阻止我隨機從地板撿起淋過雨的文件，我吹掉上面的塵土，在麗瑪檢查過輻射之後，我便將這些文件放進我的袋子裡帶回家。

我可以任意拿走這些資料，然而正是這樣的自由使我舉棋不定，因為我沒辦法驗證這些資料。這些物品與紙張尚未經過揀選、清理，也尚未被博物館或檔案館當成「文物」與「文件」而加以收藏。[27]不同的地方在於，我發現自己必須身兼博物館員、檔案人員與歷史學家三種角色。願意相信我的人，他們只能在毫無證明的狀況下把我的話當真。

當我進入車諾比區時，我必須在門口檢查我的執業工具，歷史學家要遵守規則才能生產可驗證的知識。因此，車諾比區成了一種暗示各種論戰的隱喻。過去數十年來，關於權力與知識生產之間的關聯性的討論，一直在學界迴盪著，當我們無法確定真實或者當我們吞吞吐吐無法找到表述真實的聲音時，「真相」將會如何。這塊隱喻區是一片雜亂無章且危險的地域。我帶走的就是這麼一個令人不安的事實。確實，埃蓮娜撒了謊，但從更一般的角度來看，我不僅了解過去如何在檔案中建立起來，也發現過去如何在地方上產生。換言之，我察覺自己尋求的每個真相的深處都潛伏著騙局。

此外，雖然我是個膽小的旅人，我卻不打算拒絕進入車諾比區。塔可夫斯基的潛行者也感到緊張，但他還是不斷對他帶領的兩個人耳提面命，要他們處處小心。與潛行者一樣，歷史學家在我們的隱喻區裡也懂得留神提防，因為我們處理的是強大的力量——知識、文字、曾經存在過的濃縮生命經驗。我希望自己不會像埃蓮娜在網路空間裡大膽遊蕩一樣輕忽這股力量。有些人留下的文字與物品被認為是不重要的，因此無法被記錄或建檔，但我不願接受失敗，我不認為這些人的故事是不可講述的。

我沒有提及電影《潛行者》中的尋求者到底在禁區尋求什麼。傳說在禁區深處有個房間，凡是能找到房間的人就能讓自己內心深處的願望實現。當潛行者帶著冒險者克服重重險阻，終於抵達這個神奇的房間時，他們反而卻步了。他們害怕進入這個房間，就像我害怕跨過傾頹小屋的門檻。我覺得兩者之間頗為類似。在旅程中，我將一名潛行者——網路旅行家埃蓮娜，換成了另一名潛行者，也就是反烏托邦的揭密者麗瑪。然而在撰寫本文時，我也成了一名潛行者，就像每個歷史學家一樣，我只能引領旅人們來到真相的門檻前。

# four

# 第四章：克什特姆，身體的祕密

# Bodily Secrets

DISPATCHES FROM DYSTOPIA

車里雅賓斯克（Chelyabinsk）與斯維爾德洛夫斯克（Sverdlovsk）兩州位於俄羅斯大陸深處，過去是外國人禁止進入的地區。這就好比美國對蒙大拿州、懷俄明州（Wyoming）與大部分愛達荷州設下旅遊禁令一樣。一九九〇年代初，旅遊禁令解除，但車里雅賓斯克市依然不是觀光的目的地。車里雅賓斯克是俄羅斯的鋼鐵大城，擁有一百萬人口與一百萬家有著生鏽管線與重機械的工廠，然而當我住在那裡時，卻一個外國人也沒看見。在我住的公寓大樓庭院裡，鄰居問我是從哪裡來的。她說她之所以問起這件事，是因為上一個住我那間公寓的房客來自她的家鄉圖爾根（Turgan），而且碰巧那個人認識她的親戚。或許我們可能擁有共通的連結？當我問我的鄰居是否有家人住在芝加哥時，她的臉先是浮現一陣恐懼，然後勉強擠出笑容。

她的表情讓我首次感受到廣大而無所不在的俄國核安全機制，而車里雅賓斯克只是其中一小部分。安全機制是奇怪的事務。他們整理知識，而且似乎將最重要的資訊優先挑選出來予以藏匿。然而，這是一種幻覺。安全體系不做這種事。最隱密且不為人知的資訊可能十分平常且毫無重要性，而真正重要的資訊卻在我們身邊，只是被平凡無奇的外觀所隱藏。即使如此，安全機制仍吸引試圖解碼與窺探機密的研究人員前來。將某個地區劃為機密區域，必然會引起注意。住在車里雅賓斯克調查封閉的核城市，我忍不住分心去調查安全機制與機制隱藏的機密。我花了很長時間詢問一些最顯而易見的問題。為什麼設下安全禁令，這樣不是反而讓想保密的事物引起注意嗎？我被人發現自己居然相信這個安全體制的真實性。一名老婦人因此用她身體的傷痕讓我知道什麼才是真正的祕密。她告訴我，更大的故事就在我的面前，就在我遇見的人身上，他們近在眼前，我一伸手就能觸及。

我在車里雅賓斯克，是為了瞭解更多關於奧焦爾斯克（Ozersk）的事，這座小城位於北方的樺樹與松樹林中，四周環繞著颳著風的灰綠色湖泊。這座城市乾淨、整潔、樹木茂盛，擁有宏偉的公寓大樓與湖岸避暑小屋。至少，人們口中的奧焦爾斯克是如此。我無法進入奧焦爾斯克，甚至連接近都不行。奧焦爾斯克過去是蘇聯十座封閉核城市之一，現在也還是俄羅斯的封閉行政區，俄羅斯首座鈽提煉廠就位於這座城市，為世界各地商業反應爐處理使用過的核燃料。生產鈽與處理燃料產生大量的放射性廢料。奧焦爾斯克被高聳的鏈狀柵欄團團圍住，柵欄上方裝置了有刺鐵絲網，而且設有衛兵巡邏，無論在門柱旁、湖上的小船還是森林裡，都有衛兵駐守巡視。在冷戰期間，任何人要進入這個封閉行政區都必須通過徹底的背景調查與通行證。奧焦爾斯克周邊有一圈限制緩衝區，區內部署了飛彈。這座城市不會出現在公開發行的地圖上，住在當地的九萬名居民，在官方上屬於四十英里外的車里雅賓斯克市民。奧焦爾斯克座落在廣大安全網的中心，受到各項禁令與重重防衛系統的保護，我了解得越多，越對加里．鮑爾斯（Gary Powers）感到遺憾，他自信而愉快地被派去駕駛 U-2 偵察機飛越這片武裝群島，宛如被送去屠宰場的羔羊一樣。一九六〇年五月一日，天頂（Zenit）火箭擊落才剛飛越奧焦爾斯克上空的鮑爾斯飛機，奧焦爾斯克當時被極少數知情者（鮑爾斯並不在其中）稱為車里雅賓斯克-四十。

冷戰結束十六年後，我動身前往車里雅賓斯克，驚訝地發現守口如瓶的習慣與陰謀論的思維依然盛行。我每到一個地方，就有小旋風將我包圍住。還沒介紹，人們就已經知道我是誰。我像一個被隱瞞得了癌症的患者，總覺得自己有應該知道卻未能得知的重要資訊。我有一段奇怪的經歷。一名檔案館官員邀請我去家裡，她煮了羅宋湯給我喝，與我聊起她的婚姻、婚外情與子女，然後又表示，在檔案館裡我要假裝不認識她。然而幾天後，當我在檔案館閱覽室研究時，她請我出去喝咖啡，我們走在街上，她告訴我她的家、辦公室與手機都被安裝了竊聽器，如果我需要和她談話，就必須找她出來散步。我問她為什麼被監視。她說她有最高級的安全許可而且可以接觸許多國家機密。她抬起下巴，以政府對她的信任（與不信任）為傲。

機密！這正是歷史學家渴望的，被長期保護的祕密可以成為吸引人的頭條。歷史學界主張過去的謎團深埋在檔案館的倉庫裡，這些謎團即使是親身經歷事件的人也無法得知。這種探索賦予了歷史學家權威與重要性。揭開祕密也是我的任務。多年來我致力研究解密的檔案，我了解許多冷戰軍備競賽的核心細節，但我並未揭露任何真正的祕密。那裡能知道什麼呢？受到最嚴密保護的知識——鈽提煉廠的位置、製造炸彈的配方、可分裂物質與放射性廢料的數量——早已被間諜、情報人員、記者與其他歷史學家打探得知。雖然我不能進入奧焦爾斯克，但我可以在 Google 地球上拉近觀察。我可以在公開資料上找到製作核子彈的配方，然後在網路上訂購足量的放射性廢料來製作髒彈。[1] 這需要什麼陰謀論？

我花了幾年的時間才了解，最大的謎團不在檔案館裡，從來都不是。我原以為自己即將揭露國家安全體制的歷史，結果發現這些不過是軍備競賽的中心人物捏造的。奇怪的是，為了深入了解這個複雜的安全體制，讓我長期分神，反而忽略了瑪亞克（Maiak）鈽提煉廠故事的重要部分。而我之所以錯過這個故事，主要還是不得其門而入以及機密的問題。回想起來，當初那名年輕檔案人員把我並未要求的檔案交給我，裡面提到一些人住在高度輻射汙染的捷恰河（Techa River）流域，肯定是為了給我線索。這些預期外的文件放在我的書桌上，我在驚訝之餘，抬頭看著她，我發現這名年輕女性的眼睛凸出、手指腫脹發青。如果我有能力像閱讀醫療文件一樣解讀身體外觀，我也許能看出這些症狀很可能是甲狀腺功能亢進引起的，然後我會問她，她不請自來的協助是否與鈽提煉廠造成的疾病有關。然而我並未問那名檔案人員為什麼偷偷地幫助我。相反地，我繼續我的工作，固執地探討原本的研究問題，不想分心做別的事。

為了與一些前提煉廠員工以及住在提煉廠附近的居民對話，我聯絡上奧焦爾斯克的人權律師娜德茲妲·庫捷波娃（Nadezhda Kutepova）。她幫我聯繫十幾名提煉廠退休員工，他們願意告訴我他們的故事，或者是故事的一部分。我無法造訪封閉行政區，二〇一〇年夏天，我決定在鄰近的克什特姆住下，這座小城位於兩座北方湖泊之間的地峽，城裡有許多厚重原木搭建的房屋。我住在一間小屋裡。我也在一所年久失修的老年療養院擁有一間辦公室。這間空出來的長條形房間可以做為一個中立地點，讓我與鈽提煉廠的退休員工見面。我需要「中立」的地點，因為我借住的小屋屋主不希望我在他的房子裡會客，因為附近的鄰居可能會記錄我的一舉一動。這是當地的政治氣候。我並沒有做違法的事，但是講起前核子武器設施就會讓很多人感到緊張，包括一些過來看我的人。

謝爾蓋（Sergei）是一名高大魁梧的男子，他走進來接受我們的訪談，雙手抱胸，而且一直維持相同的姿勢。他宣稱自己不知道為什麼來這裡，也不知道見面有什麼意義。一九五七年夏天地下放射性廢料儲存槽發生大爆炸，當時謝爾蓋是被徵召的年輕士兵，他被派去清理放射性殘骸與灰燼，但他完全不想對我談起這件事。他告訴我他已經簽了安全誓約，保守國家機密，特別是不可以洩漏給美國間諜知道。當時我說的俄語帶有很重的美國腔，而且在所謂的「中立」地點見面。誰會說我不是間諜呢？

當然，謝爾蓋也對我有相同的懷疑。幾分鐘後，他氣沖沖地起身離開，只留下我一個人與幾名老婦人。研究這類敏感主題，最後通常男性都會走光，只剩下女性與我對談。我的故事因此會有所偏差。就像早晨到浴場洗澡，與同性陌生人分享一些感情私事，對和我談話的女性來說是容易的。或許是這個原因，謝爾蓋離開後，我們變得放鬆，並且開始進入正題。但令我懊惱的是，我們的談話內容最後卻演變成不是國家機密，而是祕密的身體部分——她們的基因遺傳、生育史與身體疾病。相較於謝爾蓋，這些婦女似乎更不在意我的國籍與提煉廠的安全體制，她們更專注於她們膝上那份已經被她們翻爛的文件。這些文件是醫學報告與法律請願書，她們很希望我能看看這些文件。但我對她們的文件不感興趣。相反地，我倒希望她們告訴我在提煉廠工作以及在封閉行政區內部或附近生活的狀況。我想知道，被深鎖在封閉區與外界隔絕是什麼感覺。我問的都是這方面的問題。

安娜・米留提娜（Anna Milutina）急著說話。她精神矍鑠，完全看不出已經八十歲。早在一九四七年，鈽提煉廠動工興建時，她就已經在封閉區工作。幾十年來，她一直在封閉區裡擔任商店店員，但到了一九六〇年代晚期，為了賺更多錢，她決定提早退休到提煉廠工作。走進陶瓷內層的隧道，米留提娜打卡準備首次輪班，提煉廠的安全體制令她印象深刻：

> 首先，我們到衛生控制站，脫掉所有的衣服，全身赤裸走到另一個房間，穿上連身工作服與佩戴測量輻射的卡帶。下班後，我們歸還卡帶，取回我們的衣服。走廊上有個士兵讓你進入工廠。我們有號碼顯示能進入的區域。只能去某個區域，其他區域都禁止進入。每天下班後我們都要淋浴。離開時，輻射檢測儀器會檢查你，可能會把你攔下來。如果我身上的劑量太高，我自

已不會知道。他們不會告訴你。

我才在工廠工作不久，一九六八年便發生事故。那是一場重大的反應。輪值第一班的人員已經清理乾淨。也許。或者也許在早上我做了清理工作。有十公尺需要清理，不是很大的空間。這是我與放射性汙染產生關聯的原因。

「妳害怕嗎？」我問道。

不！不！不！我們懂什麼呢？我們怎麼知道自己會得病？現在我知道了。我當時做了清理工作。他們在地板上灑粉末。如果地面是濕的，他們會把水吸乾。如果地面是酸的，他們就把這些酸性物質洗掉。他們得到那樣的指示。

當然，這些事件沒有給予我們健康。一九六八年的事故，我做了清理工作，表示我受到大量輻射，我認為這是造成我有慢性輻射疾病的原因，而在檢驗中未顯示出來。[2]

米留提娜抽出幾份文件，然後又安插回去，她不斷翻閱這些破損的文件。她拿了一封拒絕她要求賠償的信給我，另一封則是否定了她的慢性輻射綜合症（CRS）診斷，這種綜合症會攻擊身體的多處器官。蘇聯醫界首先在一九五〇年代得出慢性輻射綜合症這種診斷，當時他們注意到最初的年輕提煉廠操作員在鍗提煉廠工作時健康狀況良好，之後卻生病並且出現一連串症狀——慢性疲勞、沒胃口、嚴重貧血、早衰、關節疼痛、脆骨症等等不一而足。他們猜測，首次出現這些症狀的犯人與僱員長時間暴露在放射性同位素之下，雖然劑量不足以立即導致嚴重的輻射疾病症狀，但經過數年的時間仍會產生全身性的衰弱疾病。一開始是有十幾名被診斷出罹患慢性輻射綜合症的年輕女性病得沒辦法工作，並且才三十歲出頭就病逝了。蘇聯醫師研究每個月的血液檢測，只要一發現工人有罹患慢性輻射綜合症的危險，就會下令將這些瀕危的工人調到比較乾淨的工作環境。[3]

米留提娜覺得自己應該被列入罹患慢性輻射綜合症的人員名單中，這個診斷可以讓她獲得賠償給付以及由國家支出醫療費用。她硬是將文件交到我手裡，但我還是試圖讓她回到她的生活本身，因為我希望為我的研究問題找到答案。米留提娜不理會我的提問：「最後，我遭到侮辱，」她說道。「我沒有得到清算人的資格。我四處奔走，但她們就是不給我這個資格。」她指著賠償法條文給我看，她大聲宣讀。我以我的問題打斷她：她在哪一年開始工作的？她的職銜是什麼？我不想看她現在的醫療記錄，我只想要她過去的記錄，我希望得到未經轉述、透明的生活故事。然而，米留提娜說的每一句話，在我看來過去應該已說過無數次。「我們有二十個車諾比。這是一場戰爭。對其他人來說，這不是戰爭，但對我們卻是。」

米留提娜又拿出一疊文件，指出放射生物學診所評估她受到的輻射是二十四到二十七奈居里（nanocuries）。這個數字對我來說毫無意義，我還是試圖將她的注意力轉回到一九六〇年代。在克什特姆安靜的辦公室裡，我們不斷角力，我要米留提娜離開文件與醫療史回到她的生平，米留提娜則是反過來。一場訪談就是一場協商。訪談者與受訪者都有想擺脫的事物。我對於這場訪談的結果很不滿意，我相信米留提娜也這麼覺得。

另一名女性露伊波夫·庫茲米諾娃（LuibovKuzminova）開始說話。七十五歲的她，容貌十分美麗，臉孔像一顆柔軟的桃子，中央是兩顆靛青色的眼珠。一九四六年，庫茲米諾娃是個農藝家，在梅特里諾（Metlino）這座位於小湖畔的小村子工作，這裡有一間美麗的教堂與一間古老的石砌磨坊。就在這一年，蘇聯內務人民委員部（NKVD）官員在離梅特里諾七公里的地方開始興建鈽提煉廠。一九四九年，地下儲藏槽裝滿了，鈽提煉廠廠長下令工程師將提煉廠廢料，包括混雜了有毒化學物質的高濃度放射性泥漿倒入小河捷恰河中。如果未經稀釋吸收了高濃度放射性廢料，那麼哪怕只是微量也會致命。捷恰河流經鈽提煉廠，沿路經過的潮濕地區匯聚成池塘、湖泊與沼澤。梅特里諾是提煉廠下游的第一站。「我們不知道，」庫茲米諾娃回憶說。「我們飲用與洗滌。我們不知道河水是髒的。」

庫茲米諾娃陳述她的過去時宛如一份醫療與生育記錄：

**我在一九五六年結婚。我們一直無法懷孕。然後我成功懷胎，但第一次**

是流產，之後是死胎。終於，我分別在一九五九年、一九六〇年與一九六三年生下三個孩子。第一個孩子在一歲半時因白血病去世。剩下兩個活著，但他們體弱多病。我的丈夫在提煉廠實驗室工作。他五十多歲去世。我有婦科問題，我動了很多次手術。

一九五〇年代，提煉廠輻射監測員發現捷恰河沿岸農民暴露在危險的輻射之下，因為一九四九年到一九五一年間，提煉廠工程師傾倒了三百二十萬居里的高濃度輻射廢料到河裡。[4]村民在經過數年飲用受汙染的河水並且以此河水進行洗滌之後，也開始出現與最初的提煉廠員工類似的症狀。往後幾年，提煉廠醫師對下游社區七千九百名居民進行檢驗，祕密診斷出超過九百例慢性輻射綜合症。[5]其他二萬八千名被暴露者很多未受檢驗，很可能也有相同症狀。

與米留提娜一樣，庫茲米諾娃也帶來破破爛爛的醫療記錄，並將這些記錄拿給我看，給我的印象也與米留提娜相同。看到我興趣缺缺的樣子，庫茲米諾娃把文件放到一旁，站起身來，我還沒來得及阻止她，她就在我面前解開襯衫鈕釦，向我展示她肚子上的疤痕。不同於醫療記錄，這些記號終於引起我的注意。在她的下腹有著外科醫師手術刀留下的粗白垩線，一片潦草的交叉影線——左與右，上與下。這些記號看起來彷彿想消除掉她軀幹的輪廓。我不知道這眾多的手術是不是提煉廠的同位素導致的，但這些蝕刻在身體上的痛苦就這樣令人耗盡心力地留在那裡。我無法懷疑這些傷痕，但面對身體的痛苦，我只能希望它早日解除。6

米留提娜要我看她的文件，而庫茲米諾娃要我看她的身體，為的是要我給她們一份診斷——慢性輻射綜合症或其他醫學判斷——這樣她們才能覺得自己受到正當的對待，她們才能停止爭論自己是不知情的受害者。我沒有法律或醫學學位，我沒有權威去評估，當然也無法看出她們是否獲得公平的對待。提煉廠的研究人員與官員表示這些婦女的疾病不是來自於鈽提煉，但這些婦女卻認為是。我憑什麼判斷哪一方是正確的？我們在這裡根本沒有交集。我想知道這些婦女的生活故事，然而我也不公允地希望她們陳述時不要參雜個人的利益。長達數十年主張自己是受害人之後，她們想知道自己是對的。她們想得到我的幫助獲得承認，為此，她們需要一份診斷。

但是，慢性輻射綜合症的診斷是一個移動的目標。蘇聯政府公布捷恰河災害資訊的數年後，爆發了一場激烈論戰，宣稱自己因提煉廠放射性廢料而致病的人，他們的身體成為激辯的焦點。一些醫師在公益團體支持下，主張村民與前員工因長期受到低劑量輻射而罹患疾病。其他科學家，大部分獲得核武機構背書，主張原告的疾病源自於飲食不良、酗酒、近親通婚、傳統疾病與壓力。他們認為原告提起訴訟是為了要求施捨。我對這場論戰感到不解。為什麼意見如此分歧？經過五十年的研究，為什麼科學無法找出原告生病的原因？

爭端有部分源自於放射性同位素無法感知。這些幽靈般的歷史起因，遮蔽住工人與村民的身體，而它們運作的方式卻無從回復成為歷史記錄。無法感知的同位素需要敏感的儀器進行檢測，再由受過訓練的技師進行解讀，讓人們了解其中的意義。到了一九六〇年代，大致上已經能對瑪亞克提煉廠正式員工進行定期檢測，但放射學家估計，臨時工（通常是士兵或犯人）與鄰近農人的暴露狀況卻很少進行檢測，或檢測得極為粗略。顯然，即使沒有放射學家在當地進行檢測，危險的放射性同位素依然存在，而留下的記錄卻很不完整。[7]在此同時，醫學研究人員大幅主導了整起辯論。他們擁有測量儀器來量化同位素，而這讓他們擁有權威，針對受到放射性汙染的身體健康狀況提出看法。我閱讀了大量這方面的研究。我知道他們做了太多預設，而且設備失靈，數據並不完整。[8]我知道關於「許可劑量」或「容許閾值」的辯論——這些討論是為了反映危險化學物質與放射性物質的可接受暴露範圍，還是為了允許產業繼續生產有毒產品與廢料。簡言之，吸收鈽與其他高毒性同位素造成的影響，關於這方面的爭議已被泛政治化，而且充滿不確定性。[9]我要怎麼解釋記錄中這些默不作聲的缺漏，這些文件對於放射性的碘、銫、鈽與鍶不可思議地溜進生態系裡，然後沿著食物鏈往上進入到人類血液完全不做任何解釋。在我的研究中，我曾遭遇鬼魂、森林的精靈、國家化的幽靈以及其他我看不見的歷史因素，但這個問題全然不同。雖然看不見，但同位素並非轉眼即逝的事物。它們是極其真實的物質存在。

瑪亞克鈽提煉廠最難捉摸的祕密與彈芯的配方或反應爐的藍圖無關，它真正涉及的是數十年來暴露在提煉廠放射性廢料之下的人體謎團。他們吸收了多少不可見的同位素，這些同位素對他們的健康造成多大的損害——這是個謎，經過數十年的研究，美國或蘇聯的專家都無法提出可信的說法。結果，身體不會像對外隔離的檔案館一樣輕易交代祕密。與我談話的婦女，她們的身體勉強算得上是檔案館，骨髓儲存了鍶九〇，甲狀腺儲存了碘一三一，內分泌腺、心臟、脾臟、軟組織與肌肉儲存了銫一三七。問題是，除非濃度很高，否則人類幾乎沒有辦法讀出體內儲存了這些東西。

一九九〇年代初，當美國醫師首次造訪與瑪亞克提煉廠相關的醫學研究機構時，他們留下深刻的印象。布魯斯・埃蒙德森（Bruce Amundson）是資深的癌症研究者，他於一九九二年前往奧焦爾斯克，驚訝地發現當地擁有大量的研究資料，數千名捷恰河流域居民，每個人的資料都厚厚一疊。他對記者說，「在我們的開放社會裡，我們有意識地做出決定，不去研究輻射暴露人口。但在同一時期，在封閉社會裡，蘇聯人卻可以進行廣泛的祕密研究。在了解輻射對他們的人民造成什麼樣的影響上，他們遙遙領先我們。」[10] 美國華盛頓州漢福德（Hanford）鈽提煉廠是美國版的瑪亞克鈽提煉廠，蘇聯醫師與在漢福德工作的美國醫學研究人員際遇大不相同，後者可以對暴露在鈽提煉廠放射性廢料之下的民眾進行密切觀察。早在一九六〇年代初，蘇聯研究人員就已經收集了捷恰地區居民的血液與尿液樣本。[11] 病患絕不會被告知他們受到暴露，但他們的醫療人員在往後數十年卻會持續追蹤他們的身體。

有了蘇聯的醫療資料，加上後冷戰新合作精神的驅使，美俄兩國科學家渴望攜手合作。俄國核子研究機構由於後蘇聯時期經濟衰敗而資金短缺，美國能源部於是挹注他們數百萬美元。美俄科學家彼此拜訪對方的核子設施。然而，絕大多數美國人並未前往烏拉山區學習蘇聯科學，因為他們認為蘇聯科學遠不如美國。美國人有興趣的是價值連城的蘇聯「資料集」，在輻射地區居住三個世代的人口醫療檔案，這是世界上獨一無二的醫療資料集。[12]美國醫師沒有像這樣的登記資料。

美國研究人員也沒有慢性輻射綜合症的醫療記錄。對美國研究人員而言，慢性輻射綜合症是個可疑的診斷，一個含糊的症候群。與此相對，在美國，研究大部分聚焦在少數暴露在放射性同位素導致的癌症與甲狀腺疾病上。[13]事實上，當美國科學家逐漸主導雙方的研究計畫，慢性輻射綜合症就從醫學文獻上消失了，而且也逐漸從後蘇聯地貌上隱沒。到了二〇〇四年，俄國研究人員將捷恰河下游最初診斷的九百三十七個慢性輻射綜合症病例減少為六十六例，而且不再診斷新的病例。[14]米留提娜與庫茲米諾娃對此感到憤怒，她們覺得自己與其他人被排除在診斷之外，從而無法獲得任何給付。

與米留提娜和庫茲米諾娃見面後過了很長一段時間，我開始對於俄國醫療人員在與美國能源部資助的美國研究人員合作前後產生的落差感到懷疑。儘管俄國醫師在治療暴露在長期低劑量輻射的病人上有著豐富的資料與經驗，但美國的「暴露」與「閾值」觀念以及他們較為設限的可能的健康影響（亦即少數可能的癌症）卻還是成為主流。[15]為什麼？

美國人抵達之前與之後出現的慢性輻射綜合症診斷數減少，泰半是因為美蘇核子研究機構對醫學的使用有所差異所致。冷戰期間，美國研究人員比較擔心的是「公眾暴露」的「威脅」。[16]他們辯論「許可劑量」，並且假設在閾值之下暴露對身體造成的傷害極為微小或甚至毫無傷害。美國原子能委員會的政策轉而支持這種看法：閾值觀念的意義在於讓工作人員的暴露可以維持在安全水準，核子設施經過適當監測，不會造成傷害。事故發生時，工作人員的暴露超過閾值，將被帶到廠內診所進行檢測，判斷身體吸收或接受多少放射線。醫師尋找暴露後迅速出現的嚴重輻射疾病及其相關症狀。然而他們認為，暴露在閾值之下相對來說不會造成重大影響，因此他們對於身體長期暴露在低劑量輻射產生的影響並未深究。[17]與蘇聯醫師一樣，美國醫師也從核子工作人員採取血液樣本並且作了醫學檢查，但與蘇聯醫師不同的是，他們並未注意廣泛的症狀，因此他們未能發現長期暴露造成的醫學問題。原子能委員會（能源部前身）醫師普遍認為，身體暴露在許可劑量（從一九四二年到二十世紀末，許可劑量的設定持續下降）下是安全的。他們主張，監測環境而非監測身體可以確保健康。

在蘇聯，進行放射生物學的頭十年，醫師在犯人建造、事故頻傳的瑪亞克提煉廠面對的是非常不同且立即的問題。他們不需要向憂心忡忡的民眾保證核子設施的安全性。在蘇聯社會，官方幾乎不用面對民眾的檢驗，核子設施完全對外隔離，在官方說法上，這些設施根本不存在，不會出現在公開發行的地圖或公眾討論上。提煉廠管理人員真正煩惱的是，如何讓有價值且受過訓練的僱員每日暴露在分裂物的警戒輻射量下依然能照常工作。飢餓的犯人與士兵倉促建好了瑪亞克提煉廠，這座提煉廠發生的事故遠超過美國的漢福德提煉廠。這表示瑪亞克的員工比漢福德的員工每日暴露在更多的輻射量下。對蘇聯醫師來說，維持員工健康特別困難，因為管理廠房的安全官員不讓他們查閱生產記錄，而唯有生產記錄才能讓他們知道員工病患暴露在多少同位素之下。[18]在無法取得病人劑量與環境檢測資料——這是美國「保健物理學」的核心——的狀況下，蘇聯研究人員只能專注在病人的身體細節上，尋找身體遭受輻射暴露的症狀。他們希望從身體解析出個人工作環境與過去的暴露——如果他們可以成功解碼的話。

一九五〇年到一九九〇年，瑪亞克提煉廠的蘇聯醫師採樣了數萬份血液樣本與做了數千次醫學檢查。[19]有些員工一年要做十到十五次血液檢測。醫師發現，有些身體在長期暴露後幾乎未出現任何不適症狀；但在同樣的工作環境下，另一些人卻病得很嚴重。蘇聯醫師逐漸善於偵測血液細胞的細微變化與工人認知與身體機能的下降，他們知道這表示已經進入慢性輻射綜合症的初期。在前十年，他們診斷出超過二千個慢性輻射綜合症病例，其中百分之二十三是提煉廠員工。[20]為了說服長官將這些員工調離危險的廠房，醫師必須拿出大量證據，而這些證據全來自員工的身體。

評估這兩種取向，你也許可以得出這樣的結論，史達林主義式的過度保密導致蘇聯醫師的研究落後於他們的西方同儕，後者在開放社會裡可以取得較多資訊。在缺乏重要資訊下，蘇聯醫師只能盲目進行研究，美國人則能研發優越的方法來評估輻射暴露與健康。這是一九九〇年代末美國研究人員大體上的看法。在後冷戰時期，蘇聯的一切都被視為落後，認為蘇聯輻射醫學毫無價值的假定其實相當合理。美國這種與保健物理學密不可分的假定，如何從產業——醫療軌跡——主張身體與造成身體生病的環境應分離看待——發展出來，我們若能觀察這個過程，相信能有所幫助。

十八與十九世紀，美國與歐洲的醫師與病患都相信疾病與地貌有關。疾病被視為面對複雜的環境與社會因素發生變化時身體產生的不均衡。有健康的地方，也有致病的地方。身體被認為是可滲透的，容易受到環境的蒸汽、煙霧、風與溫度影響。十九世紀的醫師保留了氣壓、濕度與其他天氣資料的記錄，為的就是了解他們的病人的健康狀況。[21]十九世紀晚期，病菌說改變了對疾病的理解。病菌說不從環境與身體因素的混合來追溯病因，反而認為單一外在病源才是疾病的源頭。病菌可以出現在任何地方，可以不受生態因素影響穿透身體，這使得疾病不受地方限制。病菌說因此在醫療研究掀起一股潮流，人們因此不再研究環境因素如何決定健康。[22]二十世紀，當醫師專注研究身體疾病的單一原因而不考慮地方時，其他專業人員——農藝學家、

在瑞尼爾山上空進行大氣檢測，量測微量物質在大氣的傳播狀況，1970 年。（能源部提供）

水利工程師與土壤學家等等——則上前填補開始研究環境。[23]因此，作為受注意的主體，身體與環境彼此分離。

一九四〇年代，美國研究人員對於曼哈頓計畫（Manhattan Project）工廠操作員的健康表示關切，因為這些員工首次在漢福德鈽提煉廠接觸到工業量級的放射性同位素。研究人員使用的方法源自於毒理學領域，而毒理學又是從病菌說發展而來。[24]工業衛生學家不是根據工人在衛生上的怨言來決定職業疾病，而是只測量可能有害生理發展的工廠環境毒素。舉例來說，大家都知道鉛對身體有害，在工廠空氣與工人血液中都能找到鉛的樣本，這個案例就能明顯成立。[25]根據相同的方法，一九四四年，美國研究人員首次必須在試驗動物中偵測與測量放射性同位素的沉積量，然後再將這種方法運用到人體上。這是個令人挫折的經驗，因為研究人員無法測出微量

原子能委員會在漢福德鈽提煉廠（接近華盛頓州的里奇蘭）附近的哥倫比亞河進行染色測試，1970 年左右。（能源部提供）

的放射性同位素，而只能測得較大的「閾值」劑量。數十年來，研究人員致力於設計儀器，使其敏感度足以測出深藏在器官與骨髓的同位素，但成效不彰。

還有一個方式可以測定一名員工可能得到多大的劑量，那就是對暴露進行估計。在漢福德提煉廠，研究人員進行了一項監測計畫，把鉛筆狀的輻射監測器佩戴在員工身體上，此外也在廠房與實驗室安裝監測器。環境研究人員學習化學產業工業衛生學家的作法，他們走出戶外，設立過濾器，取得樣本以研究放射性同位素在土壤、空氣、水、植物與動物當中的傳播與集中。土壤學家觀察特定的放射性同位素如銫137如何浸滲到土壤中，找到路徑抵達植物的根部，然後進入植物的果實之中。[26]魚類學家在水中加入少量懸浮的放射性同位素，觀察魚類在水裡游動的狀態。[27]氣象學家研究同位素在氣流中的路徑。這些「路徑」研究發現特定放射性同位素在特定環境裡會有獨特的活動方式——土壤中鹼性、砂土、岩石與礦物質的混合狀態；河水中溫度與力量呈現的煙霧狀態；風向的難以預測與空氣的突然下衝。然而，由於研究生態的科學家劃分成不同的學科領域，而研究人體的科學家也是如此，因此放射性同位素在特定環境產生何種狀態的知識很少進入輻射對人體影響的醫學研究中。歷史學家琳達·納許（Linda Nash）表示，身體與環境分裂成不同的領域，「使環境變遷與人類健康的變化之間難以產生連結」。[28]

美國研究人員尋找因果關係：單一的放射性同位素攻擊單一的身體器官，產生獨立的疾病。在美國，對醫師與律師來說重要的是，要能在法庭上證明某個因素（而非其他因素）導致身體損害。早期的核子工作人員抱怨健康問題，他們懷疑這與他們的工作有關，但新出現的「保健物理學家」，就像之前的工業衛生學家一樣，總是認為這些員工掩蓋與誇大他們的症狀。[29]員工的感受怎能不受診斷。[30]在美國毒理學傳統中——從毒理學衍生出輻射生物學與保健物理學——唯有可量化的暴露（即某種劑量的放射性碘）與已知的生理影響（甲狀腺癌或疾病）之間的連結才能構成職業疾病。

檔案記錄顯示，美國醫師不喜歡將員工受損的健康或過早的死亡與漢福德鈽提煉廠的分裂物外洩連結起來，更不願意把鄰近居民的影響與提煉廠放射性流出物加以連繫。[31]漢福德鈽提煉廠運轉時，官方並未記錄放射性同位素的致死率。[32]直到一九九〇年代為止，保健物理學家從未將員工的暴露與職業死亡連結起來。

蘇聯對慢性輻射綜合症的診斷，描述了廣泛的症狀內容，這些內容難以與其他重大疾病如心臟病、肝炎、風濕病與結核病的症狀相區別。[33]慢性輻射綜合症從未成為美國醫學傳統的一項診斷，主要是因為它從未在法庭上提出。在美國的醫療司法上，職業疾病一直不被理解，美國醫療司法強調特定因素與特定疾病之間的因果關係，將描述慢性輻射綜合症的複雜症狀與其他擁有類似症狀的疾病分離開來。除了一九四〇年代晚期的少數遺傳學家，我找不到任何證據顯示美國研究人員曾考慮放射性同位素會攻擊多重器官弱化免疫系統，導致多重衰弱的症狀。[34]絕大多數研究人員就是不會這麼想。他們關心的重點是暴露，而不是身體與症狀，他們記錄一長串估計劑量與孤立器官的沉積量。令人吃驚的是，在美國核子設施的研究中，病人的身體——當然這些都是感到疼痛的身體——完全測不到輻射劑量與沉積量。

歷史學家克里斯多福・塞勒斯（Christopher Sellers）認為這種「身體盲目」的形式與一九六〇年代的早期美國環境運動有關。最早的活動分子無法在法庭上針對 DDT 化學物質對人類產生一連串模糊健康影響做出清楚區分，於是便轉而在證明 DDT 對動物與鳥類的危害構成對「財產」與自然資源的損壞。贏得環境汙染訴訟之後，活動分子成立環境保護基金（Environmental Defense Fund），塞勒斯認為，此後活動分子便不再關注受環境災害威脅的人類，轉而聚焦於土地、動物與財產。[35]癌症研究也顯示出類似的身體盲目。絕大多數癌症研究專注於治療而非尋找環境中造成癌症的因子，但事實上這些因子導致三分之二的癌症發生。保險公司願意付錢讓婦女做乳癌基因檢測，卻不願把身體當成檔案，對乳房組織進行分析以尋找化學致癌物質。[36]這種問題不是美國才有。全世界的僱主與保險公司都不願意把身體當成環境汙染的證據來源。中國工人張海超在河南省振東耐磨材料有限公司工作時暴露在矽塵中，因此罹患了矽肺病。官方職業疾病醫院一直拒絕承認張海超罹患矽肺病，反而診斷他得了肺結核，張海超因此無法獲得賠償。為了證明自己確實得了矽肺病，張海超採取了極端手段。原本只要拍 X 光就能確診，但張海超卻說服一名醫師為他進行肺部活體組織切片來證明他得了矽肺病。[37]不觀察身體，也不把身體當成暴露的檔案地圖來加以運用，這有助於解釋為什麼對於日漸增多的衰弱與致命疾病只強調治療，卻不追蹤造成疾病發生的環境因素。

一九八〇年代晚期與一九九〇年代初期，能源部解密了十萬份文件，裡面詳細記載冷戰時期大量放射性廢料被傾倒在美國西部內陸環境裡。當居住在漢福德附近的美國人主張他們與他們的後代罹患各種疾病，並且指責這全是鈽提煉廠引起時，能源部資助的研究人員首次進行的大規模健康影響研究卻顯然不以身體做為研究目標，反而將重點放在從環境監測到的「劑量評估」。他們使用這些評估值，再根據數十年來測得的放射性同位素環境讀數予以校準，然後推測出居民接受到的劑量，再拿這些數字比對廣島與長崎原爆倖存者的估計暴露量，得出「下風居民」罹患兩種特定癌症或甲狀腺疾病的機率。[38]

直到今天，原子彈傷害研究（Atomic Bomb Casualty Study）依然是美國醫學與司法陪審團決定某個疾病是否與輻射暴露有關的依據。[39]當然，在日本潮濕的海岸地帶發生的巨大一次性爆炸，與乾燥大陸性的哥倫比亞河流域火山土上緩慢暴露著各式各樣的放射性同位素，兩者差別甚大；一九五〇年代日本人的飲食與日常習慣與華盛頓州東部居民也大不相同，但醫療研究人員卻很少將這些差異列入考慮。他們甚至製作了模式，將日本與美國的人體與地貌視為可互換。[40]如果考慮到水文學者、魚類學者、氣象學家與土壤學家四十年來在漢福德實驗室針對放射性同位素在環境中的在地偶然路徑得到的發現，那麼這個說法就更引人矚目了。從這個盲點來看，關於漢福德的法律裁定會產生古怪而彼此衝突的診斷，就不令人感到驚訝了：聯邦政府認為漢福德核能儲藏地是受到嚴重汙染的地區，必須花費數千億美元加以清除，但聯邦法院卻認為住在漢福德下風處與下流處的居民大致不受影響。

這兩種裁決出現之時，也是被暴露的民眾身體消失，分解成沉重的身心勞動試圖讓不可感知的同位素現身接受測量的時候。當我閱讀漢福德與瑪亞克鈽提煉廠附近被暴露居民的醫學研究時，我一直感到困惑。身體——民眾的感受與怨言，民眾體驗的痛苦與疾病——在這些記錄中完全未扮演任何角色。記錄中沒有身體，只有從統計數據組成的內容中擷取出來的各種同位素數值、劑量評估與各個器官的罹癌機率。

不可見需要很大的工夫。一九九〇年代的美國與之後的俄國進行的醫學研究就是如此，他們把暴露在美蘇鈽提煉廠放射性廢料的身體去實體化。我推開受訪者的醫療記錄，也顯示出這種身體盲目。我沒有能力判定，我不知道如何看待他們含糊的怨言。當露伊波夫．庫茲米諾娃掀起她的襯衫在我面前露出疤痕時，我顯然只希望她的身體離我遠遠的。

我思索著如何越過這些令人困惑的資料，讓那些身體再度出現。有一天，我遇到一個人，讓我開始專心思考身體與健康影響的問題。當我住在克什特姆近郊的小屋時，我認識了一個鄰居，名叫露德米拉（Ludmilla），她有一塊馬鈴薯田，平日勤於照顧。那一年的夏天特別乾熱，每天她都和她的朋友，兩人都六十多歲了，一起從井裡打水挑到菜園裡去灌溉她的馬鈴薯，直到快傍晚時，兩人才累壞了倒在長椅上休息，並且不停地對自己搧風。有時候我會加入她們的行列一起灌溉，露德米拉會給我蛋與綠洋蔥做為答謝。露德米拉將我介紹給她的女兒認識，她的女兒身材瘦小，滿臉愁容。我一直不知道她的名字。某天傍晚，她的女兒出乎意料地跑來小屋找我。她說她想見見美國人。過去她從未見過外國人，她認為她想見見外國人，因為她覺得自己不屬於克什特姆。我們一邊喝茶，她一邊告訴我她的生活：她有一份低薪的工作；她和她的兒子住在一間沒有抽水馬桶的公寓，只有在庭院裡有一間屋外廁所；她對這一切感到厭倦。

我問她兒子幾歲了。「二十一歲，」她說道，「就是開車載我來這裡的那個人。」我嚇了一跳。我誤認她的兒子是她的丈夫，而且是年紀比她大的丈夫，因為他已經開始禿頭，臉色蒼白，看起來精神不太好。他的外表至少比他的母親老十歲。她承認他的健康狀況不好，她覺得這是離他們公寓不到兩百公尺的煉銅廠造成的。我思索著也許還有其他風險因子。數十年來，克什特姆深受瑪亞克鈽提煉廠放射性排出物的傷害。此外，這名年輕人生於一九八九年，剛好是俄羅斯長期經濟危機的起點，往後十年整個俄羅斯的糧食、衣物與醫療都極度匱乏。[41]各種原因匯集起來使這個兒子比母親衰老得快。或許永遠不會有人知道他的精確診斷內容，而就算知道也無法改變他明顯病重的事實。至今還沒有醫學研究、歷史調查或流行病學構圖能重新回顧這名年輕人在他的庭院發生了什麼事，也許煉銅廠的灰霧夾雜著鉛與砷飄進了院子裡，當他挖掘院子的土壤時，含有微量分裂物的雲霧，隨著雨水將毒物下到了土中。[42]那樣的歷史無處可得，但若能將他的身體當成歷史文本加以解讀，這位早衰年輕人的身體也許能給出一條歷史線索。

這是學術研究的新疆界，試圖重新創造與重新賦予在歷史上被作廢的身體生命，同時又不忽視身體的痛苦。[43]在核子犧牲區的全景中，最受到忽略的地貌就是身體的地貌。人體很容易滲透，不斷更新也不斷轉變，人體也像儲藏庫、人造廢料的垃圾場，就這點來說，河水、地下水、土壤、植物與動物，與人體都是一樣的。想想一些觀光客，例如像我這種從事黑暗觀光的人，這些人探索鬼城、戰場與無人的核子區域。這趟觀光的最後一站應該是反思自身，也就是人體觀光，因為人體就像人類歷史的長途卡車司機，讓人類歷史為地質學與生物學帶來巨大轉變。[44] 換言之，人類歷史是不斷改變的人體。然而，這個身體檔案卻很少被闖入。要尋找祕密，其實這些謎團就在這裡，就在我們身上。

# five

# Sacred Space in a Sullied Garden

# 第五章：烏曼，受玷花園的神聖空間

DISPATCHES FROM DYSTOPIA

這個季節沒有名稱。我想起二十世紀末在歐亞大草原上一段揮之不去的時光。當時溫暖的月份逐漸讓位給步步進逼的冷霜與冰雪，當地人忙著囤積馬鈴薯並且閒聊饑荒的事。在這個季節，一九九八年九月底，我抵達烏克蘭中部一座名為烏曼的猶太人小城。同一個星期，估計有一萬名哈西迪猶太人從世界各地湧入烏曼，他們彷彿乘著強風而來，將錫製的屋頂颳得咯咯作響，連塵土也被捲到了牆角。[1]哈西迪猶太人穿著黑色大衣，擠滿了狹窄街道，他們唱著歌，帶著忙碌、旺盛與迫近的時間感。蘇聯解體後，布拉茨拉夫（Bratslaver）教派數千名哈西迪猶太人開始每年來到這座偏遠的烏克蘭小城慶祝猶太新年（Rosh Hashanah）。他們來自以色列、美國、加拿大、非洲、南美洲與澳洲。他們旅行數千英里，在他們的精神領袖納赫曼・馮・布拉茨拉夫（Nahman von Bratslav, 1772-1810）墓前度過猶太新年。

我來到烏曼不是為了宗教節日，而是出於好奇。我想知道為何這座墳墓能吸引信徒從遙遠的家，來到這座除了墳墓其他都乏善可陳，而且連抽水馬桶也沒有的小鎮。當時，我正在撰寫當地村民的事，村民中有猶太人也有基督徒。一九二〇年代大饑荒期間，村民們長途跋涉來到朝聖地點向聖母馬利亞禱告，他們相信聖母馬利亞曾在這處烏克蘭中部鄉間山丘的空地上出現。朝聖者抬著沉重的十字架，將十字架立於此處，祈求馬利亞的保護。一九二三年，幾個月的時間，草地上豎起數百個十字架，當地人將這裡重新命名為約沙法谷（Valley of Jehosephat）。[2]對我來說，村民的神聖空間概念難以理解。我要如何合理描述一個孕育出信仰與奇蹟信念的地方？

我不知道該如何回答這個問題，部分原因是因為我是現代的產物。在現代，一個地方與另一個地方彼此之間幾乎沒什麼差異。佛羅里達州的住宅建築看起來就像莫斯科郊區的住宅建築——同樣有雙車庫、中央空調與固定窗，差異只在於氣候、文化與地形。隨著科技可以排乾沼澤，將沙漠變成綠地，剷平丘陵，將河水導入地下，追求利潤的地產開發商開始運用這些科技，將地方轉變成具重複性、非個人化與可互換的商品。但是，在一九九〇年代中歐的寧靜城鎮裡，自由市場仍是新穎與外來的發明，遭蘇聯當局長久壓迫的宗教地點，其神聖特質開始迅速復甦。在烏曼，我與一名來自多倫多（Toronto）的十三歲男孩聊天，他已經連續五年來拜謁納赫曼的墳墓。他說，每一年他的體驗都更加深入、更加豐富與不可思議，他這輩子每年都會嘗試前來朝聖。我對這個男孩的虔誠感到吃驚。當時東歐正掀起一股強大的宗教復興狂潮，他也是其中之一。幾年前的夏天，在波蘭的琴斯托霍瓦（Częstochowa），我在擠得水洩不通的光明山修道院（Jasna Góra Monastery）大教堂裡，與朝聖群眾肩並肩站在一起。號角聲響起，鍊條滾動著，信徒們看見黑聖母畫像從發出微光的金葉門後出現，紛紛倒抽一口氣。與我周圍的人一樣，許多人頂著八月烈日，步行一個月抵達這個朝聖地點，看到裂開的木板上簡單畫著黑皮膚的馬利亞像時，我有一股重重落下雙膝跪在鵝卵石地板上的衝動。但我沒有跪下。在群眾中，只有我一個人站著。

信徒在天主教教堂禱告，日托米爾，烏克蘭。（作者提供）

在基輔石窟修道院（Kiev Lavre Monastery），我點了一根蠟燭，走進十一世紀東正教僧侶挖掘的洞窟。這些僧侶現在還在那裡，變黑、乾枯的木乃伊斜躺在石床上，上面以玻璃罩住。信徒俯身在屍體上，親吻玻璃，低聲向這些人禱告，為了服侍嚴厲的上帝，這些人終其一生都待在地底下。當我偏離地下隧道的觀光路線時，一名年輕教士從陰暗的光線走了出來，擋住我的去路。他低沉地說，「這個地方只有東正教信徒才能進去。」

於是，我又成了外人。聖髑的安全機制似乎就與核子安全區域的有刺鐵絲網與警報系統一樣嚴密。我習慣站在藩籬外，猜測裡面發生了什麼事，如果我能想辦法拿到一張核子區域的通行證，我就有機會了解裡面的世俗儀式與傳統。站在這些虔敬的牆壁之前，我幾乎無法理解這些宗教信徒對聖地表現的忠貞，與環繞著這股忠貞的浪漫之愛。從世俗世界的角度觀看，我苦思如何描述這些情感與奇蹟活動。在烏曼，我尤其感到困擾，因為這個地方幾乎無法激起我的熱情。

烏曼是一座沉靜低語的城市，座落在綿延起伏的平原上。它讓我想到某種組裝錯誤的東西。烏曼的建築既不屬於沙皇時代，也不屬於蘇聯時代，既非保存完善，也不像推倒重蓋。古老磚砌但從未蓋好的建築物，毗鄰著以鋁板搭建用來販賣香菸、糖果與當地便宜啤酒的小亭，這種啤酒帶著一股醋味，是從大型鋼桶裡取出的。從未用肥皂與清水清洗過的商店櫥窗，上面貼著褪色的廣告宣傳，廣告裡的商品早已不再販售。在人行道上，婦女站在小

1990 年代的烏克蘭猶太人小城。（作者提供）

桌子上叫賣塑膠廚房用具與聚酯女用睡衣，這些商品是她們自己從中國邊境以跳火車的方式運回來的。我借住在朋友母親家，朋友的母親名叫達莉亞．塞梅諾夫娜（Dar'ya Semenovna），七十五歲，出生於烏曼。她曾經離開過烏曼，但只有離開過一次，那是在二次大戰期間她被送到德國當了三年奴工。達莉亞．塞梅諾夫娜說，烏曼已改善許多，「在戰前，這座城市只是骯髒的小東西。」

我們很容易忘記，烏克蘭中部這些異常寂靜的城市，如烏曼、車諾比、布拉茨拉夫與別爾基切夫（Berdichev），都曾是強有力的哈西迪王朝的中心，是學術與政治的樞紐，每年都會有數千名朝聖者到這些城市拜見他們的領袖擦迪克（tsadiks）。烏曼與其他烏克蘭猶太人小城是哈西迪猶太教的誕生地，這場十八世紀運動為中歐地貌灌輸了豐富的歌曲、舞蹈與文學，以及一套至今仍拒絕消亡的傳統。對布拉茨拉夫教派來說，烏曼的神聖性不在於地方本身，而在於存在狀態——一種受神聖啟蒙與啟示的狀況。

哈西迪擦迪克是哈西迪猶太教創始人以色列．

本・埃利策（Israel ben Eliezer）的精神後裔，以色列・本・埃利策另一個更為人知的姓名是巴爾・謝姆（Ba'al Shem）或巴爾・謝姆・托夫（Ba'al Shem-Tov）。巴爾・謝姆是一名猶太學者，也是一名隱士，十八世紀上半葉生活在離烏曼不遠的一座猶太人小城。巴爾・謝姆在今日的烏克蘭中部旅行，他治療民眾，傳布鼓舞人心的信息。根據格爾申・大衛・亨德特（Gershon David Hundert）的說法，巴爾・謝姆認為神聖與世俗是不可分的，神的臨在充斥於世界每個角落，沒有地方——即使是最簡陋的茅舍——不存在著神的火花。談到《塔木德》（*Talmud*）與其他神聖經典時，巴爾・謝姆表示，當我們在禱告或歌唱時觀看或複誦經文，真正獲得神恩的不是神聖經典的內容，而是字句本身。因此哈西迪猶太教開啟了以唱歌跳舞進行狂喜祈禱來接觸神的傳統。哈西迪猶太教或許是烏克蘭最持久的出口品。巴爾・謝姆死後，他的名聲更加顯赫，他的教誨從烏克蘭傳到波蘭、加利西亞（Galicia）、羅馬尼亞與匈牙利。他的信息在卑微的鄉鎮與村莊尤其受歡迎，這些地方的猶太人廣泛接納他的教導，相信普通人——沒有龐大的財富，沒有淵博的學識，也無法進入宏偉的廟宇——可以藉由日常行為獲得神的啟迪。[3]

拉比納赫曼・布拉茨拉夫是巴爾・謝姆的外曾孫。與巴爾・謝姆一樣，納赫姆在森林中獨自生活，而且駕獨木舟在寧靜的烏克蘭河流旅行。納赫姆晚年時宣稱自己曾在隱居禱告時與他的外曾祖父說話。對於追隨者來說，納赫姆完全體現了巴爾・謝姆留給後人的行為典範。他為社群界定了哈西迪信仰，而且吸引了大批信眾。然而，拉比納赫曼在三十五歲左右染上致命的結核病。他前往烏曼，希望自己能死在那裡，並且葬在赫梅利尼茨基之亂（Khmelnitsky uprisings）期間遭哥薩克人（Cossacks）屠殺的猶太人集體下葬的地方。據說納赫曼在臨終前對追隨者說，「猶太新年時，我希望你們在我身邊。」

納赫曼的弟子遵守他的遺言。他們在烏曼興建猶太會堂與建立社群，長達一個世紀的時間，他們一直恪守傳統，在猶太新年來到拉比的墓前。但是，一九一七年布爾什維克革命（Bolshevik Revolution）之後，宗教不再流行，共產革命分子關閉烏曼的猶太會堂。一九三七年，蘇聯城市計畫人員將猶太會堂圍入工廠圍牆之內，把猶太會堂改成工人俱樂部。一九四一年，德國軍隊與行刑隊為蘇聯烏克蘭帶來可怕的占領與集體滅絕。行刑隊像趕牲口似地將烏曼的猶太人趕到市郊的開放墓地，在那裡將他們槍殺埋葬。其他人則在河水中溺死，布拉茨拉夫派朝聖者稱這個地方為塔什利克（tashlich，象徵性地在流動的水中捨棄罪惡，是新年儀式的一部分）。一九四一到一九四三年，城裡二萬二千名猶太人，有一萬七千人被納粹集體槍決。戰前，猶太人是烏曼的主要人口。戰後，只剩下少數布拉茨拉夫派信徒繼續照料納赫曼的墓地，隨著城市變遷，位於斜坡上的墓地朝著泥濘的溪流與重力助推的垃圾掩埋場陷落，而逐漸衰廢。

戰後四十年，納赫曼的墓地雖然寧靜，但並未被遺忘。在通往熱鬧墓地的街上，我遇見一名女子，她自我介紹，說她名叫麗娜（Lena）。她是個能預知未來的人（znakharka），能以咒語治病，把手放在病人身上就能治癒疾病。麗娜說，拉比納赫曼的手曾經從她祖母的祖母的子宮上方揮過，使她與她的子孫獲得治病的能力。為了回報，麗娜照料納赫曼的墳墓，在她之前，她的母親與祖母也是如此。在墓前，麗娜對拉比的靈魂說話，他回應，給她建議。有一次，他曾在她夢中出現。她形容他是個矮個子，目光炯炯有神，有一綹灰色捲髮從他帽子的下方掉了出來。我發現麗娜提到納赫曼時用的是現在式，而我覺得這很適當。

烏克蘭中部有著承載創傷的地貌。一九九〇年代，許多人默默帶著戰時與戰後的苦難記憶，因為蘇聯官方只對少數的戰爭敘事背書：蘇聯愛國主義激勵的英雄主義；「法西斯主義威脅的受害者」這種總稱性的犧牲，對於絕大多數猶太人的犧牲絕口不提；少數有通敵嫌疑的人。

讓我借住的屋主達莉亞・塞梅諾夫娜屬於最後一類。在她的小公寓裡，她拿出巴伐利亞某個小村落的明信片，二次大戰期間，她曾在這個小村落遭到監禁，淪為奴工。在兩年半的占領期間，最初幾個月，德國軍官鼓勵年輕烏克蘭人簽約到德國工作。但很快就有消息傳開，說工作不僅領不到薪水，還會餓肚子。當自願者越來越少時，德國士兵與當地的輔助部隊出乎意料利用週日市集圍捕能勞動的年輕人，並且將這些尖叫與受驚的年輕人推進正在等待的貨運列車。[4]達莉亞・塞梅諾夫娜就在這樣的圍捕中被抓，並且搭乘毫無暖氣的貨車前往巴伐利亞南部。在一場公開拍賣會中，她與其他東方勞工（Ostarbeitern）被賣給當地的德國僱主。達莉亞還算幸運。一名工廠老闆買下她在工廠工作，這個命運比其他進入勞動營的人要稍微好一點。[5]

達莉亞・塞梅諾夫娜唯一一次離開烏克蘭前往的地方，就是這個位於巴伐利亞的寧靜村落。她解釋僱用她的業主如何給她零用錢，而她如何將這些錢存起來買了她給我看的這些明信片。戰後，這些從烏克蘭家鄉被偷走運往德國的男女，他們裝滿明信片的郵袋全遭蘇聯安全官員沒收。這些樸素、無照片的烏克蘭文明信片是德國官員專門為東方勞工印製的，讀起來就像一首民間的哀歌。包括對孤獨痛苦的形容，以及在每個醒來的時刻想念故鄉父母、子女、配偶與兄弟姊妹的悲傷情感。「沒有我們，小費多不知怎麼樣了？」一名農民母親寫到她的孩子。「他還活著嗎？這裡沒有你真是令人悲傷。」[6]

達莉亞・塞梅諾夫娜未將她購買的明信片寄出。她保留這些明信片，因為她珍惜這些圖片。她讓我看這些明信片——其中一張是一間茅草屋，四周圍繞著愜意蒼翠的田園，茅草屋前有一間鄉村的巴洛克教堂。照片裡沒有人，只有一條吸引人上前的小徑緩慢穿過照片延伸到照片之外。

達莉亞・塞梅諾夫娜告訴我關於「威廉」的事，威廉是一名美國戰俘，也在同一間工廠工作。他愛上了在機器對面的她，並且希望她戰後和他回美國。「我拒絕了他，」她回憶說，「我感到害怕。我只想回家去看媽媽，即使當時烏克蘭正在鬧饑荒。」

達莉亞・塞梅諾夫娜小心翼翼地將明信片放回她的櫃子，她提到自己從未看過與那個巴伐利亞村子一樣美的地方，也就是她戰時被監禁的那個村子。她話裡所顯露的憂鬱令我驚訝。想像當她回顧過去，那幾年的監禁依然承諾著未來能獲得自由與幸福，然而這個承諾並未實現。一九四五年，達莉亞・塞梅諾夫娜返回家鄉烏曼之後，她的人生從未恢復正常。因為她被迫為敵人工作，她因此被烙上通敵者的罪名，不許完成高中學業，更不用說上大學。當許多與他同輩的人胸前別著彩帶，在紀念偉大衛國戰爭的公開典禮上光榮站著時，達莉亞・塞梅諾夫娜的人生只能當個清潔婦，負責在公共建築物擦地板與掃廁所。

一九九〇年代蘇聯瓦解之後，前蘇聯民眾終於能自由地以更多樣的方式重新思考過去，而二次世界大戰就成為人們講述人生故事的樞軸，儘管他們當時還太年輕，根本沒有親身經歷過大戰。對達莉亞・塞梅諾夫娜來說，在晚年回顧過去，戰爭的歲月成了一場觀光旅行，雖然是被強行帶走，卻在她漫長而沮喪的人生中代表了一段冒險與熱情的時刻。

另一方面，對布拉茨拉夫教派來說，二次大戰與猶太人大屠殺使烏曼變得神聖，這種方式表達了對歐洲猶太人種族滅絕的紀念與棄絕。蘇聯時代，每年都會有一些以色列與美國的布拉茨拉夫教派信徒悄悄進入烏曼，在納赫曼墓前過猶太新年。柏林圍牆倒塌後，蘇聯的旅遊禁令隨之解除，每年秋天有越來越多的布拉茨拉夫教派信徒湧入烏曼。到了一九九八年，整個觀光產業已經就緒，包機包車運送數千名哈西迪猶太人前往烏曼慶祝節日。

整個活動的中心就是納赫曼的墓地。聖地入口的起點是一條寬闊的街道，街道表面布滿了水泥裂縫，兩旁則是布里茲涅夫（Brezhnev）時期興建的公寓。節日期間，烏曼居民與造訪的布拉茨拉夫教派信徒四處閒逛、叫賣、販售、購買與觀看。廣闊的街道在接近設有屋頂的墓地時開始變得狹窄。我想看看墓地，於是沿著小路走，加入一群緩步前進要在墓地旁跪下禱告的信徒。當我接近墓地時，一些男人突然對我發火，他們發出噓聲，驅趕我像趕一隻貓似的。我停下腳步，感到有些困惑，我看到那些男人面紅耳赤，嘴唇都扭曲了。一分鐘後，終於一名男子過來，以帶有布魯克林口音的英語低聲對我說：

「他們很認真看待對婦女的禁令。如果妳再繼續往前走，你可能會受傷。」

我看看四周，才發現所有盯著我看的人都是男性。我覺得自己像個傻子。虔誠的哈西迪猶太人是禁止在節日期間盯著女性看的。在重大節日期間，納赫曼的墓地成為來自國外的男性的專屬區域。對於熟知猶太教傳統的人來說，我在前往基輔時居然忽略這麼重要的事，實在是愚蠢至極。但我確實忽略了。我後來得知那年造訪烏曼的男性布拉茨拉夫信徒有一萬人，只有一名信仰東正教的女性，而這個人與我一樣也被擋在墓地與猶太會堂之外。

我來此地觀看，卻被拒於門外，什麼也看不到。我失望地回到達莉亞．塞梅諾夫娜的公寓。我一邊吃著馬鈴薯與櫻桃酒，一邊告訴她我遭遇的問題。

「妳為什麼不打扮成男孩子？」她建議說。我搖搖頭回道，我覺得這麼做對哈西迪猶太人不敬。「真可惜，」達莉亞．塞梅諾夫娜回道，「妳大老遠跑過來。」

當時我住在基輔，從基輔搭巴士到這裡只要兩個鐘頭，但我了解她的意思。我既然來這裡想了解朝聖活動，現在坐在達莉亞的公寓裡，根本不可能捕捉這樣的經驗。

「晚上過去，」她再次試圖說服我。「躲在灌木叢後面看。」我覺得這是更好的主意。雖然還是偷偷摸摸地去，但如果我沒被人看見，那麼我就沒有違反神聖的律法，對吧？我的邏輯很可疑，但當時我只能想出這樣的理由。

在猶太新年前夕，我在稍晚的時間返回墓地。烏克蘭城市缺乏經費，無法維持電力，街燈經常是暗的，這讓我有機可乘。在黑暗中，我偷偷進入通往聖地的小路上方的院子，然後爬到樹上。樹木的枝葉提供良好的掩護。我攀在樹枝上，覺得自己萬無一失，於是我仔細觀看。

在這宜人的夜裡，以黏土和籬笆條圍繞著墓地興建起來的小屋透出亮光。遮蓋聖地的亭子傳來歌聲與叫聲。強風吹著，一名下巴剛長出鬍子的年輕人穿著精美的高跟鞋，看起來十分疲憊，他的白色長襪又髒又亂。寬邊的猶太帽像貂皮光環一樣吞沒了他的頭部。另一個男孩扶著一個老人在後頭緩緩跟隨著，動作就像蜘蛛一樣精確——他的背彎成九十度，右腳小心地邁出去，接著手杖跟上來，脖子一伸——往下朝著墳墓走。當祈禱儀式結束，更多男人湧入狹窄、到處是垃圾的街道；男人的長袍與長捲髮被充滿沙塵的風颳得飛揚。男孩跟著男人，從後頭緊抓著他們的父親。銀白鬢角穿著優雅西裝的男人經過，後頭則是較年輕而窮困的哈西迪猶太人，他們拖著腳步，穿著長輩穿過的舊西裝與破便鞋。

雖然只有極少數布拉茨拉夫派教徒會說俄語或烏克蘭語，但這些來回走動的男人似乎在烏曼待得很習慣。從納赫曼墳地到新猶太會堂這條路看起來更像耶路撒冷的街道，而不像前蘇聯的街景。不同於蘇聯都市計畫人員偏好的遊行大街，這條街道變窄成為擁擠而彎曲的小徑，密密麻麻的小販兜售著圓頂小帽、擦迪克肖像、祈禱書與披肩。男人與男孩，彼此攀著肩，沉醉於歌曲之中，以聲音與動作填充了整個空間。看到這一幕真是令人印象深刻，彷彿戰前烏克蘭猶太人小城的照片重新復原。彷彿哈西迪猶太人內心與這座遙遠的神聖地方有著冥契。

當我看著隊伍時，我陷入一種超驗狀態，感官知覺都變得敏銳起來。晚風帶來的秋葉氣息隱約混雜著炒洋蔥的味道。聲音時而進入聽力所及的範圍，時而遠去，偶爾從上方幹道傳來的車輛聲掩蓋了這一切。周圍公寓一間間舒適人家的微弱燈光圍繞著墓地，庇護著這些沉醉於古老祈禱的男人與男孩。我開始覺得這個地方原本的陌生逐漸轉變成兒時熟悉而親密的感受，我的雙腿在樹上晃盪，從上方觀察我無法加入的人生。此時，一切已然圓滿：這個地方、宜人的晚風、空氣中充滿歌聲的震顫，還有我。

在樹枝上，我聆聽、感受著，整個宇宙不斷往外擴張，變得更加雄偉堂皇，我突然感覺自己的腿被扯了一下。我抓住樹幹免得摔落，往下一看，是兩名穿著烏克蘭制服的警察。他們抬頭看著我，看起來很生氣。他們要我下來。我收好筆電，滑落到地面，試著表現出不怯懦。我一落地，他們就開始履行警察職務，告訴我非法闖入的法規與婦女不准到這個地方的禁令。我小聲地反駁，表示我只是在那裡觀看，講得好像觀看不違反哈西迪猶太人的神聖律法似的。他們說了更多一般性的法律與秩序內容，然後又改變說詞，「我們這麼做是為了保護妳。」一名警員說道。「去年，一些哈西迪猶太人打了三個婦女，因為她們靠得太近。」第二個警員緊盯著我。「妳是誰，記者嗎？」我承認我某種程度上算是記者。他們問我的口音。我坦白說我是美國人。

大家說話的口氣馬上變得友善起來。「喔，妳是美國人？怎麼不早說？我是尤里（Yuri），這位是薩夏（Sasha）。我們來自切爾卡瑟（Cherkassy）。」這種一見如故的感覺過去也發生過許多次。一旦他們得知我是外國人，這兩個人就不再關切我在墓地的事，也忘了他們維護治安的職責，而是對我講述他們的警察生活：漫長的工時，還不一定領得到薪水，就算領到了，薪水也微薄得無法支撐家計。這些故事我已相當熟悉。在後蘇聯時代的歐洲遇到外國人，許多人想陳述他們的存在，彷彿告訴我就等於將他們的苦況廣播給全世界聽到。我心不在焉地邊聽邊點頭，心裡只想回到樹上繼續做我的白日夢。

我一直朝警察的身後看，想知道布拉茨拉夫教派活動的進展。尤里注意到了。「可惜妳不能進去。」他一邊說，一邊指著身後的新猶太會堂，裡面可以容納一萬名造訪者。「非常有趣，他們唱歌跳舞，又叫又哭。」尤里察覺到我臉上露出遺憾的神色，他同情地笑了。然後他出了個主意。「在這裡等著，」他說道，「我一下子就回來，」他飛奔到充當警察局的移動房屋，我與薩夏則在原地默默地等著。幾分鐘後，尤里回來，手裡拿著警帽與橡膠斗篷。「穿上它。」

「你要我喬裝成警察？」

我看著那兩個男人，每個人身高超過六英尺，體重大約二百磅。從我的身材來看，達莉亞．塞梅諾夫娜要我打扮成男孩子的想法還比較合理一點。「真的嗎？」我原本打算拒絕，但後來想到自己經常無法拿到故事，空著雙手回家。我喬裝成別人的道德疑慮逐漸消失。或許，我應該順水推舟。

「不會有問題的。」尤里溫柔地將斗篷罩在我的肩上，然後將警帽戴在我的頭上。「你走在我們兩人中間，不會有人起疑的。」

我站在那裡，沉重的防水外衣像瀑布一樣傾瀉過我的雙手，落到我的腳上，警察的帽子吞掉我整顆頭與一隻眼睛。我騙不了任何人。我成了一名非常矮小的警察，而且制服還是手藝非常差的裁縫幫我做的。

薩夏上下打量了我一番，他感到懷疑。「妳一定要待在我們兩人之間，而且一句話也不要說。」

我們出發。這兩個男人以肩膀緊緊夾住我的肩膀。我走路時必須很小心，以免踩到斗篷，而我的下巴也不能傾斜，避免我的帽子從我的前額滑下來。

我們三人擠在一塊兒，非常怪異地沿著斜坡走向墳墓。看見密密麻麻的人群，比較謹慎的薩夏變得有點慌張，他轉而朝大型的張力結構物走去，也就是猶太會堂，這座會館走近一看有點耐人尋味，在大型商店與宗教復興營帳之間有一個十字架。我們一邊走著，哈西迪猶太人會讓路給我們。我試著不看任何人，我幼稚地希望不看任何人，就不會有任何人看到我。

我以為我會在猶太會堂看到搖擺身軀的男人，一邊唱歌一邊說著奇特難懂的語言。在我的想像中，這些景象會緩慢地在陳舊過時的棕褐色色調中出現，並且伴隨著低沉的聲響。我沒有預料到猥褻的夜總會氣氛居然實際在我眼前出現。年輕人以電吉他與鍵盤彈奏喧囂快節奏的克萊茲默（klezmer）樂曲，男人與男孩穿著十八世紀波蘭貴族的服飾，彼此勾住手臂，身體跳躍、轉圈、迴旋，混亂地狂舞著。群眾有一群人是青少年，他們跳著霹靂舞，肩膀著地像車輪般地旋轉。聲音壓過了一切，能量充滿了感染力。我很想加入這些跳舞的信眾。我覺得尤里也想這麼做。警察與歷史學家站在一旁觀看，不過有時候他們也渴望參與，然而他們知道，屈服於這種欲望會為一個人帶來職業上的麻煩。

事實上，我已經惹上職業麻煩。我不應該在未受邀請下走進猶太會堂，即使我認為我的目標是值得的。我希望親眼目睹，如此我才能寫出較具同理心的右岸烏克蘭宗教猶太人與基督徒的歷史。我當時認為，現代東歐的猶太人在歷史文獻中太常被撰寫成一個被隔離的區域。[7]在這些敘述中，歷史學家將猶太人描述成遭到具威脅性且反閃的鄰人所圍困。我想整體地了解烏克蘭的猶太人，這樣才能反映出他們與鄰人的共通點，並且顯示他們在前柵欄區（Pale of Settlement）裡的文化影響與精神領導性。然而，為了寫出更敏銳的內容，我居然做出魯莽的舉動。闖入這間新猶太會堂，我等於踏進了我從未涉足的灰色地帶。沒有明確的標準可以劃分歷史學家是否逾越隱私的界線。歷史學家閱讀私人的信件與日記，但作者從未同意要公開這些資料，就某方面來說，是作者已經死亡（有時候已經死了數百年）這件事實使得閱讀私人物品獲得容許。我甚至沒有這種可以自我安慰的理由。我的闖入是直接而立即的，歷史研究的偷窺性質因此被迫浮上檯面。

但站在猶太會堂裡，我無暇想到這些。我只害怕自己會被識破。顯然薩夏也是這麼想。大約十分鐘後，他提早結束這趟巡禮，我們回到移動警察局，我把借來的制服還給他們。

就這樣，我親眼看到了我要來這裡看的東西，或至少是其中一部分。關於猶太人大屠殺之前的烏克蘭猶太人小城，以及信仰聖母馬利亞的村民自由在鄉野間漫遊，我的冒險告訴了我什麼？

不多。音響設備的吵雜高音、不斷轉動身軀的青少年以及對觀光紀念品討價還價，這些全是二十世紀晚期特有的景象。我的期待顯然有誤。在猶太會堂的神聖舞廳裡，沒有懷舊、想望，也沒有哀悼。任何地方都找不到復古的棕褐色色調。跳舞的男人拍著彼此的肩膀，開懷笑著，顯示在現場歡欣鼓舞的氣氛下，他們的精神已合而為一。哈西迪猶太人相信，他們死去的領袖就和其他活著的人一樣，依然存在於日常生活之中。在烏曼，納赫曼死後數百年，大屠殺之後過了四十年，在納赫曼墳墓前跳舞成了一場生命宣言，如納赫曼教導的，它可以超越此世的局限。簡言之，宗教信仰是時間與地方的直接產物。我不能說，在我面前跳舞的布拉茨拉夫教派與一九二〇年代烏曼的布拉茨拉夫教派相似，也不能說，我遇見的深受拉比神祕力量吸引的烏克蘭基督徒，與一九二〇年代向擦迪克尋求生育與健康忠告的烏克蘭農民很有關聯。

但是，這種年代的不相容不表示我的任務失敗。我偷偷瞧了幾眼猶太會堂，獲得了一些小洞察。在猶太會堂，布拉茨拉夫教派信徒慶祝納赫曼（依然）在世，他們毫不掩飾的喜悅打動了我。他們的快樂似乎與學界對非理性宗教信仰的解釋格格不入。一九二〇年代的民族誌學者與之後的歷史學家在解釋村民的奇蹟信仰時總是輕描淡寫，他們的詮釋往往引用當時的醫學與心理學研究。舉例來說，有些學者認為，在經歷數年的戰爭與內戰之後，村民們因為承受壓力與饑荒而信仰奇蹟，這是一種對恐懼與痛苦的抒發。[8]其他學者則認為，沒受過教育的人很容易被善於蠱惑人心的江湖術士愚弄，使這些人能順利向他們兜售觀念與奇蹟，或者，受教育不夠而且感到恐懼的信徒會以奇蹟信仰來解釋這個混亂與變動的世界。[9]有些學者則認為宗教信徒處於集體歇斯底里的狀態，是需要治療的病人。[10]然而，我實際看到的卻不是因恐懼或疾病、混亂或無知產生的情感。這些關於情感的描述沒有一樣與我在布拉茨拉夫教派猶太會堂看到的單純喜悅有關聯。一旦我從一般人的角度觀看布拉茨拉夫教派的宗教儀式，我原先的預期與其他歷史學家的分析也不再合理。簡單地說，除非實際到了當地，否則不可能真正體驗與感受到東西。

在我從烏曼的樹枝上觀看布拉茨拉夫教派之前一百年，一名基輔精神病醫師也接觸了一群處於狂喜祈禱狀態的宗教信仰者。當他前去觀看時，他滿心以為自己會發現自己原本知道的東西，與我一樣，他也大吃一驚。故事是這樣的。一八九二年，基輔州有些地區的農民開始大規模地信仰一個叫馬里歐凡茨伊（Maliovantsy）的新基督教教派。這個教派的支持者在改信之後，開始做出怪異的行為，與平日的作風完全不同。農民信徒賣掉自己的家產，不去工作，只是懶散地期待著，他們等待世界末日的到來，並且相信這一天即將來臨。沙俄官員對此感到憂心，於是要求精神病醫師伊凡・西科爾斯基（Ivan Sikorskii）去研究這個教派。西科爾斯基首先拘禁了孔德拉特・馬里歐凡尼（KondratMaliovannyi），而馬里歐凡尼這個名字被其他人用來作為新教派的名稱。西科爾斯基將馬里歐凡尼關在基輔醫院的精神病房裡。其他幾個在傳道時被捕的人也被拘禁起來。[11]

西科爾斯基在報告裡提到，幾乎所有教派成員都出現健康不良的現象，特徵是飲食不佳、痙攣、歇斯底里攻擊、嗅幻覺與拒絕工作。奇怪的是，這些症狀都伴隨著異常快樂的性情。最後兩種特徵，懶散與快樂，在向來以永無止盡地辛苦耕作與「陰沉」或悲苦認命著稱的沙俄農民身上出現，特別讓人感到訝異。[12]西科爾斯基很快做出診斷：這些人與他們的徒眾罹患了「集體精神病」（mass psychosis）。在描述這些病例時，西科爾斯基提到患者的身心處於活躍狀態。他們全是農人。有些人受洗成為東正教徒，有些人則是天主教徒。所有人都在精神探索的驅使下放棄了繼受的宗教。這些人向西科爾斯基描述的夢境與異象，使他們與既有的宗教社群產生嚴重的分歧。於是，這些人便分別到各地旅行與傳教。當他們傳教時，他們並未在當地多元的宗教地形上劃定疆界。他們不分派別，向所有基督教社群傳教：天主教、東正教、東方禮天主教（Uniates）、舊禮儀派（Old Believers）與新教。他們還跨越基督教的門檻，出現在猶太會堂與猶太兒童宗教學校。少數未受過教育與不識字的病人宣稱他們在神的啟示下獲得了閱讀聖經與其他書籍的能力。西科爾斯基測試他們，驚訝地發現事實上有幾個沒受過正規教育的人居然閱讀能力相當好。

病患向西科爾斯基描述與聖靈接觸的經歷，這種接觸以各種形式展現：異象、夢境、身體感受與彼世的香氣。這些人表示，他們是基督在人世間的肉體展現。他們又說，這種存在不是專屬性的。基督可以同時存在於許多人身上。聖母馬利亞可以附身在女性身上，許多婦女因此也開始傳教與領導社群。一旦被聖靈附身，一個人就永不會犯錯。他或她不需要告解，也不需要到教堂參加神聖儀式。他或她所有的行為與話語都是上帝智慧的展現。這種神的自信最令西科爾斯基惱火。他的犯人充滿自信地回答他的問題，而他認為這種自信只有他的階級才配擁有。[13]他認為，無知農民的自信是「傲慢」與「無禮」。

西科爾斯基對於這種「流行病」尤其惱火。在他的長篇研究中，他不斷提到教派的成員拒絕工作，他們仿傚受過教育的資產階級的服裝、說話方式與行為舉止，他們愚蠢地感到高興。這些人瘋了，他們拋棄了所有農民該有的東西：他們的粗布衣裳、唐突的舉止、低下的社會地位、陰沉的性格，尤其是他們永無止盡的勞動。西科爾斯基試圖除掉運動的首腦，他把所有他認為是首領的傳道人，絕大多數是男性，全都關進精神病院，但完全沒有效果。少了這些傳道人，教派信眾繼續聚會、禱告，而且繼續愉快地拒絕工作。新的領袖，有男的也有女的，他們最近才被上帝的聲音附體，於是便取而代之。這場運動的頑強讓西科爾斯基無計可施，他決定採取不尋常的做法，親自到聚會現場領教活動的感染力。他在現場看到的景象更令他感到困惑。

根據西科爾斯基的描述，這些信眾聚會時起初極為安靜。在擠得水洩不通的房間裡，有人開始唱歌。其他人也陸續加入。低聲祈禱的聲音與歌聲逐漸混合在一起。不久，有人開始抽搐。有幾個人高舉著顫抖的雙手。雙腿彷彿與身體脫離一樣，也開始抖動起來，只見他們不停地搖擺與抽動，不由自主地痙攣。一個吶喊聲闖入了歌聲之中。一名男子忍不住哭泣，他開始崩潰，淚水不住地流出，健壯的身體也不停地顫抖。淚水彷彿是信號，房間開始此起彼落地傳來嘆息、打嗝的聲音，而更多的是啜泣聲，群眾的情緒潰堤，逐漸演變成狂亂，大家開始跳躍、鼓掌、掌摑自己的臉、拉扯頭髮還有捶胸頓足。西科爾斯基寫道，這些人的臉孔表達了各式各樣的情感：喜悅、愉快、沮喪、害怕、驚訝、苦澀、驚恐、身體的疼痛。但根據他的觀察，絕大多數人的淚水與吶喊都充滿了歡騰的氣氛。在一片狂喜中，一些婦女把衣服褪到了腰間，她們擁抱旁邊的男性，在他們的嘴唇種下長而熱情的吻。然而，令西科爾斯基驚訝的是，在這場集體「歇斯底里」中，沒有任何人失控。這不是一場騷亂。母親懷裡抱著嬰兒，手裡牽著小孩，時刻也不放手。西科爾斯基越來越感到好奇，他想盡可能靠近信眾，於是直接走入正極度亢奮的人群之中，他想看看這些人會不會碰觸他。令他困惑的是，雖然絕大多數人都閉上了眼睛，而且似乎神遊於彼世，但沒有任何人撞到或推擠到西科爾斯基。[14]

診斷可能與事實有些差距。參加聚會之後，西科爾斯基成了民族誌學者，雖然他與群眾接觸的時間不長，但這個經驗已足以軟化他的判斷。近距離的觀察使他對於原先主張的精神病感到不確定。實際造訪之後，西科爾斯基基本上決定結束此事，他放棄「集體精神病」的診斷，並且將被捕的農民從基輔精神病院釋放。過去我曾在一名一九二〇年代的蘇聯民族誌學者作品中看到這種疑雲消散的過程。這名學者看到農民把女孩套在犁上，要她們拖著犁繞行村子的十字架為旱災祈雨。民族誌學者往後一站，手臂抱胸看著村民的愚蠢行徑，但在女孩繞行三圈之後，學者不得不承認他看到從天上降下大顆的雨滴。[15]

醫師、民族誌學者與我來到發生不可思議奇蹟的地方，我們都改變了立場。我們不再從高處或遠處觀看，這使我們獲得過去未有的洞見。判斷與定論轉變成理解與對不信任的保留。[16]

結束與尤里和薩夏的闖入行為後，我返回達莉亞・塞梅諾夫娜的公寓。她的公寓的熱水器故障，當我在浴室清理準備上床睡覺時，達莉亞・塞梅諾夫娜提了燒開的水壺進來，把水倒進水槽裡。我站著等她走出小浴室，但她留在原地，全身上下看著我，手裡還拿著一個泡了溫水的海綿。她說她會幫我洗澡。我給了她一個困惑的表情。

「妳需要嗎？還是不用？」她一邊說，一邊以沾滿肥皂的海綿指著我的雙腿之間。我才剛認識這個女人，但她卻把我當小孩一樣想幫我洗澡。昨天她花了一整個晚上告訴我她的人生，她過去數十年的祕密。我了解她的舉動是想禮尚往來，或者是想維持親密的關係，只是透過身體來表現。於是，就像我允許尤里為我穿上警察制服，我也聳聳肩讓這一切發生。我脫下衣服，她充滿皺紋的雙手輕柔地從我的雙腿往上清洗我的身體。她的清洗讓我們更緊密。她的觸摸讓我覺得自己感受到她的寂寞、勇氣、謙卑與同情心，她的這些特質遠超過我見過的絕大多數人。

達莉亞・塞梅諾夫娜對我身體的照顧，讓我想到我在後蘇聯社會的地位就像榮譽兒童一樣。身為外國人，當地人都認為我像孩子一樣天真無知。當然，我在抵達之前，對於他們國家的狀況一無所知，許多人，例如達莉亞·塞梅諾夫娜、薩夏與尤里，都想告訴我他們的生活，想教導我一些東西。如果我被動地接受這個角色，放棄我身為獨立自主的成年人與具有批判論理能力的研究者的身分，那麼他們通常會讓我靠近觀看，儘管只是暫時的。藉由讓自己變得像孩子一樣——容易感動、能力不足與依賴——我暫時成為他們社群的一員，在蘇聯時代，社群是透過對生物脆弱性、相互依存與義務的理解來界定的。而正是這種慷慨接納外人的作風，引導我——我會說服那位西科爾斯基醫師——來到更高的認知水準。

當然，我不是孩子，正如哈西迪猶太人也不是返回烏曼的「家」。在這片土地上，哈西迪猶太人與我都是異鄉人，而且也被視為如此。節慶時四處閒逛的烏克蘭人向我抱怨這些宗教觀光客向他們租房子，這些人既邋遢又髒亂，在街上亂丟垃圾並且破壞租來的公寓。這些怨言後面透露的訊息是，哈西迪猶太人在烏曼逗留，但他們根本不在乎這個地方；他們停留此地，但並非住在此地，這裡不是他們的家。反過來說，哈西迪猶太人則深信烏克蘭人敲他們竹槓與欺騙他們。對我來說，這段敘事的本質在於，雖然哈西迪猶太人喪失了祖先的語言而且也遠離烏克蘭的日常生活，但他們並未忘記自己遭到驅逐與疏遠的歷史。

然而，儘管存在這樣的差距，還是有東西存在於這個地方。身為世俗者，我不能說這是魔法，但我無法以其他方式來描述親臨當地的轉變經驗。柏拉圖（Plato）教導我們，人類不同於動物世界，因為人類擁有能脫離身體的靈魂。康德（Kant）解釋說，人類是獨一無二的，因為人類擁有理性的力量，可以克服肉體的驅力。宗教建立在這些想定的人類與動物的區別上，對宗教的批判則來自類似的哲學軌跡，但狂喜式宗教的經驗提醒我，心靈（與靈魂，如果有靈魂的話）本質上與身體是連結的，而身體與地方的連結則是脆弱的、愉悅的與依存的。事實上，身體是人類首次感受世界的地方。[17]

我的意思是，身處某個地方具備了兩種面向。一個是地點。另一個是存在的身體狀態，能提醒一個人自己在動物與自然世界裡的生物地位。對我與哈西迪猶太人來說，這是一種超越的體驗——他們的體驗來自於信仰與禱告，我則來自於回歸孩子般的知覺意識。雖然我們可以在學術作品上使用各種詞彙，但在描述這種經驗時卻感到詞窮。哈西迪猶太人可以在別的地方禱告。我可以在基輔或美國的圖書館閱讀朝聖與烏克蘭中部多語言、多教義社群的消失。但這兩種經驗並不相同。我也許與布拉茨拉夫教派信徒一樣，都將無法擁有在恐怖的二十世紀末，在骯髒的烏曼小城，透過某種形式的存在而產生同樣的複雜情緒與啟示。

six

# 第六章：格子狀的生活：為什麼哈薩克和蒙大拿幾乎是相同的地方？

# Gridded Lives

## Why Kazakhstan and Montana Are Nearly the Same Place

從卡拉干達（Karaganda）的地圖來看，它的城市計畫似乎是根據古羅馬軍營的模式設計的——沿著格子興建，舊史達林大道（Stalin Prospect）由北向南，前列寧大道（Lenin Prospect）由東向西與史達林大道相交。對於一座監獄城市來說，格子狀的設計是相當合理的。它創造了廣闊開放的空間與直線。這座城市不是設計來供人觀看，而是有助於觀看以遂行對城市居民的監視，進而管制與防堵他們的行為。卡拉干達位於哈薩克北部的乾燥大草原上，在一九三○年代初連同卡爾拉格（KarLag）一起建立，卡爾拉格是蘇聯最大的勞改營之一。卡拉干達是一座監獄城市，大部分由囚犯建造，吃的是勞改營農場的作物，犯人與被放逐者則在城市欣欣向榮的工業礦場與工廠裡工作。[1] 一九三○年，卡拉干達甚至還沒出現在地圖上。到了一九三九年，卡拉干達有十萬名居民，裡面有一半是內務人民委員部分支機構古拉格（Gulag）的受監護者（犯人或被放逐者）。[2]

我原以為卡拉干達這座位於北方的蘇聯工業城市有著煙霧瀰漫的破敗景象，但我感到驚訝。一九五三年史達林死後，犯人逐漸獲得赦免，軍營拆除，鐵絲網撤走，耐人尋味的是，留下的竟是井然有序的城市景象，寬闊的大道與綠蔭步道，紀念碑廣場與設置對稱的廣大蒼翠公園。有許多停車場，便利的購物中心，看不到狹窄的角落。整個市容完全沒有古拉格的祕密或人類受苦的痕跡。相反地，卡拉干達做出了敞開胸懷的姿態，表示沒有任何事情遭到隱瞞。在卡拉干達的後巷，找不到值得發現的老店，也沒有杜斯妥也夫斯基縈繞心頭的那種廉價公寓與擁擠的十九世紀庭院。事實上，卡拉干達一切井井有條，不需要靠步行的方式探索。只要搭乘內裝舒適的車子，以巡弋的速度就能飽覽整座城市的風景。

車子行經一長排住宅區，這裡過去曾是一九五〇年代興建的犯人營區。這個以生產線效率興建完成的住宅區，是美國郊區地產開發在蘇聯的翻版。同樣的三個住宅藍圖一排接一排地聳立，同樣有效率的居住經濟與隱身在蕾絲窗簾後的科技，同樣依據每日不斷重複的三餐、通勤與娛樂而做的空間規劃，美國的住房其實也是這麼設計的。快速興建，外觀也快速陳舊過時，這些建築物散發著美國建築物常見的短期性，彷彿這些住屋不是設計給家庭長住數個世代，而只是反映建築業的發展週期，這種熟悉的建築方式呼應了二十世紀無以倫比的社會流動現象。[3]

某個晚上，我站在卡拉干達飯店的房間陽台，看著被雨水浸濕的街道上一盞盞閃耀的霓虹燈。十月的冷風嗅得出冬日第一道冷霜，將北美進口的糖果包裝紙吹上天空。遠處，數千戶人家客廳的舒適燈光照亮著廣袤大地，隨著光線上下前進，療癒人心的格子也忽隱忽現，在黑暗虛空的大草原上區隔出一塊供電的都市空間。在這裡，遠離家鄉，置身於哈薩克大草原上的前古拉格，我竟產生了不可思議的感受，我覺得自己看過這座城市。卡拉干達格子狀的沉靜、一成不變的住房單位、仔細清掃的人行道與放學後的舞蹈課，讓人感到異樣的熟悉，彷彿我來到的不是中亞，而是美國中西部的威奇托

（Wichita）、托皮卡（Topeka）、俾斯麥（Bismarck）或比靈斯（Billings）。

蒙大拿州的比靈斯。就像絕大多數的鐵路城市一樣，比靈斯無需地圖就能順利抵達。寬闊的幹道由北向南切穿，大道則由東向西橫貫。街道鋪設出一塊塊的街區，並且被編上了便利的號碼，從一號開始，如果根據開國元勳的偉大夢想，理論上號碼可以編到無限。黃石河（Yellowstone River）從穀倉塔、鐵路調車場與煉油廠外的市郊靜靜流過。從懸崖高處俯瞰比靈斯，不禁會想起高中上的幾何學，瀝青的格子不斷分割成越來越小的街區，街區又分割成更小的矩形空間，上面蝕刻著停車場使用的黃色油漆。從比靈斯上方飛過，這個棋盤式的可分割空間擴張涵蓋了整片大地：被區劃成方格的農地面積大約一平方英里，這些方格農地拼湊成有菱有角的郡，這些郡又拼湊成美國如洗衣板的腹部，這裡的州形狀不是矩形就是梯形。

站在懸崖俯瞰比靈斯，我更能辨識出是什麼讓比靈斯看起來像卡拉干達：空間的可分割性與階序，城市宛如堡壘般與農業地帶截然二分，城市像一艘孤舟在洶湧而不可預測的陸海中載浮載沉。然而，從歷史來看，這些類似之處並不合理。卡拉干達是一座從巨大勞改營中建立起來的城市，一九九〇年代，兒童在這座城市的校園裡種樹還會挖到人骨。相對地，比靈斯是鐵路大亨、農民、礦工與企業家在美國邊疆建立的城市。其中一座城市是極權主義國家的產物，國家僱用並統治每一個人，讓他們在當地辛苦工作；另一

卡爾拉格的守衛塔。（作者提供）

座城市則是彼此競爭的商業利益與個別農民構成的企業集團。兩個國家，分屬不同的世界，有著不同的歷史，但美國西部的城市卻與卡拉干達有著共通的現代、擴張與模組化感受，因為卡拉干達與美國每一座鐵路城市一樣，是沿著格子興建起來的。

也許格子這項事實看起來不能算是個事實，因為格子不是什麼新奇事物；它被當成建築模式使用已經有好幾個世紀，而且不一定所有的格子狀城市都源於相同的動機。哈薩克與北美大平原都落在相同的地形區，屬於廣大的乾燥高原。有人認為平緩而綿延不斷的地貌，使這兩個地方很容易進行幾何分割。[4]然而，兩個對比如此強烈的社會——共產蘇聯與民主美國——理所當然會發展出特定類型的兩座城市，足以表現出兩個國家在觀念、政治與經濟結構上的巨大差異。這樣的說法確實言之成理。但如果我們相信形式與內容是相關的——城市擁有自己的歷史，如伊塔羅·卡爾維諾（Italo Calvino）所寫，「就像手紋一樣，寫在街邊的角落與窗戶的柵欄上。」——那麼，有沒有可能卡拉干達這座監獄城市與比靈斯這座鐵路城市看起來相像，完全是出於偶然？[5]

要在卡拉干達與比靈斯之間做類比，等於是忽視了這兩個地方的巨大差異。至少從印象上來說，人們很難想像還有什麼地區能比這兩個地方更迥然不同。美國西部代表美國個人主義最後無止盡的邊疆，是人們尋求自由的地方。相反地，哈薩克北部讓人想起類似西伯利亞的景象；它是個不自由、流放與監禁的地方，許多沒有明顯特徵的人在違背意願下被送到這裡，為龐大的國家體制辛苦工作。放在美國與蘇聯這兩個大脈絡下做比較，這兩座城市的對比極其明顯：自由市場對計畫經濟，人民民主對無產階級專政，開路先鋒對流放者，自力更生者與自由勞動對監獄守衛與犯人之間勾心鬥角的關係。拿比靈斯與卡拉干達相比擬，依照我們對它們的界定，等於模糊了自由與奴役、自由與壓迫的界線。民眾在違背意願下被流放到卡拉干達。他們要不是被判刑要在勞改營裡服苦役，就是被流放到特定的屯墾區，他們挨餓、受凍與辛苦工作，直到活活累死為止。當然，在北美大平原上，民眾也挨餓、受凍與辛苦工作，直到活活累死為止，但北美民眾這麼做是基於自由意志；他們自己買了火車票前往。但是，有沒有自由意志真的很重要嗎？

光是提出這個問題，就有可能引發將蘇聯刑罰制度的壓迫與數百萬被流放或送往古拉格的民眾的苦難相對化的危險。比靈斯與卡拉干達之間當然有差異，這個差異無論從重要性或結果來看都是可估算的。蘇聯的檔案已經開放，文件證據已經證實倖存者的陳述，他們提到蘇聯安全部隊——國家政治保衛總局（OGPU）、內務人民委員部、內務部（MVD）[6]——將數百萬過著平靜日子的民眾趕離家園，對他們施以身體與心理的虐待，讓他們遭受飢餓，陷入容易罹患疾病的狀況，數十萬人因此死亡。[7] 逮捕與放逐的歲月拆散了家庭、摧毀了社群而且就此改變了社會關係與地貌。

然而，姑且不論這些文件已詳盡記載的哈薩克大草原刑罰地與自由市場美國邊疆的差異，我想的是，蒙大拿州與哈薩克格子狀空間的類似性是否具有任何意義？

也許有。比較研究應該可以帶來豐碩的成果，但也可能誤導或泛政治化。[8]任何事都可以比較。歷史學家經常使用這種把戲，比對歷史時代或政權，指出其中的類似或差異，然後提出具說服力的論點。舉例來說，冷戰開始之後，史達林的蘇聯經常被比擬成希特勒的納粹政權。人們認為極左派與極右派在一個立場上是相通的，那就是無論共產黨還是法西斯都主張全面的社會控制，兩者都展現出國家恐怖的巔峰。[9]對比也能產生論戰的效果。同樣在冷戰年代，美國的歷史學家、記者與政治人物都聚焦於蘇聯的罪行，例如整肅審判、集體化與鎮壓異議分子，藉此凸顯民主美國永遠不會或不應該變成這樣的國家。[10]反過來說，數十年來，蘇聯的歷史學家與記者也特別強調美國的貧民窟、種族衝突、社會不安與攀升的犯罪率，認為這是蘇聯社會主義走在正確道路上的明證。[11]

如今，隨著冷戰的威脅逐漸消逝，我們有更多空間可以質疑知識本身是否尚未被整齊劃分成兩個極端，共產主義與民主主義。歷史總是著重文本、書面資料與意識形態分類。當然，在冷戰的熱烈辯論中，話語、辭令與意識形態都受到高度重視，或許是受到過度重視，因此忽視與貶低了空間生產以及為了空間而被塑造出來的生活歷史。這不是新的觀念。幾十年前，昂希・勒費弗爾曾主張共產主義並不存在，存在的只有兩個迷思：一個是反共產主義，另一個則是認為共產主義已在某處實現。勒費弗爾懷疑共產主義的存在，因為共產主義並未導致任何建築上的創新，也未創造出特定的社會主義空間。[12]換言之，在空間史中，共產主義與資本主義都沒有生產出任何足以區別彼此的特質。

為了便於論證，如果我拋棄一般人熟知的共產主義與資本主義區分，轉而探索空間上的類似性，結果將會如何？透過這種取向，我們會發現，美蘇兩國的歷史學家與政治人物一直專注於蘇聯共產主義與美國資本主義之間的差異，最後反而讓人一頭霧水，卻忽視了二十世紀工業—資本擴張造成的類似性。[13]畢竟，鏡像——蘇聯一直聲稱自己是美國的鏡像——只是同樣的形式被反射回去。我們甚至可以從這兩個國家看出類似的發展與毀滅路徑，兩者的差異主要是規模而非形式。若真是如此，那麼數十年來專注討論政治體系與意識形態的做法，如今看來只是一場長期的自我定義運動。這兩個國家都需要對方才能存在，因為它們必須以各自的共產主義／資本主義對手作為正當化自身政策的理由；雙方都投射出對方的鏡像，這樣才能定義與生產自己以遂行統治。少了反革命的資本主義者或顛覆性的共產主義者，這兩個國家就難以界定異常與危險分子；因此，也就更難以取得權力來責難與排除、誘騙與強制人民順從。[14]簡言之，如果我們將冷戰期間充斥的冗言贅詞除去，我們可能會發現蘇聯與美國其實有很多地方是相同的。

或許，我們離二十世紀還太近，無法看出過去一百年間龐大的力量如何以奇怪的方式，讓不同的生活出現相同的步調。想要一探究竟，我們需要提出與冷戰理論家不同的一連串問題。與其質問自由在哪裡與奴役在哪裡，誰能夠選擇與誰不能夠選擇，誰握有權力與誰沒有權力，不如更簡單地問，權力「如何」產生？[15] 一旦這個問題落入我們的視線之內，我們的目光就會開始留意看似未曾受過操縱的空間——城市建築、運輸路徑、通訊線路、生產模式——這些全代表了特定的政治與經濟邏輯，在過去這個世紀不知不覺地影響了所有社會，包括蘇聯與美國。[16]

因此，我的問題是，有沒有可能寫出格子狀空間的歷史？如果可能，哈薩克與蒙大拿州的格子狀空間是否構成美蘇共同進行的巨大過程的終點？勒費弗爾認為格子是一種抽象物，「一個外在於原有空間的上層建築」，可以做為建立統治基礎的據點。[17] 詹姆斯・斯科特（James C. Scott）認為格子是一種能將晦澀複雜的當地社會實踐予以簡化的做法，如此可以加強中央權力與削弱地方統治。[18] 簡單地說，格子可以做為征服機制，是一種宰制空間的方式。總而言之，哈薩克卡拉干達與蒙大拿州比靈斯與比尤特（Butte）的歷史，顯示格子的發展，一如整個地區被捲入工業與科層擴張高峰期持續擴張的國家推動的大型工業與農業經濟之中。在一次大戰前的北美第二次工業革命期間，鐵路，美國最早的國家科層，使蒙大拿州的比靈斯、比尤特與其他城市開始在地圖上出現。在哈薩克北部，共產黨，特別是內務人民委員部，在一九三〇年代工業化運動期間在地圖上繪出了卡拉干達與許多蘇維埃城市。這場工業化運動不僅預示了第二次世界大戰，也讓蘇聯首次成為工業化與科層化強權。在這兩個地方，政治力量製造出格子狀空間，通常使用的是暴力，為的是實現經濟與政治目的。

然而，說到此處已超過故事的範圍。從最初開始說起——在蒸汽引擎與鐵路出現之前，哈薩克北部或北美大平原並沒有城市。中亞與北美大平原的前工業城市人口，主要仰賴周圍的農業社群支持，這些城市的成長受限於土地、堡壘範圍與稀少的糧食、飲水和可耕地。少了科技，大草原的短草與乾燥的大陸性氣候只能支持定居耕作的小社群，而最適合此地的則是遷徙游牧的族群，他們可以適應極度的寒冷、炎熱與乾燥氣候。

到了工業時代，一切都變了。城市不再受限於土地或仰賴在地生產的糧食來餵養城市人口。蒙大拿州與哈薩克必須引進科技才能支持城市人口，例如鐵路網、蒸汽引擎、灌溉系統、電報與電話，而這些設施必須仰賴集中的資本投資才能達成，這些投資的金額龐大，這兩個地區需要仰賴一小群管理人員從遠方引進生產與勞動工具才能維持城市運轉。這兩個地方的管理人員透過時間表、統計數據與生產計劃，以及對勞動的嚴密控制與統馭來管理龐大的網絡。[19]在蒙大拿州與卡拉干達，爭搶土地、飲水、礦藏與現金作物的狂潮取代了原先定居此地的原住民，取而代之的歐洲人口則精心地依據種族、階級與忠誠度予以分類。

這些生產模式創造出相應的統馭模式，決定了民眾以類似方式移居北美大平原與中亞大草原，並且將土地切割成細小的經濟單元以進行有效率的剝削。新城鎮座落的位置是為了獲得商業利益，設於鐵路末端以快速搾取資源，新城鎮回應的不是生態限制而是測量員的理性格子。[20]格子讓空間模組化與不斷重複。都市格子是擴張中的農村格子的濃縮，將腹地與城市的經濟與空間連結起來。結果，城市空間再也不受地形限制，城市不斷成長與呈倍數擴大，取代了過去的游牧文化。事實上，這些在二十世紀誕生的城市賦予了游牧文化新的意義，凡是運輸路線所到之處，平坦的大平原皆能輕鬆穿越，唯一能阻止人們的只有全然的孤獨。

在美蘇兩國，征服意謂著消費；新來者擷取他們渴望的土地，以及上面生產的煤、銅、小麥、甜菜與礦石。簡言之，蒙大拿州與哈薩克的城市歷史是相輔相成的。雖然發生的時間一前一後，但它們說的不是兩個而是一個故事：格子狀空間的歷史。

夕陽西下，廢氣從谷地中揚起，俯瞰比靈斯，腦中不禁想起小時候讀到的邊疆故事：「吃苦耐勞的拓荒者」、「帶來文明」、「去除蠻荒」。這些勇敢而高傲的格言刻在我面前的砂岩上，就像歐洲屯墾者每到一處就會留下的生鏽破鋁罐一樣。美國歷史學家已經揚棄了絕大多數贏得西部的神話，而在比靈斯這座小型企業城市裡我們也很難看到這類傳說。[21]事實上，在比靈斯每個經過仔細衡量的九十度街角上，似乎都未曾記錄下比靈斯的歷史。或者應該這麼說，我們也許應該緊跟在推土機與移動的廂型車後面，去尋求比靈斯的歷史——或者是在空蕩蕩的土地以及一長排人去樓空的慈善商店尋找——這很合理，因為比靈斯本來就不是建立在先例或歷史之上。相反地，比靈斯就像許多西部城市一樣，它的故事座落在對未來空想而模糊不清的理解上。一名堪薩斯州的早期開拓者告訴他的讀者：「今日的美國必須從期盼未來中找到樂趣。他必須望向看不見的文明之初，並且預想此後一百年各種事物的進展。」[22]在北美大平原發展的祕訣是忽略現在而望向未來，但卻是一個永遠無法抵達的未來，無論它是牛群、煤還是穀物。

這種完全不考慮現在的心態是促成比靈斯建城的主因。一八八一年，今日比靈斯所在的土地被視為毫無價值。這裡的土地貧瘠、缺水而且含鹼量高，各處零星分布著蒿屬植物。首次來到這個地區的開墾者與商人選擇定居在上游的克拉克福克河谷底（Clark's Fork Bottom），這裡是兩條河的匯流處，形成很好的貿易點，而且土地肥沃、水量充沛。克拉克福克的居民認為，一旦鐵路經過，理所當然會在他們的小聚落設站，一些商人與農民已經等著火車運來貨品並且將他們的農產品運往市場。但聖保羅（St. Paul）與紐約的鐵路公司高層卻有不同的優先考量。在此之前，聯邦政府已經訂定契約將鐵路兩端面積四十平方英里的城鎮輪替轉讓給北太平洋鐵路公司，以彌補該公司修築橫貫大陸鐵路的成本。弗雷德里克·比靈斯（Frederick Billings）是北太平洋鐵路的董事長，他與工程師研究了美國測量地圖之後，決定了某個地點鐵路線兩旁的奇數鎮區，而不是像過去一樣選定城鎮的角落鋪設鐵路。[23]這個做法某方面來說十分合理，因為比靈斯先生決定建城的地點可以讓鐵路公司比以往的交易多擁有一倍的土地。

接著，弗雷德里克·比靈斯又做了一個更合理的決定。他與幾名合夥人成立一間不動產開發公司，然後以每英畝不到四美元的價格向鐵路公司買下即將成為城市建地的二萬九千三百九十四英畝土地。新城市計畫供二萬名居民居住，但建城的地點位於貧瘠的平坦低地，離河邊的沼澤地其實不遠，沒有飲水，最近的聚落則位於南方二英里處，但這對比靈斯先生來說沒什麼不同。從不動產投資的角度來看，比靈斯的選址是合理的；至於這個地點不適合居住，比靈斯先生根本不在意。畢竟，弗雷德里克·比靈斯根本不打算住在比靈斯。

明尼蘇達州（Minnesota）與蒙大拿州土地與改良公司為比靈斯選址之後，公司開始設計城市計畫，將鐵路放在市中心，配置建築用地，提出未來的工業發展方案，而在他們計畫的時候，比靈斯還沒有興建任何建築物，「城市」裡只有一叢叢開墾者搭建的帳篷。[24]儘管如此，新城市的建立被宣揚到數百英里之外，獲得的利潤不可勝計。當比靈斯被宣布是下一座「神奇城市」時，弗雷德里克·比靈斯的土地開發公司就開始以每四分之一英畝二百五十美元的價格出售他們的鹽鹼地。所有的土地區塊在紐約與芝加哥出售一空，不到幾個月的時間，土地價格飆漲到一千二百美元。[25]到了一八八二年夏天，絕大多數的城市地產都已經售罄，但三分之二的土地所有人並不住在當地；購買土地的人從未打算住在這個炎熱、乾燥、無樹的地方，他們只是為了過一段時間賣出牟利。[26]

比靈斯格子線的劃定，背後有一套宇宙觀，而這套宇宙觀的核心則是經濟學與行政管理。比靈斯的不動產公司將土地細分為均勻且商業上可互換的單元，因為這可以讓行銷與出售更有效率，特別是對遠地的聖保羅與芝加哥公司來說。藉由這種方式，工程師、地產商與鐵路管理人員在整個西部建立、計畫、推廣與比靈斯一模一樣的城市，如拉勒米（Laramie）、雷諾（Reno）、俾斯麥與夏安（Cheyenne）。拓荒的農場主、牛仔與孤獨的礦工是美國神話與自我認同的核心人物，但研究美國西部的歷史學家認為西部開拓的先鋒其實是這些由商人經營的企業城鎮，在聯邦土地撥贈與未來成長和工業發展的願景下，這些商人致力賺取不動產投資的利潤。[27]

與比靈斯一樣，卡拉干達在一九三〇年建城之前，在地圖上只是毫無任何標記的空白。當時的卡拉干達只有零星的幾座破爛棚屋、沙俄時代煤礦留下的幾棟廢棄建築物，以及一個偶爾開張的小市場，哈薩克人會到這個市場以羊皮和羊肉交換鹽、麵粉與其他生活必需品。一九二〇年代晚期，蘇聯地質學家再度發現卡拉干達有煤礦。之後，莫斯科礦業部設立了卡拉干達煤礦托拉斯，決定在這裡建立新的主要工業城市。莫斯科的工程師並未實際造訪當地，就為一座要容納四萬名工人的城市擬定計畫，這些工人未來將挖掘十二座新礦場。一年之內，數千名礦工，絕大多數是哈薩克人，開始在卡拉干達地底下工作。但煤礦托拉斯發現自己沒有能力讓商店貨品充足使礦工能夠吃飽，而儘管城市計畫要求每個人有七平方公尺的衛生住房，但實際住房狀況卻與無產階級一樣慘，絕大多數礦工仍住在礦坑附近的圓頂帳篷裡。為了尋找食物，哈薩克礦工來回於他們原來住的村落，勞動力因此變得零星而缺乏紀律，煤礦生產量遠不如革命前的數字。[28]

然而，一九三一年二月，鐵路鋪設到卡拉干達，伴隨而來的是全新的紀律形式。鐵路運來了補給品、地質學家與烏克蘭頓巴斯（Donbass）的老練礦工，鐵路也帶來了內務人民委員部的官員，他們很快就發現在卡拉干達礦場旁設立勞改營的無限可能。一名內務人民委員部官員表現出與比靈斯鐵路合夥人一樣的樂觀態度，他寫道，處女地、礦產資源與鐵路網結合起來，意謂著「哈薩克有創造強大農業基地的驚人潛力。這裡獨缺勞動儲備，因為這裡的人口稀少。」[29]內務人民委員部官員建議由勞改營提供大量工人到卡拉干達開墾處女地，為礦工生產糧食。一九三一年，內務人民委員部下轄的古拉格，在人口逐漸增加的卡拉干達周邊占地二十八萬一千英畝的土地上設立了卡爾拉格，並且開始引進勞工。[30]

勞改營有助於解決卡拉干達工人與糧食短缺的問題。城市官員利用犯人在城市周邊種植作物，並且讓他們在市區為礦工興建住房。為了監督這些囚犯工人，內務人民委員部以圍牆將每個區圍起來，圍牆上設有鐵絲網，每個區塊的大小大約等同於一個城市街區。守衛人員要求四周的街道必須筆直開闊，讓犯人能排成縱隊前往工地，而且要有足夠的能見度開槍射擊，以阻止任何人逃亡。我們也許禁不住假定，卡拉干達的格子可能是從監獄建築的需求中產生的，但事實上，絕大多數現代蘇聯城市都同樣被規劃成格子狀。一九三〇年代蘇聯的計畫者設計與創造了許多其他的工業城市，這些城市都不是為了犯人設計的，而這些城市看起來幾乎都能與卡拉干達互換。[31]

一九三〇年代初，蘇聯計畫者夢想建造一個全新種類的社會主義城市，讓每座建築物的每個線條都能表現出社會主義原則。他們認為，社會主義城市將成為資本主義城市混亂與汙穢的對立面。蘇聯建築師夢想「沒有城市主義的現代化」，他們傾向於從無到有在處女地上建城。[32]他們想設計出合理的地貌，讓民眾能安全而公平地生活，擁有充足的光線、空間與能見度。遠從德國過來的建築師為城市設計了藍圖，內容看起來完全不像城市，而更像是公園、太空船或現代藝術。然而，一旦建立起來，這些新社會主義城市看起來千篇一律，完全不考慮氣候與地形的差異；這些城市沿著格子對稱地予以劃分，列寧大道由東而西橫貫，史達林大道由北向南貫穿。在蘇聯的大環境下，是什麼觸發了格子的出現？

雖然私有財產制在蘇維埃社會主義中不受法律保護，但與比靈斯一樣，所有制與管理的概念卻決定了卡拉干達的形貌。蘇聯民眾不能擁有土地，但在蘇聯政府將所有土地國有化之後，便將廣大的土地分配給國有企業。內務人民委員部成為哈薩克北部主要的土地接受者，也是當地自然資源的主要剝削者。到了一九三六年，內務人民委員部掌控了七十九萬五千六百英畝的土地，這些土地原先都是哈薩克人的牧場。到了一九四一年，內務人民委員部生產的木材占全蘇聯的百分之十二，鎳占百分之五十四，鉬占百分之七十五，鎢占百分之三十七。一九四一年到一九四四年，古拉格工業生產總值達到三十六億盧布。[33] 對哈薩克牧民來說，土地是流動的，有冬季牧場，也有夏季牧場，僅靠埋葬祖先的墓地來標記，但土地一旦落入歐洲人手裡，歐洲人就把土地細分成小塊，然後以平方公尺為單位進行測量，再以盧布計價。[34]

為了將祖先的土地轉變成商品化空間，歐洲開拓者先將原住民的土地想像成空曠等待人們前去居住的地區。他們率先將這片土地看成地圖上的標示物，然後開始構思出比靈斯與卡拉干達。聯邦政府將城市土地撥贈給日益壯大的城市官員，委託他們開墾土地與開採原料。在比靈斯與卡拉干達這兩個例子裡，遠地的計畫者對城市進行區劃，他們在紙上畫了一連串的直線，最終花了一百年的時間才完全將土地從原住民手中轉移給了歐洲人。比靈斯最初的藍圖預設將有二萬名居民；五十年後的卡拉干達則預設有四萬名居民。一旦交易完成，城市便隨之成形，當時比靈斯的居民說道，這一切宛如「魔法」：「比靈斯的通衢大道展現出商業活動的景象，這是蒙大拿州其他城市看不到的。這種改變幾乎像昔日東方魔法童話講述的內容一樣美好。」[35]在卡拉干達，歷史學家也對於城市的突然發達感到驚訝：「蘇聯統治的哈薩克大草原上出現了巨大變化。原本只有一些毛氈圓頂帳篷與泥磚小屋，現在興起了一座美麗城市……我們看到寬闊、種了行道樹的街道、大道、公園與廣場。」[36]

我們可以從這段描述聽出蘇聯計畫經濟的弦外之音：這座城市是由遠離城市的人計畫的，但實際進行的狀況與計畫相差甚遠。恣意擴張的蘇聯官僚體系從中央撥款資助這項計畫，這些官員的任務就是不計一切代價推動工業化，但實際上城市的建設主要靠著廉價或未領取薪資的勞力完成。為了建設卡拉干達，投入了無數光陰辛苦工作，許多人因此精疲力竭，但這一切卻被概括成一篇簡短的起源故事，彷彿不費吹灰之力就可以讓空曠的大草原變成現代城市。

蘇聯與美國都有一群喜歡造神的人，這些人特別強調起源。原本空曠的地方移入了人群，原本貧瘠的地方變得綠草如茵，原本原始的地方變得文明開化。歐洲人抵達，發現了沒有歷史的地方，於是賦予這個地方起源，然後給予意義。作家們強調，歐洲人很快就做到這一點。在這些新地方，在化石燃料科技的黎明時期，不需數百年就能孕育出像歐洲那樣的成熟文明。人們沒有時間靜心等待。美蘇宣揚快速建城的人工，醉心於速度、效率與機器的

「魔法」。[37]他們興建醫院、學校、法院與圖書館，讓每一座新城市看起來像「一座城市」，不是在數十年、數年或甚至數個月內蓋好，而是數星期。卡拉干達的工人與列寧格勒（Leningrad）的建造者進行興建比賽並且贏得勝利。[38]在美國西部，英國學者詹姆斯．布萊斯（James Bryce）批判了擴張的步調：「為什麼為了未來犧牲現在？為什麼想在幾十年內完成其他舊大陸國家花了數千年才完成的事？為什麼要用粗魯而惡劣的手法來處理必須做好的事，畢竟你後代子孫的福祉全靠這些？……汲汲營營、沉迷於投機、被急功近利沖昏了頭，當民眾心裡充斥著這些念頭時，結果將會禍延子孫。」[39]

美蘇兩國的領導人立即開始向這片廣大的地域進行殖民，並且透過生產線的方式消耗土地、作物與礦產來進行征服。問題是，雖然美蘇計畫人員可以想像出快速建城的方式，但他們卻無法協調足夠的磚塊、勞工與木材來建城。就這個意義來看，美國鼓動人心的報刊與蘇聯的宣傳，讀起來就像科幻小說一樣。這些報導描述了一個可能、甚至看似合理的未來，但卻是一個尚未存在的未來。

阿米塔吉（T. C. Armitage）付出很大的代價，才發現新城市空間的虛構性質。他是一名保險業務員，在聖保羅的北太平洋鐵路公司工程部門上班。他為鐵路公司工作，照理應該比一般人更清楚比靈斯宣傳的真實性。阿米塔吉投資了幾塊土地，並且選擇了位於黃石河畔的好區位，但他並未實際到現場看過。之後不久，他搭上北太平洋的火車前往比靈斯。當他抵達時，他失望地發現沒有火車站、沒有真正的市區、沒有城鎮，甚至連哨站也沒有，他只看到「陰鬱而廣袤的大地，還有白色的鹽鹼土。」當阿米塔吉視察他的土地時，他發現大部分的地產都已經被水淹沒，他必須搭船才能將土地的角落標定出來。[40]

五十年後，蘇聯記者賽米揚・納里尼亞尼（Semyon Nariniani）也有類似的經驗。他被派去西伯利亞中部進行採訪，到卡拉干達以北數百英里的一座新建的鋼鐵城鎮馬格尼托哥爾斯克（Magnitogorsk）從事報導工作。歷史學家史蒂芬・考特金（Stephen Kotkin）講述這則故事時提到，納里尼亞尼搭了八天火車，換了五次車，還多次遭遇誤點。有一天，火車在一片空曠的大草原上放慢速度。納里尼亞尼以為火車又故障了，但車長卻高喊，「馬格尼托哥爾斯克到了！」納里尼亞尼下了車，四處張望，看著空曠的地貌，轉頭問站長，「這裡離市區遠嗎？」「兩年。」那人回道。[41]

從一篇篇回憶錄可以看出，最讓這些前往北美大平原與哈薩克大草原開拓的歐洲人苦惱的還是空虛：「舉目所及，一片寂靜，什麼東西也沒有。」[42] 蘇聯的被放逐者提到他們首次看到的土地時，禁不住說道，「赤裸裸的大草原」，沒有水、沒有樹、沒有溪流、沒有房子、沒有人，只有地貌，什麼都沒有，只有空間。[43] 他們絕大多數人未提及的，其實是當地的土地原本並非空曠，而是「被清空了」。[44] 他們抵達的土地，不久之前才將原先居住在上面的牧民與獵人驅逐一空，這些人原本在這片乾草原上以游牧為生，牲口吃著大草原上的青草與植物，牲口移動到哪裡，他們就跟到哪裡。由於人類無法靠吃草活下去，所以只能利用吃草的牲口，乾燥牧場與草原不適合農業或集約耕作，因此這是一種合理利用土地的方式。[45]當最早的開拓者出現在哈薩克與蒙大拿州，並且沿著河邊的肥沃土地定居時，哈薩克人與印第安人因此調整了他們的經濟模式，用皮草與肉類向新來者交換工具與商品。這並非和諧，也不是與自然合一的田園牧歌景象，但卻是生活——一個能適當地適應大平原和大草原條件的社會系統與經濟。

然而，前來殖民的歐洲人卻不是這樣看待哈薩克人與印第安人。牧民被當成地貌的一部分。他們象徵野蠻與無文字記載的過去，而且仍以可怕的力量在邊疆對現在逐步進逼。舉例來說，當強風吹襲與動搖比靈斯和卡拉干達的帳篷城市，或冬天的暴風雪讓人與牲口陷入一片白色迷霧難辨方向時，我們就能清楚看到白人開拓者居住的建築物有多麼脆弱，這些建築物僅靠細微的鐵軌生命線，與維繫他們經濟發展的遙遠糧食和能量來源相連繫。對歐洲人來說，居無定所的牧民就像殘酷而不分青紅皂白的大自然。於是歐洲殖民者建構了一支意識形態與秉持原則的十字軍，自己擔任起對抗原始自然的文明人角色。

絕大多數關於卡拉干達的歷史描述都以一名哈薩克牧羊人阿帕克・拜伊扎諾夫（Appak Baizhanov）的小故事為起點，一八三三年某個夏日，這名牧羊人為了追捕狐狸而來到一處洞穴。[46]阿帕克下馬跪在地上，開始朝狐狸洞猛挖。他在挖的時候，意外看到一塊石頭，像烏鴉一樣烏黑，而且質地令人費解。他把石頭帶回去給營地的老人看，但老人也不知道這塊黑石頭是什麼，於是將它扔到火堆中。石頭發出不自然的火焰，大家都嚇了一跳。老人認為這塊石頭一定具有邪惡的力量，不應該再去碰它。一名蘇聯史家表示，「牧民當然不知道那是煤，因為年輕牧羊人與老人沒念過書。」[47]

這則故事的寓意是，哈薩克人生活在不幸的無知中，要等到俄羅斯人帶著科學到來，才能協助哈薩克人了解，他們腳下的「貧瘠土地」其實蘊藏著豐富的資源。在蘇聯作品中，俄羅斯人是前來協助哈薩克人的「老大哥」，哈薩克人是「前革命時期帝國最落後的一個民族」。[48]這是換個方式來說哈薩克人是一群糟糕的百姓，因為哈薩克人騎快馬、勇猛善戰，這群牧民行蹤飄忽不定，規避稅吏徵稅。[49]蘇聯官員別無選擇，只好重蹈沙俄官員的老路，沙俄官員過去花了數十年的時間想讓哈薩克人定居下來，讓他們在適合的土地上種植現金作物，以利出口。一八二〇年代，俄羅斯帝國首次控制哈薩克領土，此後哈薩克人逐漸從豐美的牧場被驅趕到哈薩克的內陸沙漠。最後一擊——相當於喬治・阿姆斯壯・卡斯特（George Armstrong Custer）屠殺野牛的狩獵之旅——出現在一九三〇年代初期與中期，當時蘇聯改革者決定將哈薩克牧民集體化，讓固定集體農場上肉類與乳製品的生產合理化。

離比靈斯不遠的地方，有一座小型的大理石碑矗立於枯黃的草地上，在簡單的基督教十字架浮雕下方刻著喬治・阿姆斯壯・卡斯特少將的名字。卡斯特的故事，以及他在小大角（Little Big Horn）戰役被瘋馬（Crazy Horse）擊敗的歷史，大家已耳熟能詳。卡斯特橫貫北美大平原，沿途射殺野牛，任由屍體腐爛發臭，這段惡名昭彰的旅行也眾所皆知。這些行為使他在戰場上殉國的表現沾上汙點。有些美國人認為，滅絕野牛有助於讓印第安人定居下來，卡斯特也是其中之一。[50]與日後蘇聯推動集體化的人員一樣，卡斯特也認為把放牧的原住民的移動糧食除去，就能將他們固定在土地上。此外，大衛・羅里森（David Rollison）表示，讓牧民定居與轉變地貌也能讓牧民忘記「過去曾有個時代，土地並非可以用來換錢的商品」[51]。

然而，即使野牛群成了一堆白骨，牠們的記憶仍被繪於畫布上，而剩下來定居於保留區的印第安人過著半依存的生活，鄰近的克羅族（Crow）曾與美國陸軍結盟對抗蘇族（Sioux）與夏安族（Cheyenne），如今卻成為比靈斯領導人眼中的威脅與不受歡迎的人物。此時原住民的土地與家園尚未完全被白人開拓者占據，比靈斯的城市領導人又開始想取得更多的生存空間。他們向國會請願，希望能將克羅族移出他們位於比靈斯南方的土地，並且開放白人前往墾殖。[52]弗雷德里克・比靈斯與當地其他的企業家想取得克羅族的土地，這樣他們就能鋪設一條穿越該地的鐵路連通位於雷德洛治（Red Lodge）的煤礦區，而同樣重要的是，他們想清除谷地中「製造麻煩的印第安人」，這些印第安人必須要為失蹤的牛群負責。一八八四年，《比靈斯郵報》（*Billings*

*Post*）的社論寫道：「這些可悲而懶散的狗若能離開，對這個地區將是一大好事，這塊有價值的土地將可開放給想利用的人去使用。」[53]

美國人與蘇聯人沒料到強制屯墾滅絕的不只是游牧的生活方式，甚至連游牧的生命也滅絕了。集體化為哈薩克牧民帶來災難。一九二九年到一九三二年，牲口數量從六百五十萬頭減少為九十六萬五千頭。一九二〇年代晚期，估計全哈薩克人口約有四百四十萬人，到了一九三〇年代中葉，有二百萬人失蹤，這些人要不是死於饑荒，就是跨越邊境逃亡到中國、蒙古或阿富汗。[54]在卡拉干達，到了一九三三年一月，當地的哈薩克人只剩下百分之十五。[55]在北美大平原，曾經如廣大黑雲般四處漫遊，總數達二千五百萬頭的野牛，到了一八八〇年代已全數滅絕。美洲原住民在殖民前人口大約五百萬到七百萬，一九〇〇年時只剩十五萬，是原來人口的百分之七。[56]

美國與蘇聯改革者藉由對照文明與進步，來界定與創造出野蠻與原始，並藉由這種方式挪用權力來剝奪印第安人與哈薩克人的土地與生計——這種權力的行使帶來毀滅性的結果。儘管如此，人量的死亡卻未能中止這項計畫。殘存的印第安人與哈薩克人成了社會計畫的對象，目的在於指導與糾正他們的原始生活方式。在蒙大拿州，印第安事務局（Bureau of Indian of Affairs）試圖將印第安異教徒改造成基督徒，將印第安獵人改造成農民。事務局員工禁止神聖舞蹈與沒收宗教物品，在行使公權力的過程往往變成暴力。為了取代舊傳統，印第安人必須學習美國辛勤工作的止統觀念，讓自己成為理想傑弗遜式獨立的私人地主與農民。一九〇四年，蒙大拿州州長雷諾斯（S. C. Reynolds）效法中西部各郡的做法，舉辦了克羅族印第安人工業展覽會（Crow Indian Industrial Fair），參加競賽的克羅族贏得了最佳農業團隊、最大甘藍菜與最佳梯皮（tipis）等獎項。在此同時，在教會寄宿學校，克羅族兒童學習為水果裝罐、擠牛奶、說英語與背誦美國新教價值格言。部分來看，這個政策是成功的。到了一八九六年，有半數的克羅族住在房子裡而且靠種植作物為生。然而這個統計數據顯示的成功是暫時的。到了一九二〇年代，貧窮、營養不良、結核病與沙眼在克羅族保留區長期流行，當地人員估計出「數學上確定」的結論，克羅族印第安人很快就會滅絕。[57]

與印第安人一樣，哈薩克人並不擁有土地，而且傾向於從共同體的角度來看待所有權。即使如此，蘇聯民族誌學者還是認為哈薩克部族生活遭受階級關係荼毒，而且窮人遭到富人的封建剝削。蘇聯改革者因此專注於將哈薩克牧民與他們的牲口分離開來，企圖將哈薩克牧民固定在蘇聯體制上，讓哈薩克牧民學習真正的共同體價值、無產階級紀律、俄國語言、個人衛生與僱傭勞動。蘇聯改革者將不服從的父母與他們的子女分離開來，將最優秀的小孩送到孤兒院進行改造，使他們能適應以科學和科技為基礎的社會生活。被內務人民委員部懷疑阻礙社會主義發展的人，將成為被打壓的目標。內務人民委員部幹員禁止哈薩克穆拉（mullahs）教導穆斯林作品，不僅剝奪哈薩克領袖——阿克撒卡爾（aksakal）與巴伊（bai）——的公民權，還將他們逮捕入獄。[58]

他們關閉清真寺，並且以「紅色圓頂帳篷」加以取代，讓婦女與小孩在紅色圓頂帳篷學習寫字、清潔與農業。蘇聯共產黨拍攝的照片顯示哈薩克人在前往種田的路上開心揮舞著乾草叉。他們也舉辦展覽會，凡是種出最大西瓜以及打了最多小麥的人可以登上結滿花綵的高台接受紅色緞帶，紅色緞帶上有列寧望向未來的側臉像。[59]

一旦歐洲開拓者將原住民邊緣化，清空的空間就需要予以重塑；因為土地空曠（或遭到淨空），因此沒有任何事物可以阻止歐洲開拓者大規模占用土地，而將其改造成生產、農業與工業地域。鐵路鋪設到比靈斯與卡拉干達之後，歐洲殖民者不再以零碎的方式占據新土地——河邊這裡一塊，谷地那裡一塊——而是在地貌上整個植入具象與實體的建築。鐵路管理人員、美國地質調查局（U.S. Geological Survey）官員與蘇聯官員攤開帶有目的且掩蓋地貌的地圖，根據功能與用途——開礦、耕作與放牧——在上面分割再分割。當空間根據功能予以分割，定居在空間裡的生命也遭到分割。在指定做為農耕之用的土地上生活的印第安人就成為農人。在指定做為集體農場的土地上生活的哈薩克人就成為集體農場的成員。新居民被移入當地填充最近才被清空的空間，並且執行地圖所描述的天命。

我們會合理地認為先累積了大量人口之後才會產生城市，但在蒙大拿州與哈薩克，這個模式卻倒轉過來。城市先出現，然後才是人。絕大多數前來黃石河谷地的開拓者，是在這座神奇城市建立後整整過了二十年才抵達此地。比靈斯的創建者為了投機而在當地買下大量土地，這對他們構成了重擔，這些人於是與鐵路公司一搭一唱地引誘開拓者來到這片谷地。激勵人心的宣傳不完全是謊言；但通常是以暗示和興高采烈的誇大言詞來誤導民眾。《比靈斯公報》（*Billings Gazette*）表示：

**在你的下方是一片連綿數英里已經開墾的良田，美麗的黃石河谷地，迷人的森林與溪流景色盡收眼底。結實纍纍的果園，綠色、褐色與黃色的原野點綴著精美的農村建築與美麗紅色屋頂的校舍，這些賞心悅目的事物，構成令人難忘的畫面。而在你的腳下，美麗的構圖中鑲著最可愛的寶石，看啊，那就是充滿魅力的城市比靈斯。**[60]

搭配這篇報導刊出的照片中，有瀑布與濃密的森林，營造出一幅陰涼清新的山中田園景致。我們可以想像當開拓者抵達比靈斯時會有多驚訝。威爾金森．波利太太（Mrs. T. W. Wilkinson Polly）是密蘇里州（Missouri）人，她記得第一天的晚上：「那天夜裡，女人與小孩陷入愁雲慘霧。那裡沒有樹，幾乎連一根草也沒有，只有蒿屬植物與充滿塵土的街道與凌亂的環境，看起來彷彿我們來到地球的盡頭。」[61]

當威爾金森．波利太太發現她與家人受騙上當，不禁以淚洗面；他們花光所有的積蓄，把自己的未來下注在一場騙局上。陽光炙烤的低地與帳篷城市，完全認不出是鐵路公司廣告與宣傳品描述的伊甸園。但威爾金森・波利太太卻被載入史冊成為比靈斯的開拓先驅，因為她與她的家人創造了自己的未來。一旦他們自願進入鐵路公司與不動產開發商推廣的私有財產制與傑弗遜式獨立的意識形態架構，他們就成為自身不幸的主要推手。

鐵路公司為蒙大拿州製造出開拓者的數十年後，內務人民委員部也開始擔負起為哈薩克農業屯墾區提供被放逐者的任務。[62]除了卡爾拉格，內務人民委員部流放了數萬人到哈薩克北部，讓他們在卡拉干達不斷成長的新工業中心外圍處女地耕作，不過這些土地多半是農業邊緣地。[63]為了最有效地殖民與利用土地，內務人民委員部古拉格勞改殖民地部門將土地劃分成二十四萬到四十八萬個方格，每格一英畝，以做為未來集體農場之用，平均每個農場有三百戶被放逐者家庭。[64]

瑪麗亞・安澤傑夫斯卡亞（Maria Andzejevskaya）在一九二〇年代出生於烏克蘭一個小村落。一九三六年某個夏日，內務人民委員部的安全人員敲門，他們告訴瑪麗亞的父母，他們有一個星期的時間打包行李，之後他們將被重新安置到哈薩克。村裡沒有人知道哈薩克在哪裡，但之後他們得知哈薩克位於南方，土地廣大，每個人都有田可耕。[65]對許多人來說，再安置計畫，即使是強制性的，聽起來似乎是件好事；數十年來，人口擁擠與飢荒一直困擾著多沙、多沼澤的烏克蘭中部地區。[66]瑪麗亞與家人還有半數村民開始打包，並且將他們的農具、家具與牲口運上火車前往哈薩克。一九三六年，超過七萬名波裔與德裔蘇聯公民因懷疑可能與資產階級波蘭和納粹德國共謀而遭到集體放逐，瑪麗亞與其他村民也是其中之一。[67]瑪麗亞一家搭了快一個月的火車，九月中旬，當他們從擁擠的運牛列車下車時，地貌有了劇烈的變化。瑪麗亞形容當地一片空曠，只有一根高高的桿子，上面有個告示寫著，「二號屯墾區」：「他們告訴我們，我們要去哈薩克，他們會給我們土地與家園，我們會過得不錯。『那裡沒有冬天，那裡是南方（他們說的）。』『一切都會很順利。』然後他們丟下我們，這裡什麼都沒有。我們當中五個人是孩子，然後是爸爸媽媽，大家都在哭，然後可怕的事來了，夜晚降臨，我們該怎麼辦？」[68]瑪麗亞一家做了威爾金森．波利太太做的事。他們以草皮蓋房子，在泥屋裡，他們必須忍受濕氣、蛇與蟲子。他們靠著越來越少的存糧熬過第一個冬天，當糧食吃完，他們就以衣服與盤子與哈薩克人換取肉類與麵粉。他們學習收集糞便與草叢來焚燒取暖，以度過零度以下的漫長寒冬。他們學會辨識暴風雪來臨的前兆，以及在外頭一旦不幸遭遇暴風雪如何倖免於難。簡言之，他們學會如何生存下去。

開拓者與被放逐者有何不同？乍看之下，這兩種人不屬於同一類。開拓者自願前往蒙大拿州開墾荒地；被放逐者被粗魯地強迫離開家園前往哈薩克大草原處女地。然而，如果仔細檢視，自由意志與強制這兩種類別會逐漸融合在一起。威爾金森．波利太太一家人受到城市宣傳與鐵路公司廣告的影響，相信蒙大拿州充滿希望，因此選擇搬到當地；內務人民委員部官員花言巧語地讓瑪麗亞．安澤傑夫斯卡亞一家相信去哈薩克會有光明的未來。瑪麗亞一家人是在別無選擇的狀況下前往，但有證據顯示，許多瑪麗亞的鄰居自願前往，有些人甚至要求被列入放逐名單之中，這樣他們就可以去中亞碰碰運氣，因為他們聽說那裡有許多未開墾的土地——處女地，威爾金森．波利太太也是基於同樣的動機長途跋涉前往蒙大拿州。[69]

但我們也不能過度誇大這樣的比較，一旦到了哈薩克，瑪麗亞一家就受到法律限制，不能離開他們的村落，而且每個月都必須向地方長官報到。[70]威爾金森．波利太太一家只要有別的地方可去，有錢可以動身，那麼他們隨時可以離開。事實上，如果農作物歉收而且銀行宣布拍賣他們的抵押物，那麼他們可能不得不離開。許多人主張自由意志的有無至關重要，被法令限制在一個地方，與被債務限制在一個地方（或驅策到一個地方），兩者完全不同。這樣的主張雖然正確，但這些差異本身卻指向一連串的類似性，最終會使人懷疑蘇聯與美國之間是否真的不可通約（incommensurability）。因為在這兩種類別裡，民眾都成為控制廣大領土的巨大計畫裡的自願與非自願工具，目的都是為了將草原變成現金作物。在這兩個地方，家庭都被美好的未來願景矇騙。一旦他們抵達，無論是開拓者還是被放逐者都表達出一種無力感，並且隱約感受到自己的生活受到外在力量的控制。

蒙大拿州民眾每隔一段時間就會抱怨大企業與鐵路公司的權力，他們的力量似乎無所不在，透過設定價格、僱用、開除、索價過高與給薪太低來控制民眾。一九一二年，墨菲（J. C. Murphy）發表了反對蒙大拿州企業的長篇諷刺文章。其中部分內容摘錄如下：

**不到十年的時間，整個州的物質財富受到聯合控制……整個州巨大的水力與電力資源絕大多數全落入一家公司之手……整個州的銀行業實際上全受到由同一個利害關係人擁有的單一連鎖銀行的宰制，削減領薪者的獲利，使他們在工業重鎮的生活條件與被束縛的奴隸沒什麼兩樣，將公共新聞媒體的功能轉變成壓制知識的完美組織機器……這一切都是無法無天的聯合企業造成的……而他們全聽命於不在本地的大老闆。**[71]

大企業繼續蠶食鯨吞，大老闆繼續待在外地。墨菲無法實際看到宰制的源頭；這股宰制的力量來自各處，也充斥各處。在卡拉干達，我遇到一群長者，他們過去都是被放逐者，我問他們，誰該為他們的監禁負責。聲音隨即響起：「體制。」「黨。」「史達林。」「莫斯科。」那衛兵呢？你的鄰居呢？同樣地，大家異口同聲地說：「那不是他們的錯。他們沒有選擇。他們是好人。他們只是奉令行事。」[72]

卡拉干達的前被放逐者認為自己的人生被捲入「體制」之中，這個體制如此龐大，吞沒了每個人，即使是衛兵也不例外。十九、二十世紀之交，蒙大拿州的開拓者對於大企業也表達了類似的不安，大企業似乎每一次都搶先他們一步。「公司」與「黨」，這兩個沒有臉孔、四散擴延的事物，似乎充斥在哈薩克與蒙大拿州居民生活的每個角落，這些統治他們的無實體、轉眼即逝的力量，他們似乎怎麼樣都無法看清。

第一年，開拓者與被放逐者開墾充滿礦物質的草原處女地，作物的成長令他們印象深刻。經過數年相對較多的雨量與溫和的氣候，作物的成長依然繁茂。哈薩克的開拓者對於一九三七年到一九三九年之間的收成有著美好回憶，正如蒙大拿州的開拓者依然對一九〇九年到一九一七年的豐年津津樂道一樣。[73]但是不可避免的，旱災緊隨雨水而來。旱災帶來了沙塵。過度耕作與裸露的土壤，在遇到旱年時容易隨風飛揚。哈薩克與蒙大拿州的開拓者都提到風沙大到「讓你看不見馬的耳朵」。他們提到沙塵暴時就好像提到蝗災一樣，蝗蟲不僅吃掉衰弱的作物，也把衣服與皮革吃個精光。這些是飢餓的年份。更糟的是，一次大戰後，小麥的價格暴跌，蒙大拿州旱地的農民受到銀行家的逼迫。伯妮絲·麥可基（Bernice McGee）的父親是挪威移民，他在比靈斯附近的丘陵地開墾。伯妮絲說，每年秋天，她的父親會賣掉作物，到銀行清償同年春天為了購買種子與補給品而貸的款項。但是他清償貸款之後，就沒有錢讓家人過冬，於是他只好再貸一筆款子，利息、還款與焦慮周而復始地循環。[74]對於哈薩克的被放逐者來說，稅率每年都在提升，特別是二次世界大戰來臨前夕。五十年後，瑪麗亞還記得當時的稅率：「三十六公升牛奶。一年八公斤精煉奶油。每戶一年二百公斤肉類。那就是一整頭牛吧！」[75]

在大草原與大平原上耕作生活，最大的障礙是水源，或者說是缺水。卡拉干達與比靈斯所在的地區降雨量大致相同，從接近乾旱程度的每年八英寸降雨量，到可進行農耕的十七英寸。因此，這兩個地方的農耕只能靠灌溉來維持，但灌溉顯然是一種奢望，因為這兩個地方就連飲用水也相當缺乏。在卡拉干達，人們必須用馬匹或駱駝拉著車輛運水。在比靈斯，居民以一桶五十分錢的代價從黃石河運送飲水。要讓土地肥沃，水源絕不可少，但大規模灌溉需要集中資本與勞動，無論是個別農民的財力還是周邊城市社群的集體能量都無法辦到。在比靈斯，土地公司的管理人員為了吸引開拓者，承諾在未來二十年將會挖掘「大溝渠」，但他們始終未能完成這項工程。直到一九〇〇年，聯邦政府支持灌溉計畫，這才有了足夠的資本挖掘一連串的運河與貯水池。[76]在卡拉干達，中央政府斥資數十萬盧布挖掘一條長二十四公里的運河，而卡爾拉格也動用人數膨脹到數千人的勞動力來進行挖掘，但還是花了四年的時間，而且僅能供應城市與數百英畝的農地使用。[77]灌溉工程為大陸大草原的大規模屯墾區提供了隱喻。灌溉工程需要的金錢以及勞動與機械的集中程度，只有政府預算、外部資本與專門知識才負擔得起，這使得乾燥大草原與大平原上的農民必須完全仰賴政府的慷慨協助才能活下去。[78]

換言之，湯馬斯・傑弗遜（Thomas Jefferson）設想的小家庭農場無法在北

作者與古拉格倖存者及勞動軍工人艾拉・史密特（Ella Schmidt）攝於卡爾拉格遺址。（David Bamford 提供）

美大平原繁榮起來。為了年復一年種植可預測獲利的作物，農民需要灌溉，理想上還需要使用重機械，並且施肥以提升土壤的肥力。蒙大拿州農業發展的長拱形顯示大型農業企業農場——美國版的集體農場——取代了小開拓者，前者的農田廣大，機器是不可或缺之物，需要流動性的勞動力來生產高收益現金作物以支付上述生產成本。在卡爾拉格，內務人民委員部專門設立大規模農場工廠，甚至成立模範農場推廣旱地農耕技術，就像弗雷德里克・比靈斯的兒子帕爾姆里（Parmly）將家族牧場改造成「科學」運作的模範一樣。[79]

哈薩克與蒙大拿州兩地的大型企業農場，工作經驗的差異不大。瑪格麗特・布伯（Margarete Buber）是德國社會主義者，她在一九三〇年代生活於蘇聯。一九三八年，她遭到逮捕並且被送到卡爾拉格，罪名是叛國。她身為蘇聯囚犯的故事相信大家耳熟能詳。她忍受寒冷與飢餓，住在骯髒破爛的屋子裡，到處都是蟲子，晚上則睡在硬木板上。她在卡爾拉格的甜菜田工作，除了收成打穀，還運水到田裡，剷堆肥，為鐵路公司挖掘溝渠，整理蔬菜以及為商用菜園除草。她描述在卡爾拉格的兩年期間，她每天忙個不停。一件工作做完了，她會和其他犯人一起整隊前往另一個巨大營區，然後被分派新的工作。她形容古拉格體制就像「奴隸托拉斯」：「只要有需要勞力的地方，國家政治警察就會派犯人過去。他們在西伯利亞中部與卡累利阿（Karelia）砍伐木材，在烏拉山脈（Urals）的重工業區工作，在哈薩克大草原開墾，在科雷馬（Kolyma）開採金礦，在西伯利亞遠東地區建立城鎮。」[80]

一九四二年，內務人民委員部成立第二個規模更大的「奴隸托拉斯」，這個遷徙的工人階層被稱為「勞動軍」（Labor Army）。一九四一年八月二十八日，這個日期幾乎每個卡拉干達的成年人都知道，最高蘇維埃在這天發布行政命令，將德裔民眾放逐到東方的哈薩克與西伯利亞。政府擔心這些蘇聯民眾會成為德軍入侵時的第五縱隊。[81]結果，在戰爭爆發後幾個月，超過一百萬德裔民眾被迫離開故鄉到數千英里以外的地方。內務人民委員部徵召被迫移居外地的德裔蘇聯被放逐者，將他們編組成勞動軍，在蘇聯的亞洲後方從事製造、挖擴與耕作以支持前線的紅軍。

當然，在比靈斯沒有內務人民委員部組織勞動力。但是，比靈斯有廣大的甜菜田，任何一個農戶都無法靠一己之力播種、除草、收成這些甜菜田，也不可能獨力將甜菜運送到比靈斯製糖廠。在此同時，在十九、二十世紀之交的紐約，相同的德裔俄國家庭的親戚抵達埃利斯島，他們穿著自己編織的衣物、說著古老的德國方言。他們幾乎沒有人會說英語，但有些人看到密爾瓦基鐵路公司（Milwaukee Railroad）的海報，農夫鼓脹著二頭肌，耕種著金幣田，在他身後是一幅鐵路直達比靈斯的地圖。有些人則受到俄文鐵路招募廣告的吸引，鐵路公司承諾給他們一張廉價的火車票前往北美大平原。德裔俄國人來美國通常沒有任何現金或資產，幾乎沒有人買得起土地與建立自己的農場。德裔俄國人於是成為北美大平原甜菜勞動力的一部分，在內布拉斯加州（Nebraska）、堪薩斯州（Kansas）、愛達荷州與蒙大拿州的田裡工作。[82]在俄國，他們獨立耕作；在北美，他們進入到農業僱傭勞動的世界。

這是個居住起來必須仰人鼻息的世界。工作總是零零星星，酬勞也給得不情不願。冬天很漫長，無法耕種，領不到酬勞。夏天時，父母與子女整天都在田裡工作，他們蹲伏著身子沿著成排的甜菜緩緩前進，做著封堵、疏枝與除草的工作。痛苦、累人的田間工作對一些家庭來說是值得的，他們最終存夠了錢買了自己的農地。但也有一些家庭數十年來一直是流動勞工，乾旱時期農地被銀行拍賣時，流動勞工的人數還會進一步增加。舉例來說，大衛．K一家於一九〇三年從俄國南部來到美國。三十年後，一九三六年，州救濟局一名社工發現大衛．K一家人「住在只有兩房的破爛棚屋里」，屋內沒有暖氣，她在訪談時必須穿著大衣才能禦寒。一九二〇年代，大衛．K與妻子貸款買了一小塊田地。「但有一年沒有下雨，所以沒有收成；隔年下了太多雨，而且黑鏽破壞了作物；又過一年，霜害破壞了大部分作物，之後每一年都有一些災害造成損失。」[83]有一回，豬得了霍亂，之後，火車撞死了馬匹。簡言之，農場未能繁盛起來。於是大衛．K把田賣掉，買了一輛二手車，載著家人出發。他們成為流動勞工，遊走於北達科他州（North Dakota）、愛達荷州與加州的農場，種植「洋蔥、馬鈴薯，尤其是甜菜。」大衛．K的妻子生了十一個小孩，訪談者發現她「健康狀況不佳，身體極為疲憊，而且衣衫襤褸」，最小的孩子還需要哺乳。三個男孩營養不良而且「衣不蔽體，相當引人注意」。小女孩蘿絲「蓬頭垢面，患有感冒與皮膚病」。家中沒有人完成小學學業。絕大多數念到小學三年級就輟學。[84]

來自俄羅斯的德裔移民負責除草的甜菜田就在比靈斯市郊；德裔俄羅斯人負責除草的甜菜田則在卡拉干達附近。這兩個群體成為流動勞工的過程相當不同，其中的差異取決於強制與自由意志。然而，結果——成為流動勞動力的一員——都很類似，生活品質也一樣糟糕。卡拉干達與蒙大拿州的德裔俄羅斯人不僅靠著家庭紐帶連結起來，而且也從屬於持續擴張的新農業紀律，這種紀律的基礎就是廉價而流動的勞動力。[85]他們的生活條件——貧困的居住區、長工時、低薪、沒有晉升的機會以及持續的流動——束縛了他們，即使日後德裔俄羅斯人的社群瓦解，狀況也依然沒有改善。由於流動勞工的關係——無論合法或非法——美國一直不缺乏無技術勞工。移民過剩與獨特而難以馴服的市場力量產生的流動與廉價勞動力，與內務人民委員部藉由中央計畫圖、流動指令、徵用火車與武裝士兵產生的勞動力如出一轍。市場看不見的手與美國寬鬆的移民政策產生的流動勞動力，與蘇聯內務人民委員部以徵召產生的流動勞動力，兩者在規模上不分軒輊，而前者幾乎不需要使用武力。

哈薩克的被放逐者與蒙大拿州的開拓者之間當然還有其他差異。一個主要的差異是記憶。蒙大拿州的開拓者被視為重要人物，他們以勇氣、汗水與各種口號重塑西部、擊退印第安人、開拓處女地，以此象徵自由與獨立的美國立國精神。另一方面，蘇聯的被放逐者則被當成冷酷毫無人性的政權的受害者，他們獲得紀念，並且成為蘇聯歷史受難者的象徵。[86]這些人被驅趕到大草原，居住在強風吹襲的大平原，照片中的他們經常是以骨瘦如柴的飢餓兒童與揹著啼哭嬰孩的削瘦婦女形象出現。相形之下，開拓者的形象則是男性，他們手裡握著斧頭，下巴流露出堅毅的線條，一副意志堅定的樣子。開拓者不需要別人的協助，一切自力更生。

哈薩克的前囚犯與被放逐者，與殘酷政權受害者的記憶緊緊綁在一起。這是他們人生的後設敘事，他們不會自責造成牧民的損失，也不會以浪漫的方式形容邊疆的農業與工業生活。與哈薩克不同，美國西部有一股追憶過去的衝動。如果經過蒙大拿州，你會看到廣告看牌與路邊小攤子迴盪著特定樣式的過去幽靈：死去的印第安人，死去的囚犯，消失已久的牛仔，荒廢的家庭農場，流離失所的礦工。美國城市青少年絕大多數不願以汗水換取薪資，但他們卻穿著農夫穿的卡哈特（Carhartt）厚牛仔褲四處走動；郊區居民使用的明明是平整的林蔭大道，卻開著農場工人的粗獷吉普車。詹姆斯・布萊斯的預言終於成真：美國人急功近利的心態引發的懷舊熱潮，實際上是埋葬了過去，同時又越來越看不清未來。這種對過去遭到破壞的惋惜之情，與現代生活密不可分；這顯示出在美國，伴隨成功擴張的現代性而來的破壞，要比在前蘇聯來得徹底。

一個寒冷下雨的星期天，首波冬日寒風吹襲著雨水，雨滴像鉛彈一樣打在卡拉干達德國文化中心的窗戶上。一群曾是勞動軍徵召成員的年長者圍著一張長桌坐著。對於自己在卡拉干達工業區創立時扮演的角色，他們每個人都有故事可說，而且說的時候不等別人說完，自己就急著插進去說。眾人的聲音像合唱一樣此起彼落，描述著漫長歲月的工作、侮辱、匱乏與需要，當然在一些小處還是可見人性的光輝，而同志間的提攜也協助他們倖存下來。桌角一名個子嬌小的女性開始說話，她的名字叫瑪麗亞・威瑪（Maria Weimar）：

他們帶我們來這裡〔卡拉干達〕，到第八十九號礦場。我們一抵達，他們就把我們安置在區裡。區的周圍設有高聳的柵欄，柵欄頂端圍上三層鐵絲網。每個角落設有守衛塔與檢查站。我們被護送前去工作，在礦場列隊站好

**等候點名。早上七點，我們被帶出區外，八點，我們應該在礦區準備上工。我們每十二小時一班……從早上八點工作到晚上八點……輸送帶不斷運轉，我們要挑出礦渣。你必須一整天迅速地挑出石頭。十二個小時不休息。**[87]

在匹茲堡（Pittsburgh），波蘭移民在煉鋼廠工作，一天十二小時，一個星期七天。如果想休息一天，就必須連續工作二十四小時。在烏拉山區，被徵召的波裔蘇聯人每十二小時一班不斷挖礦，瑪麗亞・威瑪也是同樣的工作時數，每天待在地底下，從一九四三年到一九四七年，幾乎全年無休。第一次世界大戰期間，在維吉尼亞州（Virginia），男孩們在碎煤機前工作，他們的肩膀因為寒冷與害怕工頭而聳起，並且在輸送帶前彎著腰挑出礦渣。數十年後，這些孩子已成為老人，他們形容碎煤機就像「地獄」，而且與瑪麗亞・威瑪一樣，他們抱怨最多的是持續不斷地挑出尖銳凹凸的石塊，讓他們的手起水泡與割傷。與在卡拉干達第八十九號礦場工作的瑪麗亞一樣，這些男孩是出於需要與恐懼而工作。相同的機器，相同的組織與生產熱潮，相同的全年無休與致命意外，令人窒息的空氣，汙穢不堪的肺，殘缺不全的身體，以及呆滯而疲憊的眼神。這樣的結果並不令人意外，在勞動史領域，姓名、日期與地方最終都會變得模糊不清，僅能在肌肉疼痛的長聲嘆息中結束。

嘆息聲顯示了工業勞工的身體經驗，而無論是在資本主義或共產主義之下，這些嘆息聲都是一樣的，因為相同的格子延伸的不只是空間，也包括時間、生產過程以及最終的生命。[88]時間被格子劃分成時間表（透過鐵路加以設定與校準）；物質被繪製成生產配額；身體被劃分成單元加以嚴格管理。在這種方式下，我們可以離開卡拉干達，退回到另一場戰爭，另一個地方：一九一七年的蒙大拿州比尤特。礦工在地下隧道挖掘了數千英里，開採銅礦以提供美國作戰所需。阿那孔達礦業公司（Anaconda Mining Company）的工頭持續增加生產配額以滿足需求，礦工必須努力開採直到他們再也挖不動為止。他們在地底下挖得越深，溫度就越高；往下挖了兩千英尺之後，溫度達到華氏一百一十七度（攝氏四十七度）。[89]鑽頭揚起的沙土在潮濕的空氣中盤旋，還有人類與野獸的氣味，爆破產生的粉塵，腐爛的食物，以及被口水浸濕的菸草。在地表上，含有硫磺的煙霧往上翻騰，飄浮在裸露滾燙的礦石上方。居民在鎮上行走，嘴上必須蒙上濕布，正午時還必須提著燈。銅礦大亨威廉・克拉克（William A. Clark）宣稱煙霧有益健康，可以做為疾病的消毒劑。他還說，空中飄浮的砷讓比尤特的婦女擁有美麗、白皙的氣色。[90]那是一個但丁（Dante）可以辨識出來的場景，然而到了六月八日晚上，更可怕的事情發生了，從礦坑裡伸出巨大的火舌，造成一百六十八人死亡，這是美國礦業史上最慘痛的災難事件。

爆炸發生後，金屬礦業工人聯盟（Metal Mine Workers' Union）要求額外的安全措施。當公司拒絕聯盟要求時，一萬五千名工人關閉礦場，這是數年來比尤特第二次宣布戒嚴。往後一年半，國民兵部隊在圍著高牆的郡法院統治比尤特。在此同時，州立法機關通過蒙大拿州煽動法（Montana Sedition Act），禁止「不忠」的言論與作品，將驅逐出境合法化，而且宣布世界產業工人（Wobblies）為非法。平克頓偵探事務所（Pinkerton）潛伏在城市各處，滲透與揭發煽動性組織。然而，世界產業工人依然與其他工會組成工人糾察隊，一九二〇年四月，軍隊在內維斯維特（Neversweat）礦場前對糾察隊開火，造成兩人死亡，十三人受傷。這起事件之後，蒙大拿州州長解散國民兵，要求調派美國正規陸軍，由陸軍駐防城市維持礦場運作。

然而，若就此認為比尤特在最景氣的年代整座城市成了一座軍營，那麼這種想法也過於化約。絕大多數礦工不需要槍砲與士兵逼迫他們上工。他們是自願前往；薪水支票以及帳單與債務迫使他們待在地底下。戰爭結束，銅的需求下跌，礦工因此生活在礦場可能關閉的恐懼之中。此外，相較於地上激烈的勞資對峙，地底下的工作屬於自由勞動關係，而礦工的喪生更多是發生在地底下。今日，比尤特的居民是根據工作週來估計死亡人數。他們說，從礦場營運的這百年來，每星期都有一名礦工死亡。官方估計的意外死亡人數是兩千人，遠少於當地人的估計；然而，沒有人知道有多少礦工死於肺病與「自然」死因，這些死因不僅縮短了預期壽命，也讓城市充滿了寡婦。

哈薩克與蒙大拿州的類似之處，主要反映在兩個快速工業化、急速成長與貪得無饜的國家的轉變上。在廉價化石燃料的驅動下，這兩個國家從原本小規模的地方經濟，一躍成為國家乃至於帝國規模的經濟體。透過引誘與強制，透過提供機會並從中參雜威脅，透過將時間、空間與物質劃分成彼此分離的單元，蘇聯官員與美國資本家得以召集人力來建造與榨取，並且建造能建造更多機器的機器，使更多資源的榨取更為簡便快速。機器與操作機器的人力，需要耗費更多的煤、鋼鐵、礦石、石油與天然氣，甚至更多的生命。除了人力，這些資源都無法再生。一八八〇年到一九〇〇年，美國因為工作死亡的工人有七十萬人。[91] 一九三四年到一九四〇年，蘇聯勞改營有二十三萬九千名強制勞動者死亡。[92]這些死亡人數並未減緩工業擴張的速度，因為移民——無論合法還是非法——仍源源不絕地湧入美國，而在蘇聯，總是可以揪出更多的「人民公敵」，而孩子可以無止盡地生產出來。（一九三五年，在工業化熱潮的高峰時期，蘇聯政府宣布墮胎為非法，並且表揚生育十名或十名以上子女的母親，稱呼她們為「英雄」。）巧合的是，數十年來，同樣人口擁擠的中歐鄉間地區，居然成為兩個初生超級強權取之不盡用之不竭的人力來源。但是故事並未在此結束。隨著工業空間將地貌劃分成一個個的方格，在土地上生活的移民與犯人也隨之遭到劃分，不同的是劃分的基礎是階級與種族。

今日，沿著蒙大拿州九十號州際公路奔馳的遊客，可以在比尤特停留幾分鐘，前往柏克利礦坑（Berkeley Pit）上方的延伸平台參觀。柏克利礦坑曾是「世上礦藏最豐富的山丘」，現在卻成為寬一英里、深一英里的洞穴，在經過一百年的開採後，洞穴裡充滿有毒物質。在平台上，遊客可以簡短聆聽錄音訊息，裡面描述礦坑的歷史以及從這些暗黃色崖壁開採出來的財富。訊息播放完畢後，遊客會聽到怪異的鳴聲，這是為了發出警告，避免鳥類降落到坑裡，因為坑中充滿足以液化鋼鐵的酸性物質。當遊客凝視這座美國最大的超級基金（Superfund）廢棄物清理地點時，他們無法再看到過去曾座落在這座山丘之上的鄰里社區，畢竟到了現在連山丘本身也不復存在。

雖然城市將近一半已經消失，但比尤特居民依然能詳述開採時期建立的心靈地理。他們說，在城市東邊，愛爾蘭人住在山丘上的都柏林峽谷（Dublin Gulch），這個地方位於芬蘭人住的芬蘭區（Finntown）的上方，較高的地勢使愛爾蘭人在與芬蘭人經常的鬥毆中占了上風。義大利人與斯拉夫人住在米德維爾（Meraderville），想像一下，這個地方就位在今天礦坑的上方。甘藍菜田（Cabbage Patch）位於礦坑的崖壁，這裡過去住著墨西哥人、印第安人與非裔美國人，他們的房子只存在很短暫的時間，今日這裡只留下空蕩蕩畫了格子的土地。比尤特的西邊矗立著銅礦大亨的維多利亞式宅邸。這些宅邸設有像城堡一樣的小塔樓，可以眺望緊鄰著礦場黑色井架的礦工房屋。

在卡拉干達，和在比尤特一樣，居民依照階級、族裔與種族加以劃分。一九四一年，有四萬一千名囚犯在卡爾拉格工作，每個月抵達的被放逐者有數千人，城市人口因此不斷膨脹。當犯人整隊離開圍著高牆的營區，前往沒有柵欄的勞動地點時，士兵們必須沿街巡邏。設有圍牆的區域相當重要，因為內務人民委員部必須隔離不同狀況的犯人，這些犯人依情節不同對自由設有不同的限制——政治犯、德國戰俘、戰時被監禁的德裔與波裔蘇聯公民，以及一般的刑事犯。[93]被徵召來的德裔蘇聯勞動軍住在一個區。德國戰俘住在另一個區，與日本戰俘住的區相鄰但分隔開來。隨著戰爭持續，越來越多有嫌疑的種族群體被送進這個看守區：烏克蘭人、波蘭人、卡爾梅克人（Kalmyks）、巴什基爾人（Bashkirs）、車臣人。[94]每個群體分別被分配到某個村落或某個區居住，並且被告知不准隨意離開住處。分區居住意謂絕大多數人仍待在他們原先被安置的地方，這樣反而加強了他們的種族連繫與少數族群認同——諷刺的是，當初這些人就是因為這些原因才被放逐。然而即使給他們選擇的機會，俄羅斯與哈薩克的自由人口依然希望與對方分開居住。在絕大多數的工廠中，俄羅斯人與哈薩克人住在不同的宿舍裡，但在某個工廠，俄羅斯與哈薩克工人必須一起住在同一間工棚裡，結果工人們居然自己從中間砌了一道牆隔開彼此。[95]

內務人民委員部針對犯人與流放者進行強制、分區與看守隔離，這種做法與比尤特各移民族群選擇居住在彼此區隔的鄰里有何關聯？移民會尋求共同的語言與文化做為緩衝，以緩和遷徙與同化帶來的衝擊，這種做法相當合理。然而奇怪的是，一九〇五年時，一名來自西利西亞（Silesia）——位於哈布斯堡（Habsburg）帝國南方——的波蘭人，與一名來自馬祖里（Mazuria）屬於沙俄人民的波蘭人，兩者之間少有共同之處。這兩個波蘭人在政治上來自不同的國家，有著不同的風俗習慣，就算兩人使用的不是不能相互理解的語言，卻也是不同的波蘭方言。馬祖里人與西利西亞人在舊世界鮮有共通之處，為什麼到了新世界會結合成一個波蘭社群？

促使波蘭人與其他移民族群分區居住的力量，來自工業時代。在美國，從一八八〇年到一九二〇年，民眾工作與生產商品的方式出現重大變化，從而影響了民眾居住的方式與地點。企業科層從上而下組織生產。當生產決策沿著延伸的階序往上移動時，技術勞工被指揮無技術勞工的工頭取代。工頭與工人的關係逐漸陷入彼此對立的狀態，因為工頭被迫要持續增加生產，而為了增加生產，就必須以遣散與減薪來威脅工人。[96]工人為了反制，於是組織工會。為了對抗工會，企業改變了僱用方針，轉而僱用移民勞工，因為移民的英語不佳，不太可能參與工會。在工廠車間，移民勞工透過語言形成群體，使工作能更順利地進行，逐漸地，工作場所開始被區隔起來。在此同時，本土工人開始憎恨這些破壞罷工、拉低薪資的移民，並且在工作場所之外排擠他們，不讓移民進入他們的社交與居住圈。移民被下放從事最底層的勞動，升遷的速度也比本土工人來得慢。這種待遇以及被貼上「外人」、「異類」與「低等」標籤的經驗，使種族群體成員結合起來採取防衛的態度。因此，移民社區與他們專有的教堂、學校及兄弟會，具體形成一種一致對外的心態。每個群體都試圖在被定義為「國籍」的模糊且能輕易滲透的疆界內開拓出自己的空間，群體中的年輕人會來回巡視，禁止群體以外的人穿越這條無形的種族與階級界線。[97]

換言之，比尤特與卡拉干達的種族區隔與種族較無關聯，而與規訓較有關係。當階序與價值被用來區隔與標準化裝配線上的生產階段時，同樣的流程也在工廠內外對工人施予常規化與區隔。格子狀的空間起初對中亞與北美大平原的開拓做了大規模的安排，但之後也在居住於大平原與大草原的民眾身上留下持久的印記，因為從某個角度來說，這些抽象的測量線最後轉變成了疆界。疆界將標籤固定在空間上，決定誰在裡面與誰在外面。然而，疆界是可滲透的，因此蒙大拿州與卡拉干達的疆界線逐漸地轉變成高牆、法律與社會習慣，而這些卻能用來定義誰是外國人而誰是本國人，誰是犯人而誰是守衛，誰住在移民營而誰住在富裕的東側。或許因為如此，同樣的格子在美國西部與蘇聯中亞延伸——不僅因為地形與效率，也因為現代主義二分法的偉大結構建立的都市空間，把格子當成最能有效控制空間的工具，將空間區隔成各自獨立且不斷細分的單元。每個單元都可以標記成排他或獎勵之物；每個單元都可以被安排在階序之中，在正常與異常的持續劃分中受到指導與觀察。

儘管美蘇兩國都建立在革命上，並且因為快速都市化而成長茁壯，但兩國的領導人卻不信任都市空間的革命性與自發性，想方設法要摧毀它。透過直線與格子的力量，美蘇的領導人計畫建立新的「花園城市」，透過寬闊可防止暴動的大街來去除十九世紀城市的不可預測性與無政府主義。[98]結果，不斷擴張的美國企業力量與不斷擴張的蘇聯黨國力量，將反革命保守主義蝕刻在二十世紀的都市景觀上。或許因為如此，卡拉干達與比靈斯未能散發出像紐約或莫斯科那樣的能量，相反地，它們產生一種高不成低不就無精打采的情緒，就像等待裝貨的貨櫃，或者如傅柯（Foucault）所說的「完全治理的城市」烏托邦。正是這種企求格子狀秩序與規訓的烏托邦願景，將鐵路城市比靈斯與監獄城市卡拉干達連繫在一起。

即使二次大戰結束，瑪麗亞．威瑪依然和之前一樣，以被徵召的勞動軍身分繼續在第八十九號礦場工作。有些事情改變了：麵包配給量從八百公克增加到一公斤──瑪麗亞說，「一天一公斤的麵包，保證不會挨餓。」──礦場管理人員也成立文化啟蒙俱樂部，被徵召者每天晚上一起演奏音樂與跳舞。然後，一九四七年某個早上，瑪麗亞一如以往起床後出門到餐廳去，她發現長久以來拘禁她的柵欄已經倒下：[99]

> 我們走出營區，看到柵欄，我們嚇了一跳。「哇，柵欄倒下來了，」我說道。沒有人告訴我們發生了什麼事。我們沒有繼續往前走，我們害怕走出去。我們怎麼能出去？隊上的長官走過來。他是個好人，他說：「女士們，妳們自由了。妳們想去哪裡就可以去哪裡。」我們對彼此說：「我們已經習慣這裡了，我們還能去哪裡？」[100]

在卡拉干達鐵絲網柵欄倒下前數十年，比尤特的另一座礦場關閉了，而比靈斯附近另一座農場則遭到抵押拍賣；生產鏈上生鏽的經濟環節逐漸崩潰瓦解。被銀行抵押借款綁住的農民少了一個；另一群礦工則從水深火熱的礦坑中解放。沒有了柵欄，瑪麗亞與其他犯人不知道自己該去哪裡，因為沒有了柵欄，他們就失去了家、工作或生計，一時間似乎遠不如過去貧乏的時期。一次大戰結束後，比尤特的失業礦工沾滿煤灰的臉龐也因為恐懼而扭曲。當礦業公司關閉，拒絕再剝削工人時，礦工上街抗議捍衛他們的危險工作、低薪與呼吸有毒空氣的權利。或許我們不需要過於深究監獄的本質，從另一個角度看，監獄也許反映出某種弦外之音。我們很少注意生產鏈致命的吸引力，以及消費的衝動帶領我們深入到勞動之中，然後讓我們對於勞動摧毀的一切後悔不已。我們一直被徵召建造我們自己的柵欄，而且我們喜歡我們的柵欄，或至少我們已經習慣了柵欄，因此就像瑪麗亞一樣，當柵欄倒下時，我們會在冰冷的霧氣中長嘆或發出悔恨的氣息。

# seven

# 第七章：鐵鏽帶，返鄉憶往

# Returning Home to Rustalgia

DISPATCHES FROM DYSTOPIA

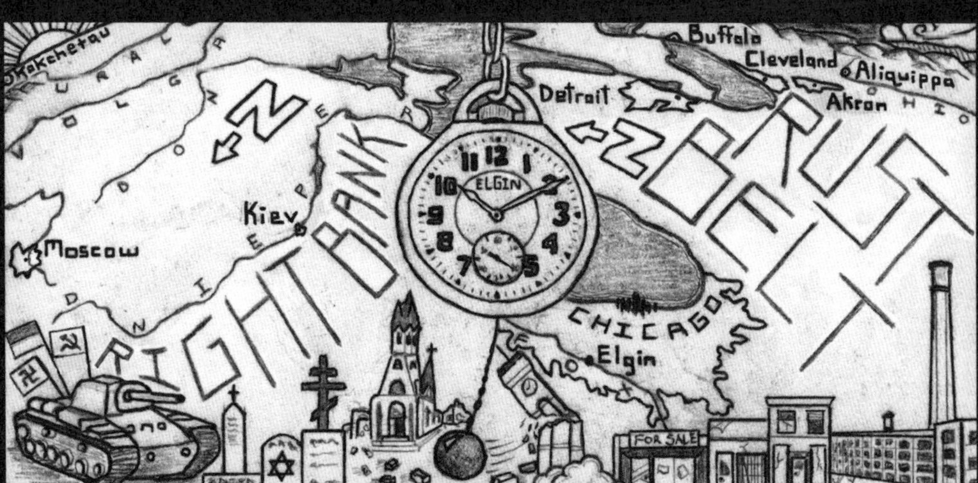

一九九七年秋天，我搭機抵達哈薩克北部，緊追著一九三六年從烏克蘭被放逐到哈薩克的村民（畢竟我是一名歷史學家）。[1]當時，哈薩克正處於經濟危機，當火車在凌晨三點抵達科克舍套時，一排鍥而不捨搶著載客的計程車司機看起來充滿威脅。我選了一個年輕人，他戴的皮草帽子看起來修剪得很整齊，讓我產生信任感。驅車前往旅館路上，他告訴我他曾是奧運選手，一名長距離跑者。他曾到世界各地參加比賽，但現在獨立的哈薩克沒有錢支持體育選手，他懊悔地說，他只好開計程車為生。在科克舍套最好的旅館，接待人員坐在環狀燈光下，整個大廳除了這盞燈，其他地方都黑漆漆的。她穿著冬季大衣，睡眼惺忪地把鑰匙遞給我。我住的房間就像城市其他部分一樣，沒有暖氣，不僅冷得像座墳墓，看起來也像。浴室裂開的鏡子上，妓女用口紅潦草地寫下訊息，內容讀起來像是自殺遺書，令人感到不安。我讓天花板的燈開著，看起來能溫暖一些。我躺在床上，難以入眠，覺得又冷又可悲，我看到一隻蒼蠅繞著電燈泡轉圈圈，燈光投射出蒼蠅變長的身影，沿著四面牆壁繞啊繞。當巨大的蒼蠅不斷轉圈之時，我的思鄉病也越陷越深。我在這裡做什麼？我為什麼要找這樣的地方，讓這四面牆勾起我的思鄉情緒？

表面上看來，我撰寫的是右岸烏克蘭的「傳記」，而由於烏克蘭有大量人口被流放到哈薩克，因此我也去了哈薩克。現在回想起來，我發現當我在哈薩克旅館房間裡，我與家鄉的距離並不如表面上看來那麼遙遠。地方會受到個人認同的詳細比對。在撰寫烏克蘭與哈薩克的歷史時，我緩緩投射了些許自己的生平。拐彎抹角地，連我自己都沒察覺到的狀況下，我觸及了我在中西部鐵鏽帶的童年時光。

是什麼讓一個地方具有傳記的性質？我之所以構思右岸烏克蘭的故事，並非出於一時興起。這個地方沒有明確的認同，沒有繪製好的疆界，也未在地圖上標明適當地點。它只是一個地域，當地人為這個地域取了各種不同的名稱，地域的範圍大致以某種沙質土壤分佈的區域來界定，這種土壤幾乎無法種植現金作物。這個地區座落在今日烏克蘭中部的北方森林帶，位於前俄羅斯、波蘭與立陶宛帝國之間的平坦地面，並且深入過去沙俄的柵欄區。這裡的人口長久以來生活在不斷更迭的強權之間，就在傳記開始之時，也就是一九二〇年代中葉，當地人已經忍受了六年的世界大戰、內戰與波蘇戰爭。住在這個地區的民眾說的是混合各種口音的波蘭語、烏克蘭語、德語、意第緒語、希伯來語、白俄羅斯語與俄羅斯語。他們在天主教、俄羅斯正教、烏克蘭禮天主教（Ukrainian Uniate）與信義宗（Lutheran）教堂以及哈西迪與猶太教正統派會堂禱告。他們就像許多加入折衷派宗教社群的人一樣，這些社群會在家裡或森林中聚會，並且援引周遭的宗教傳統來獲得啟發。

這則故事裡的農村民眾絕大多數不認識字，卻會講三種語言。他們生活在偏遠的村落，有些村落一年之中會有幾個月對外隔絕，戰爭的破壞與離村落不遠處一九二一年劃定的新蘇波疆界，讓居民變得更加窮困與偏遠。國家力量距離他們很遙遠；鬼魂與聖母馬利亞的聖靈比蘇聯官吏更常造訪這些村落。[2]但是經過三十年的時間，從一九二五年到一九五五年，這些與世隔絕的窮鄉僻壤逐漸遭到掃除，取而代之的是外來者，這些外來者由於被歸類為「烏克蘭人」，因此被認為應該送來這個地區。數十年後，車諾比核電廠爆炸事件使這個地區的絕大部分在往後數百年不適合人居。簡言之，這個古老的人類居住地——烏克蘭考古學家認為這裡是「斯拉夫文明的搖籃」——在短短幾個世代的時間裡完全遭到毀滅。[3]如果地方像生命一樣，可以有一個始點與一個明確的終點，那麼我幾乎想不出有哪個地方，它們的終點——這對傳記作家來說非常重要——會比這個地方更明確。

這個地貌瀰漫的悲哀肅穆，啟發了傳記這個觀念。當我首次抵達右岸烏克蘭時，各種蕭條的景象令我驚訝。我造訪絕大多數都住著老年人的村落。有些人住的家，原來的屋主在二次世界大戰之前、期間或之後遭到逐出。他們拉出舊箱子，讓我看看前屋主留下的東西，這些物品被小心翼翼存放了五十年，說不定哪一天被放逐的家庭會重回故居。不可避免地，總會有人自發地帶我去看埋葬的土堆，說是「我們猶太人」被殺的地方。我吃力地走過雜草叢生的波蘭墓地，輕輕跨過碎裂的墓石，並且站在已經坍塌的信義宗教堂門檻前。刺耳的聲音在這些地點迴盪著，彷彿宣讀著訃聞，表達它們的失落。我在一九九〇年代中葉到這些地方旅行，當時烏克蘭的經濟陷入長期低迷，年輕人與受過教育的人都想辦法要離開烏克蘭前往俄羅斯、美國、以色列、歐洲，什麼地方都好；當時城市間的巴士已經停駛，我所居住的日托米

右岸烏克蘭村民。（作者提供）

爾市將暖氣與電力供應降低到一天幾個小時，有時甚至完全停止供應，這一切都顯示了失靈、終止、關閉與死亡。

地方文學傳統也顯示傳記被運用到地域上。舉例來說，一九三〇年代，蘇聯官員對地區進行視察並且提交「傳記」（kharaktaristika），裡面經常描述落後的腹地如何阻撓革命。[4]這些官員也在舊體制結束中看到死亡，但他們也表達了新革命社會的誕生。他們寫道，蘇維埃權力將帶來全面性的改變，將黑暗轉變成光明、救贖與重生。[5]第二類地方傳記作家包括過去生活在右岸烏克蘭的回憶錄作者。這些波蘭地主、德國農民與猶太城市居民在戰間期離鄉，在歷經滄桑之後重新拾取腦海中片段的家鄉記憶。[6]這些人受到十九世紀浪漫主義與民族主義文學的影響，在描述土地與來自這些土地的民眾時，總是賦予了特定的特徵。這些自傳讀起來像是對家鄉的禮讚，作者再也無法回到家鄉，原有的社群再也無法重建。離開「無名之地」，意謂著喪失回憶過去自己的能力，也喪失了能與他人區別的自我認同。居民的離去促成單一而標準的民族認同——波蘭人、烏克蘭人、猶太人或德國人——卻留下令人心痛的真空。撰寫回憶錄可以讓寫作者重新校準被粉碎的認同，在文化地圖上重建自己。

在閱讀這些作品的影響下，我遵循這種地理傳記傳統。如果我能描寫一個靜止不動的地方，上面有疆界、軍隊與政治意識型態持續轉換，那麼我就可以講述馬歇爾・博曼（Marshall Berman）描述的「處於進展中」的民眾故事，這裡的民眾被日漸同質化的國家領土概念所定義。[7]在國家與民族認同夾縫中生存的民眾，他們的歷史至今還沒有人撰寫，他們的故事也埋沒在彼此競爭的民族歷史裡。無論是烏克蘭人、猶太人、波蘭人還是德國人，他們都在描述右岸烏克蘭的想像社群。這些民族社群絕大多數是歷史學家想像的以及由蘇聯官方創造的。[8]記錄一塊沒有明確邊界的地方，一群沒有明確認同的人的家鄉，有助於構思一段外在於民族國家與超然於民族的歷史。民族國家與民族的歷史是促使二十世紀末「無名之地」陷入悲戚沉默的兩大力量。

然而，傳記做為一種寫作形式，本身存在著一些問題。傳記寫作帶有短暫的、心理的、稗官野史的與個人的性質，這使得歷史學家對傳記抱持懷疑的眼光。傳記過於個人，傳記描述太多自我認同與自我表述的陳舊細節，無法告訴我們廣大世界的內容。傳記做為一種寫作形式，可能會讓理應保持超然的學者過於偏向研究對象。當然，這種不夠超然的態度正是傳記在非學院讀者群中大受歡迎的主因，因為這些讀者喜歡閱讀偉大人物的事蹟，從中尋求自己人生的南針。學界對傳記的偏見，忽略了幾乎所有優秀歷史作品都仰賴史家的經驗——史家的人生歷練——才能掌握與表述過去。[9]從選擇主題，到研究與撰寫主題，歷史學家在過程中運用了自己的情感與經驗。歷史學家寫作時，通常私底下會進行猜測、想像與假設，但公開發表時，這些猜測、想像與假設絕不允許出現在學術論文上。這或許說明了為什麼我們很想了解重要歷史學家如娜塔莉・澤蒙・戴維斯（Natalie Zemon Davis）、米哈伊爾・

巴赫京或湯普森（E. P. Thompson）的生平，因為他們的生平有助於闡明他們撰寫的歷史（以及他們為什麼不撰寫其他的歷史）。換言之，傳記作家與歷史學家和他們的研究主題有著錯綜複雜的連繫。通常在歷史研究中，歷史學家顯然會特別選擇某個主題或某些主題，將希望寄託於上，期盼能獲得成功，這些主題就算在過去不算重要，至少也能算是重要的記憶。我懷疑，歷史學家如此不信任傳記，是因為傳記暴露出歷史研究帶有某種自傳色彩。

我既然主張傳記與歷史的撰寫與作者個人生平息息相關，那麼我的作品《無名之地的歷史》描寫位於中東歐一處貧困、偏遠、農村、多種族的邊疆地帶，這個主題與我自己又有什麼關係呢？當我撰寫《無名之地的歷史》時，我會說我只是對這個地方有思考的興趣。在敘事中，我偶爾運用第一人稱觀點做為啟發性的工具，來探討歷史的建構性質。但我很小心地讓我的人生經驗以及我個人對主題的認同與故事保持距離。與許多研究歷史的同事一樣，我對於一些自我揭露的做法不以為然，認為這是廉價而媚俗的行為。而乍看之下，烏克蘭中部與我的過去幾乎沒有任何關係。就我所知，我沒有斯拉夫、猶太與德國血統。我在美國最繁榮強大的時候誕生於美國工業核心地帶一個專業中產階級家庭。我出生的地方距離農村的、饑荒肆虐的、集體化的、極度政治化的、遭受轟炸的與充滿恐怖的右岸烏克蘭可說是遠到不能再遠，而且在我的心中，這個地方是二十世紀悲劇的中心。

然後我又想到，我出生的時代，是史無前例的繁榮時期，但之後卻迎來

1957 年新年，伊利諾州埃爾金的天際線，《埃爾金信使報》（*Elgin Courier-News*）。感謝埃爾金歷史協會（Elgin Historical Society）提供照片。

另一段蕭條與瓦解的時期。一九六五年，我的父母帶著人口日漸眾多的家庭定居於伊利諾州（Illinois）的埃爾金（Elgin）。我的父親是一名年輕的高中老師，在附近的農場長大，對他來說，埃爾金是一座大城市，是購買星期日上教堂時穿的衣服的地方。當時，埃爾金相當繁榮，有十幾間工廠，一間政府設立的大型精神療養院，還有熱鬧的商業區，吸引鄰近農村社區的人前來購物。城裡最大的僱主是埃爾金鐘錶公司，這家公司在一九二〇年代生產的鐘錶超過世界上任何一家工廠。[10]十九世紀中葉，這家鐘錶工廠在埃爾金落腳，遠離新英格蘭既有的鐘錶製造產業，因為在農業為主的中西部，土地與勞工都比較便宜。然而，這家公司的管理階層卻不願住在埃爾金，而選擇將總部設在三十五英里外的芝加哥。低薪對於緊隨鐘錶工廠而來的產業非常重要，也是鐘錶公司擊敗競爭者的關鍵。

十九、二十世紀之交，男性工人持續罷工抗議低薪，鐘錶公司決定解僱這些抗爭工人，轉而僱用非工會工人。工廠工人已有半數是女性，她們獲得的補償不如男性工人，而且以聽話順從著稱。往後一百年，這家公司再也沒遇到罷工，埃爾金市府以減稅、贈地的方式吸引其他廠商前來，他們甚至打出這樣的旗號：「惹事生非的人在這裡無計可施。」[11]

這種壓抑勞工與低薪的模式不斷持續。到了一九六〇年，失業率很低，只有百分之二點六，但額外的統計數據顯示勞工與薪資的性質。四成的已婚婦女工作，三成仍在工作的已超過六十五歲。[12] 埃爾金與工業中西部其他社區一樣，都成了美國鐘錶產業眼中最早的第三世界，但卻不是最後一個。[13] 製造業往海外遷移，早早為鐘錶業敲響了喪鐘。一九五七年，埃爾金鐘錶公司最後一次發放股利。一九五八年，公司記錄了超過二百萬美元的損失。一九六三年，公司又在南卡羅萊納州（South Carolina）的開放工場城鎮布拉尼（Blaney）設立分公司，這個城鎮由於急需工作機會，甚至將城鎮名字改成埃爾金。[14] 一九六五年，公司公布了驚人的六百八十萬美元的損失。同年，工廠關閉。二十世紀下半葉企業為了持續尋找廉價與順從的勞工而紛紛遷往海外，隨著鐘錶生產外移，埃爾金的工廠也無以為繼。一九六五年冬天，鐘樓上的時鐘在一場冰風暴中被凍結，夏天，鐘錶工廠最後一次鎖上了大門。一九六六年，一名工人闖下大禍，由於搞錯了工作程序，他將龐大的工廠夷為平地，這座堅固、頂端修有雉堞的建築物，看起來彷彿能屹立數個世代之

埃爾金鐘錶公司工廠鐘樓遭到拆除，1966 年。感謝埃爾金歷史學會提供照片。

久，就這樣毀於一旦。企業掠奪者從家族所有人手中買下公司，清算一番之後再予以出售。當公司離開城市之後，新老闆便開始掠奪工人的退休基金。

一百年來，鐘錶工廠一直是埃爾金的經濟支柱，僱用了數量最多的工人，指導城市的政策。國民兵剛好駐紮在鐘錶工廠對面具有戰略意義的兵工廠裡，鐘錶公司於是在國民兵的支持下控制市府，執行低薪與勞動紀律。公司也組織了體育、音樂與文化活動，創立了埃爾金鐘錶製造學院。現在，隨著鐘錶工廠不再發放薪資與退休金，俱樂部與學院陸續關閉，當地的經濟陷入衰退。從一九五七年到一九六二年，埃爾金的商業空窗期增加了四成。原本供應鐘錶工廠的事業全部倒閉。埃爾金也難以倖免。往後二十年，去工業化造成的工作喪失重創了工業中西部，而且是一年比一年糟。[15]

其他問題加重了經濟困境。佛克斯河（Fox River）早期曾被埃爾金市長吹捧成「上帝創造的天然下水道」，到了一九六〇年代，這條河確實已到了臭不可聞的地步。[16]由於不願再看到死亡的鴨子肚子朝天地漂浮在河水下游，一九六八年，一名生態恐怖分子採取了行動。詹姆斯・菲利普斯（James Phillips）白天是個溫和的科學教師，晚上他就祕密變身為「狐狸」（the Fox）。他將排放工業廢棄物到河裡的排水管堵住。他蓋住排放廢氣的煙囪，在企業高層的家門前留下臭鼬，而且曾在造成汙染的公司接待大廳地板留下五十磅的泥巴。[17]警察咒罵這名行蹤飄忽的破壞者，但聯邦水質管理局官員大衛・多米尼克（David Dominick）卻在一九七〇年在美國土木工程師協會的演說中稱讚此人。他說，「這個狐狸以行動向我們所有人提出質疑與挑戰：我們身為科技社會的一員，是否有決心去控制與防堵環境的破壞？」[18]狐狸的行動很快獲得新興的綠色和平（Greenpeace）運動的響應，綠色和平與其他高聲疾呼的環保活動人士共同推動立法，要求聯邦政府對於埃爾金城市菁英長久以來保證當地產業無限使用環境的政策施加限制。[19]

然後是移民問題。埃爾金擁有自豪的德國與斯堪地那維亞移民史。但在一九五〇與六〇年代，更多來自新地區的移民抵達：來自南方的非裔美國人，來自波多黎各、古巴與墨西哥的拉美人，以及之後因越戰來美避難的寮國人與柬埔寨人。其中非法的墨西哥移民人數特別多，因為埃爾金原本就存在著墨西哥社群，而且此地的產業沒有工會，地點正好位於人力吃緊的芝加哥移民及歸化局管轄範圍之外。當地的不動產業者與地主讓這些新來者集中住在廢鐵場與鐵軌附近不合標準的住房裡，而且向它們收取高房租。然而，一九七〇年代，另一類不容易集中管理的移民從鄰近地區抵達。伊利諾州讓埃爾金精神衛生中心的長期病患出院，接受新的藥物治療。已經與外地家人失去連繫的病患留在埃爾金，這些人成為這座城市名副其實的吉祥物——孤立無援、遭到拋棄、多餘、在公園長椅等待時間一到返回夜間的臨時旅館。

在此同時，從優勢層面來說，芝加哥郊區開始朝埃爾金延伸，埃爾金的四周開始出現為白人中產階級興建的住宅。一些社區家庭為了新住宅區的「學校而搬離」，但絕大多數搬到此地的郊區民眾主要來自別的地方。他們開車經過埃爾金時都會車窗緊閉，並且前往從剛整平的農地興建起來的新購物中心採買。埃爾金的商業區店鋪一家接一家地關門。到了一九八〇年代，真正開張的店面已沒剩幾家。我記得一家位於地下室滿是霉味的惡作劇商店、一家「快鞋修」與一家獎盃刻印店。剩下的商店要不是空蕩蕩，就是被市府官員下令以推土機夷為平地。市府當局急欲將商業區核心整平，好讓優雅的十九世紀河濱小鎮轉變成被瀝青壕溝環繞的二十世紀大型購物中心。

從這段敘述中，很容易看出這是中西部的鐵鏽帶，而不至於誤認為是破產的阿帕拉契山脈（Appalachian）礦業城鎮、萎縮蕭條的內城或衰退的西部鐵路與農業城鎮。對於一個有幸獲得財富與政治穩定的富裕國家來說，美國擁有數目驚人的地方，這些地方不僅處於半廢棄狀態，社區也被夷平、粉碎與布滿彈孔，然而這些地方卻從未遭遇過戰爭。

當你依照行車速限開車經過這些地方，你一看到當地的景象，就會知道自己身到何處。窪地中成排窄小的房子，從一開始就不是蓋得很完善，在歷經歲月滄桑之後已開始傾頹斑駁。就連高地比較好的房舍也被捲入衰敗的螺旋之中，安全設施變得更加周全嚴密。青少年無精打采地坐在鐵絲網柵欄上，他們辱罵著一隻狗，但那隻狗卻懶得咆哮。在破敗的商業區，我看到窗戶上積了厚厚一層灰，爬滿水漬「出租」的告示早已泛黃。已關閉的商店周圍的土地留下破爛的磚牆。那裡過去應該有過什麼東西。我問是什麼，但沒有人記得。郊區破產的路邊露天商場，「出租」告示像是剛貼上去的。現在購物中心裡也有教堂，但外觀看起來像一座迷你禮拜堂，完全不是傳統供人祈禱的石砌建築。空氣中沒有特別的氣味，聞不到煤、瀝青或硫磺的味道，也幾乎聽不到引擎運轉、機器轟隆轟隆或刺耳的汽笛聲。這些就是百業蕭條、銀行帳戶中止帶來的無味與無聲。看著教堂與商店連續而快速地替換，心中真不知道是沮喪還是絕望，我想到湯姆森的問題——誰能讓這些地方免於遭受後人的輕視？

埃爾金的天際線絕大多數是輕工業構成的，完全沒有我的母親成長的鋼鐵城市那種銀髮工人階級帶來的騷亂。她一有機會就離開賓夕法尼亞州（Pennsylvania）的阿里基帕（Aliquippa），而且從未真正地回頭。我的父母也在一九六〇年代中葉離開底特律。他們在有錢人賣舊貨時便宜買下了沉重的橡木家具，然後帶著家具逃離他們的維多利亞式聯排住宅。我的外祖母也在這個時候從阿里基帕趕來加入我們，整個大家庭只剩她還留在阿基里帕。離鄉背井的家具與居民，為了逃離持續蔓延的災難的難民，全擠進我父母那棟一九二〇年代興建的美國工匠風格（Craftsman）平房，這間屋子顯然不足以負擔這麼多人。等到我媽懷上我的時候，美國製造業帝國已然由盛轉衰，頭也不回地走向衰敗。

一九六五年，鐘錶工廠關門，時間在埃爾金靜止下來，但對我來說卻是開始。在我成長的年代，清倉大拍賣是司空見慣的事，政府進行拆除工作也很常見，在夏天晚上鄰居會將家裡的東西全搬出來，把電視放在窗台上，沙發擺在草地上，就這樣坐在戶外看電視。我的父親利用停在路邊的三輛報廢福斯汽車的零件，拼湊出一輛新車。美國人通常認為某些種族與階級特別容易行為偏差與犯罪，但這種觀念在我們這個衰敗的環境裡完全不適用。社區有個年輕人被殺，警察到高中逮捕殺人犯，他們為約翰與文森上銬，這兩個白人男孩的父母在不景氣下無法養家餬口。有人告訴我要提防幾個之前在精神療養院擔任看護的人。他們也都是白人。在此同時，我的初吻給了巧克力膚色的查理・莫瑞，第二個吻給了出生於波多黎各的路易斯・裴瑞茲。我們偷偷摸摸經過路易斯母親那間不通風的日光室，他的母親在這裡向打著領帶滿頭大汗的年輕摩爾門教（Mormon）傳教士點頭，儘管她聽不懂他們在說什麼。她是一名虔誠的天主教徒，每天下午她會邀請摩爾門教的傳教士到家裡來練習英語。每到星期五晚上，我的朋友路易・赫南德茲的母親整晚在外頭有約，路易會離開他那間以條板箱組成的屋子來到安街（Ann Street）。一九二○年，棕枝主日龍捲風（Palm Sunday Tornado）席捲了整條安街。一九七○年代，當路易住在那裡的時候，安街看起來依然像龍捲風來襲後報紙頭條刊出的景象。路易的母親幾乎不會說英語，更不用說閱讀了，但卻是路易教導我如何讀英文詩。

走筆至此，我的掌心已汗濕了。歷史學家揭露的是「他人」的生平，而不是自己的。在探索人類狀況的過程中，歷史學家可以躲在他們的主題後面，將這些主題當成紗幕，在上面投射自己的情感與情緒。讓我換句話說好了：

在我探索人類狀況的過程中，我躲在我的主題後面，將這些主題當成紗幕，在上面投射自己的情感與情緒。第三人稱是個使用起來十分舒適的人稱。而且一直是如此。第一人稱的親近性破除了作者與主題之間的界線，而許多人認為這道界線的存在，在一個介於社會科學與人文學科之間的專業裡是健康的。[20]

我無意將家鄉的經濟慘況，與右岸烏克蘭社區跡近全面性的毀滅相提並論。兩者的經驗完全不是同一個等級。我的美國鐵鏽帶童年時光從未發生過饑荒、種族滅絕或戰爭，連邊都沾不上——我們只是人生無法順遂，有一種坐困愁城，等待事情出現轉機的感覺。儘管如此，從埃爾金我得以了解一個人的生平與他所處的地方關係有多麼密切。在右岸烏克蘭的文獻中，我看到熟悉的聲音憂慮著如何挽救這個衰敗落後的地方，以及擔心人們口中受的教育不夠或腦袋不好的人如何解決自身的問題。我對於這種懷疑與輕視的態度感到熟悉，對於說著不同語言與不標準方言的地方，種族與語言的混雜總是被視為劣等，而各種差異總是被視為缺乏秩序與具威脅性。我也很熟悉這樣的說法，那就是一個人待在什麼地方就會造就什麼樣的失敗，因此一個有才能有企圖心的人就應該離開那個地方（事實上我也曾覺得自己必須如此，而我也真的離開了）。[21]生活在一九九〇年代的烏克蘭，當時凡是美國的東西都被認為比較好，而我在所謂的窮鄉僻壤中，也帶有一種居高臨下自以為是的態度。懷抱著這種可恥的感受，我意識到一種衝動想全數清除與重新開始，想推動朝更光明、整治得更好的命運前進，並且放棄一些地方與在一場未明言的競爭中落敗的輸家。二十世紀末，工業化世界不斷出現命運類似埃爾金的地方，一些鄉鎮與城市陷入後工業時代的困境。這種現象讓世界變得更小與更令人不適，我的旅行也變得令人不安地可預測。

我並非一個人旅行。我加入了一群人，他們對於去工業化的地域頗感興趣。[22] 鐵鏽帶成為美國文化的樣版，受到各種方式的運用，從詩歌到喜劇，從廣告到觀光。對觀光客與冒險家來說，過去不被注意的鐵鏽帶，現在被當成了邊疆而成為矚目的焦點，一個測試勇氣的冒險之地。在底特律，觀光客花四十五美元就能參加一場三小時的倒塌建築物之旅（比三小時的車諾比區之旅還便宜，但觀光經驗不相上下）。更大膽的，一些城市洞穴探險家沒有嚮導帶領就闖入傾頹的建築物，並且在部落格上記錄自己的冒險。[23] 消費者也到他們想像中的現代主義荒原旅行。作家與製片以去工業化的現場做為他們的戲劇場景，而藝術家出版了照片集，裡面全是空蕩蕩的失敗景觀。[24] 藝術書籍、電影與小說呈現了數十平方英里的廢棄城市街區——工廠、公園、辦公大樓、醫院、精神病院、房子與學校——一個整體，失落的亞特蘭提斯，居民全消失無蹤。

當藝術家將居民放置在框架中時，通常是為了提出其他的觀點。舉例來說，加拿大小說家道格拉斯．柯普蘭（Douglas Coupland）創造了「底特律碎屑」（Detroitus）一詞，用來描述當代北美對於新服務經濟的厭倦與無所適從，這種新服務經濟的中心並非生產，而是消費。「底特律碎屑是密西根州的恐懼。在將絕大多數的經濟生產運往中國之後，人們痛苦地理解到，無論經濟生產還剩下多少，要做修正或許已經太晚。底特律碎屑也是大約一千萬個靈長類動物的恐懼，他們坐在北美大陸中部冰冷的岩石頂端，每天需要二千五百卡路里，整天什麼事也不坐，只是上網與在牢裡購物。底特律碎屑是一種存在的恐懼，彷彿是在逼迫一個人思考活在世上的意義。」[25]

柯普蘭將底特律居民描述成毫無臉孔與毫無聲音，他們是被關在隱形柵欄後的犯人，也是被困在條碼後的消費者。柯普蘭筆下的底特律是一種諷刺表現，但它顯示出現代主義荒原一種顯著的戀物癖特徵，評論家稱之為「廢墟攝影」（ruin porn）或「鐵鏽帶的鄉愁」（rust belt nostalgia）。[26]在這些肖像中，藝術家描繪的地域沒有英雄般肌肉強健的白人男性居民，相反地，這裡已經被深色、外型怪異的突變種或罪犯接管。

另一種鐵鏽帶鄉愁是擁抱去工業化區域，將其視為再發展的目標。二〇〇九年，李維斯（Levi's）有個關於賓州布萊德達克（Braddock）的廣告，廣告拍攝了三個人，他們來自安德魯．卡內基（Andrew Carnegie）最初設立的工廠城鎮，當時該城鎮還有二千人居住。這個廣告將鐵鏽帶形容成經濟機會的「新邊疆」。廣告的旁白提議也許布萊德達克「是故意遭到破壞，好讓我們有工作可做。」[27]雖然廣告的用意是要讓人產生愛國主義與希望，但廣告作家卻可恥地指出可以藉由把社區變成荒原來賺取金錢，由此而呈現出混亂失序的兩面性：一類是透過企業掠奪、拍賣與法律費用，以及隨後的清理整地與中產階級化過程，而從破壞中獲利的人；另一類則是付出了持續放棄自己的生計、投資、健康與未來的成本的人。[28]

不斷移動的資本是一種賦予秩序的機制，設立基準來區分成功者與失敗者。贏家可以從週期中清算與獲利，搬到新穎與更乾淨的地方，擁有更大更好的住宅與更多的機會與服務，至於另一些人，則是將勞動與儲蓄用來支付空無一人的店面、失去的資本、遭低度汙染而廢棄的已發展區，以及依然留在洛伊克·華康德（Loïc Wacquant）所謂「先進的邊緣性」（advanced marginality）的綠河。這些是已經與勞動市場切割的社區，處於衰敗、失靈與危險的環境中，機構與服務已所剩無幾，缺乏治安與商業，幾乎可以說毫無機會。[29]生鏽的機器、無人的房子以及被鐵絲網柵欄圍住的有毒帶，這些景象構成一幅廢棄的視覺意義；毫無價值的事物產生毫無價值的結果。一張代表性的鐵鏽帶新聞照片，一名失業的有色男子茫然地看著路旁的鑲邊石，證明個人的努力決定了成功。這張照片的目的是為了說服大家：努力工作，你就可以避免這個命運。然而，這依然是一種抹滅的手法，一個安撫人心的幻覺，這種伎倆一而再再而三地使用，儘管這一切全都是造假。

簡言之，鐵鏽帶被當成一種隱喻，用來表達對經濟、社會、種族以及人類生活本質的焦慮。底特律與其他類似底特律的地方，就可窺探的角度來說，就像色情片，從審美的角度來說，是美麗的景象，從經濟的角度來說，充滿了機會。但創造這些地方的暴力卻經常無聲無息地作用著。只在很少見的狀況下，當鐵鏽帶的作者為自己發聲時，可以從照片中看見摧毀的力量穿過阿克倫（Akron）、揚斯敦與水牛城（Buffalo）。事實上，鐵鏽帶的詩人吟詠起來就像一名在進展緩慢的戰爭中生還的人，顯露出十分疲憊的樣子。他們描述「已經切除很久的幻肢」依然疼痛，以及「看到某人（或某事）死去而感到暈眩」，「那不是一種大規模毀滅造成的喪失，而是一種潛伏的、深刻的與蔓延各處的失落感。」[30]

如果敵對國家或惡棍恐怖分子在底特律鬧區投下一枚炸彈，將數十平方英里的市區炸成瓦礫堆，那麼美國每個學童都會將這起事件的事實背誦起來。[31]美國人會成立基金會救助這些受害者家庭。人們會豎立紀念碑列出受難與犧牲人員的名單，聚集在紐約九一一紀念碑之前的美國人又多了一個朝聖地：（此時受到祝福，成為神聖之地）底特律。但是，沒有人在底特律引爆炸彈，也沒有人駕駛飛機在此墜毀。這種低分貝、緩慢累積摧毀底特律的暴力，它的進展難以察覺，也無法以簡單幾句話概括，我們幾乎不可能找出特定的行兇者與受害者，也無法辨識出損害。[32]

在克里夫蘭（Cleveland），油膩、漂浮著化學物質的凱霍加河（Cuyahoga River）在如火如荼進行工業生產的那幾年，經常反覆著火。今日，活動分子為了紀念這段歷史，每年燃河節（Burning River Festival）會一邊喝著燃河艾爾淡啤酒（Burning River Pale Ale）一邊聽燃河漫遊者（Burning River Ramblers）演奏音樂。

他們販售啤酒與音樂，籌措金錢來整治河川，而在紀念災難事件中，他們表現出倖存者堅定的自豪。克里夫蘭居民擁抱這條燃燒的河川，把它當成鋼鐵與化學工業打包走人留下的遺產。倖存者留下來並且馴服了這些產業留下的有毒物質，除了燃燒河川的記憶外，這些產業留下了水銀、石油碳氫化合物、癌症症狀群集、膨脹的嬰兒死亡率，以及腫大的甲狀腺。[33]在克里夫蘭，認同、歷史、傳記、身體與地方全匯集在對一條河流的可愛名稱上，河流原本不應該著火的，但它確實燒起來了。

社群與資本主義週期緊密連結，就像孩子的紙風車，只要一點微風就能讓風車輪轉得飛快。週期讓地方處於持續成長與衰退的循環，一切看似穩固的東西，終將化為烏有，就像馬克思說的，從一開始就沒有任何東西是穩固的。規律的工廠工作造就了適當工作崗位與住房的工業文化，這種文化只要能繼續存在，就能予人永久存續的印象，然而它存在的時間卻越來越短。[34]

對破壞的地點加以掩飾，這種本能反應經常出現在基礎設施、法律與文化上，例如高速公路支線完全繞過去工業化區域，重新劃分選區與稅區以盡可能降低那些留下來的民眾聲量與他們所能獲得的服務，以及從衰敗區中尋找美麗之處，卻故意淡化當地居民面臨的危險。因為資本主義是橫掃全球的暴風，現代主義荒原的歷史學家數量也持續增加。[35]有些人會以局外人的角度，以興奮的心情進行檢視，製造出更多的廢墟攝影。有些人會以哀悼的口吻描述失落的事物，我將這種描述稱為懷「鏽」情緒（rustalgia）。與廢墟攝影相反，懷鏽情緒有助於呈現一種長期相信經濟持續成長是必要的想法有多麼粗略。

然而，遺憾的是，凝視著帶有先進邊緣性的地方並且從旁繞道而過，這股衝動很誘人。在廢墟攝影與懷鏽情緒的競爭中，我擔心廢墟攝影恐怕比較受歡迎。對廢墟攝影的沉迷顯示社會越是想避免偷窺，人們就越想觀看，即使觀看本身其實已遭到蒙蔽與掩蓋。至少，這是我個人的看法。凡是在美國出生，屬於我母親家庭那個世代的人，都曾因為成長的地方陷入衰退而不得不舉家遷徙到另一個看起來較有遠景的地方，直到那個地方也遭遇蕭條，全家人又不得不再度離開。我也跳開了這條混亂失序的道路。但是人們失去自己的地方時，往往因此受苦。[36]我的母親深知她的家人長期流離失所付出的代價，因此在我們小時候經常告訴我們，「絕對不要離開你的家人。」如我所言，我拋棄了我的第一個機會，但我也說，我似乎無法拋下埃爾金。無法真的拋下。

我花了很長的時間才發現，我小時候在鐵鏽帶目睹的瀕臨臨界點的潛在暴力，居然在我想理解它的渴望中再次顯現。長大之後，我前往一些地方，這些地方的破壞力極其巨大，足以讓任何人印象深刻——烏克蘭、哈薩克、古拉格地域以及核子荒原。有一天，我終於領悟，我成為歷史學家以來，一直記述著環境、人口與經濟上的反烏托邦。這是否意謂著我表面上撰寫蘇聯的歷史，之後又開始撰寫美國的歷史，實際上我只是在諷喻自己的過去？我不這麼認為。至少我不希望是如此。更確切地說，因為地方與個人的生平及認同息息相關，我相信我有能力看出在別的史家眼中尚未成形的故事，因為我的過去賦予我這樣的敏感度。我的生平充滿各種情感、不安全感、同理心以及反感，當我探索與撰寫主題時，我往往援引這些感受。從我幼年在埃爾金時開始，我一直深受空無一人的建築物與空蕩蕩的街道吸引，我會在荒涼的地點漫遊，撿拾棄置的物品，想從這些物品中探求原來的主人的故事。正是這些人，這些最後關燈的人，最能引起我的興趣，或許因為他們有助於訴說我的一部分故事，或許也因為我覺得他們的故事遭到忽略，儘管重要，卻被視而不見。地方不可避免位於這些傳記的核心，因為就算只剩下地方本身，地方依然會繼續述說故事。

# 致謝

本書成書的過程費時二十年之久。一路上，我仰賴陌生人與朋友的協助。首先我要感謝馬里蘭大學巴爾的摩分校的同事，感謝他們的閱讀與聆聽，其中 Marjoleine Kars 與 Susan McDonough 是我最初的讀者，Dresher Center 的 Rebecca Boehling 與 Beverly Bickel 給予我休假研究，另外還有 James Grubb, Constantine Vaporis 與歷史系作家群組的成員：Amy Froide, Christy Chapin, Dan Ritschel, Andrew Nolan, Meredith Oyen 與 Michelle Scott。在研究與寫作的支援上面，我要感謝 John Jeffries, Phil Rous 與 Scott Caspar。在美國、俄羅斯與烏克蘭，我要感謝 Julia Khmelevskaia, Igor Narskii, Nadezhda Kutepova, Natalia Manzurova, Natalia Mironova, Trisha Pritikin, Natasha Narikova, Tom Bailie, Efim Melamed 與 Galina Kibitkina。Michael David-Fox 與 Sergei Zhuravlev 提供了很有價值的門路。Richard White, Glennys Young, Lynne Viola, Jon Wiener, Marilyn Ivy, Robert Self, Lewis Siegelbaum, Charles King, Ali Igmen, Warren Cohen, Choi Chat-terjee, Steven Harris, Asif Saddiqi, Anna Veronik Wendland, Linda Nash, Steven Seegal 與 Tom Okie 為本書提供了思想的後盾。我非常感謝 Maggie Paxson 與我進行了許多具啟發性的對話。我要感謝密西根大學歷史與人類學計畫工作坊的 Paul Johnson, Christian de Pee 與 Brian Porter，以及卡內基美隆大學（Carnegie Mellon University）的 Wendy Goldman, Caroline Jean Acker, Joel Tarr 與 John Soluri。我也要感謝利維休姆基金會（Leverhume Foundation）環境史工作坊的 David Moon 與 Catherine Evtukhov，科羅拉多大學人類學系的 Donna Goldstein 與 Magda Stawkowski，以及聖塔克魯茲加

利福尼亞大學的 Heather Swanson 讓我有機會提出看法。

在編輯工作上，我要感謝芝加哥大學出版社 Tim Mennel, Joel Score 與 Nora Devlin 的協助。我也要感謝 Abigail Bratcher, Joe Parsons, Bill Rosenberg, Gary Oliveira 與其他不知名的讀者。我的學生 Alexander Dorfman 與 Celso Baldivieso 給予我許多啟發，而且幫我找出許多資料來源與網站。

我的姊妹 Liz Marston 與 Julie Hofmeister 協助我統整全書。我的兒子 Sasha Bamford-Brown 幫我想了副標題。親朋好友支持我的旅行，尤其是 Marjoleine Kars, Dave Bamford, Sally Brown, William Brown, Aaron Brown, Kama Garrison, Lisa Hardmeyer, Leslie Rugaber, Hussien El-Ali, Prentis Hale, Tracy Edmunds, Sally Hunsberger, Mike Faye, Wendy Jacobson 與 Leila Corchoran。Abby Brown 想在這本書出現。所以我列了她的名字。我敢打賭 Kate Hofmeister 也這麼想。

# 註釋

## 第一章

1．Eric Sheppard, "The Spaces and Times of Globalization: Place, Scale, Networks, and Positionality," *Economic Geography* 78, no. 3 (2002): 307-30; Karen Halttunen, "Groundwork: American Studies in Place—Presidential Address to the American Studies Association, November 4, 2005," *American Quarterly* 58, no. 1 (2006):1-15; Charles W. J. Withers, "Place and the 'Spatial Turn' in Geography and in History."*Journal of the History of Ideas* 70, no. 4 (2009): 637-58; Joseph E. Taylor, "Boundary Terminology," *Environmental History* 13, no. 3 (2008): 454-81;Doreen B. Massey, *Space, Place and Gender* (Hoboken, NJ: Wiley, 2013); Mark Bassin, Christopher David Ely, and Melissa Kirschke Stockdale, eds., *Space, Place, and Power in Modern Russia: Essays in the New Spatial History* (Dekalb: Northern Illinois University Press, 2010), 1, 11.

2．Francis X. Blouin and William G. Rosenberg, *Processing the Past: Contesting Authority in History and the Archives* (New York: Oxford University Press, 2011); Shannon McSheffrey, "Detective Fiction in the Archives: Court Records and the Uses of Law in Late Medieval England," *History Workshop Journal*, no. 65 (2008), 65-78.

3．Ann Laura Stoler, *Along the Archival Grain: Epistemic Anxieties and Colonial Common Sense* (Princeton, NJ: Princeton University Press, 2009). 更多以批判角度檢視檔案的研究，見 *Antoinette Burton, Archive Stories: Facts, Fictions, and the Writing of History*, (Durham, NC: Duke University Press, 2005); Carolyn Steedman, Dust: The Archive and Cultural History (New Brunswick, NJ: Rutgers University Press, 2002); Harriet Bradley, "The Seductions of the Archive: Voices Lost and Found," *History of the Human Sciences* 12, no. 2 (May 1999): 107-22; Michael Lynch, "Archives in Formation: Privileged Spaces, Popular Archives and Paper Trails," *History of the Human Sciences* 12, no. 2 (1999): 65-87; Ann Laura Stoler, *Carnal Knowledge and Imperial Power: Race and the Intimate in Colonial Rule* (Berkeley University of California Press, 2002), 162-204; and Jo Tollebeek, " 'Turn'd to Dust and Tears': Revisiting the Archives,"History and Theory 43, no. 2 (2004): 237-48.

4．〈格子狀的生活〉是特別為研究蘇聯史的美國人寫的，因為我懷疑這些蘇聯史都隱含著某種好政府的黃金標準，一種來自美國史的神話意象，根據這項標準，蘇聯的歷史完全是一段失敗的歷史。關於美國與蘇聯利用家庭與同年來宣傳意識形態的研究，見 Margaret Peacock, *Innocent Weapons: The Soviet and American Politics of Childhood in the Cold War* (Chapel Hill: University of North Carolina Press, 2014).

5．引自 Withers, "Place and the 'Spatial Turn,'" 642.

6．彼得一世在塔提什謝夫出版作品宣傳新疆界之前幾年去世。Mark Massin, "Russian between Europe and Asia: The Ideological Construction of Geographical Space," *Slavic Review* 50, no. 1 (Spring 1991): 1-17; Alastair Bonnett, *The Idea of the West: Culture, Politics, and History* (Houndmills, Basingstoke: Palgrave Macmillan, 2004), 45.

7．一七二一年，俄羅斯擊敗瑞典之後，彼得一世將莫斯科大公國（Moscovy）的沙皇國稱號改為帝國。Bassin, "Russia between Europe and Asia," 4.

8．Maria Shahgedanova, *The Physical Geography of Northern Eurasia* (Oxford: Oxford University Press, 2003), 608. 然而，這兩個大陸現在已被確認同屬於歐亞大陸板塊。

9．Christian S. G. Katti and Bruno Latour, "Mediating Political 'Things,' and the Forked Tongue of Modern Culture: A Conversation with Bruno Latour," *Art Journal* 65, no. 1 (April 2006): 94-115.

10．Philip J. Ethington, "Placing the Past: 'Groundwork' for a Spatial Theory of History," *Rethinking History* 11, no. 4 (December 2007): 466.

11．「past」（過去）這個字源自於在空間中傳遞物品的概念，根據《牛津英語詞典》（*Oxford English Dictionary*）說法，一直到一五〇〇年，才用 past 來指稱在時間中流逝。Ibid., 478.

12．Withers, "Place and the 'Spatial Turn.'"「談到『地方』，我指的不是一個具有真實性與認同性，帶有疆界的地點，相反地，如 Doreen Massey 所定義的，地方是被全球潮流穿越的事物，是反本質的，不具備明確疆界，而且是動態的。Massey, *Space, Place, and Gender*, 5, 9, 121.

13．見 William Cronon, *Changes in the Land: Indians, Colonists, and the Ecology of New England* (New York: Hill and Wang, 2011); Richard White, *"It's Your Misfortune and None of My Own": A New History of the American West* (Norman: University of Oklahoma Press, 1993); Juliana Barr, Peace *Came in the Form of a Woman: Indians and Spaniards in the Texas Borderlands* (Chapel Hill: University of North Carolina Press, 2007); Elizabeth A Fenn, *Encounters at the Heart of the World: A History of the Mandan People* (New York: Hill and Wang, 2014).

14．阿拉木圖是當時哈薩克的首都。一九九七年，阿克莫拉（Akmola，後改名為阿斯塔納 [Astana]）成為哈薩克的首都。

15．Edward S. Casey, *The Fae of Place: A Philosophical History* (Berkeley: University of California Press, 1997).

16．Donna Haraway, "Situated Knowledge: The Science Question in Feminism and the Privilege of Partial Perspective," Feminist Studies 14, no. 3 (October 1988): 575-99. 也可見 Christopher Sellers, "Thoreau's Body: Towards and Embodied Environmental History," *Environmental History* 4, no. 4 (October 1999): 486-514.

17．Torin Monahan and Jill A. Fisher, "Benefits of 'Observer Effects': Lessons from the Field," *Qualitative Research* 10, no. 3 (June 2010): 358.

18．關於確實反映歷史研究過程的傑出歷史作品，見 Ronald Fraser 對他雙親宅邸僕役的社會史，當中有他的精神分析描述做為對照。Fraser, *In Search of a Past: The Rearing of an English Gentleman*, 1933-1945 (New York: Atheneum, 1984).

19．William Cronon, "AHA Presidential Address: 'Storytelling,'" *American Historical Review* 118, no. 1 (February 2013): 1-20.

20．關於為了生活而講故事，這方面的資料見 Rebecca Solnit, The Faraway Nearby (New York: Viking, 2013), 3. 關於空間與社會關係的連結，見 Massey, *Space, Place, and Gender*, 2-9.

21．Esther Peeren and Maria del Pilar Blanco, eds., *Popular Ghosts: The Hounted Spaces of Everyday Culture* (London: Bloomsbury Academic, 2010).

22．Herbert Henke, "Der dornige Weg zum Wissen: Autobiographische Skizzen," *Feniks*, no. 11 (September 1995), 2-76.

23．在史達林時代社會，這種努力想掩蓋自己的過去以及竭力想重塑與養成自我形象的強烈動力，相關研究見 Sheila Fitzpatrick, *Tear off the Masks! Identity and Imposture in Twentieth-Century Russia* (Princeton, NJ: Princeton University Press, 2005); Jochen Hellbeck, *Revolution on My Mind: Writing a Diary under Stalin* (Cambridge, MA; Harvard University Press, 2006).

24．Henri Lefebvre、Edward Soja 以及尤其是 David Harvey，都認為人的生活是多向度的，除了空間之外還有時間。Taylor, "Boundary Terminology,"

455.

25・Patricia Yaeger, "Ghosts and Shattered Bodies," *South Central Review* 22, no. 1 (Spring 2005): 102.

26・越來越多的奴隸制度研究討論被奴役者的「主張」問題。見 Alejandro de la Fuente, "Slave Law and Claims-Making in Cuba The Tannenbaum Debate Revisited," *Law and History Review* 22/2 (Summer 2004): 339-69; Rebecca J. Scott and Jean M. Hébrard, Freedom Papers: *An Atlantic Odyssey in the Age of Emancipation* (Cambridge, MA: Harvard University Press, 2012).

27・關於不可靠的敘事者，見 Kate Brown, "Downwinders," Aeon(December 3, 2012), http://.aeonmagazine.com/world-views/kate-brown-nuclear-downwinders/ (accessed December 4, 2012). 關於無人說出的字句的重要性，見 Patricia Yaeger, *Dirt and Desire: Reconstructing Southern Women's Writing, 1930-1990* (Chicago: University of Chicago Press, 2000), 9-17.

28・Michel Foucault, *Madness and Civilization: a History of Insanity in the Age of Reason* (New York: New American Library, 1967).

## 第二章

1・本章的一個版本，"The Eclipse of History: Japanese America and a Treasure Chest of Forgetting," *Public Culture* 9 (Fall 1996).

2・近期研究這起事件與戰後賠償的歷史作品包括 Kimi Cunningham Grant, *Silver Like Dust: One Family's Story of America's Japanese Internment* (New York: Pegasus Books, 2012); Brian Masaru Hayashi, *Democratizing the Enemy: The Japanese American Internment* (Princeton, NJ: Princeton University Press, 2010); Bill T. Manbo and Eric L. Muller, *Colors of Confinement: Rare Kodachrome Photographs of Japanese American Incarceration in World War II* (Chapel Hill: University of North Carolina Press, 2012); David A Neiwert, *Strawberry Days: How Internment Destroyed a Japanese American Community* (New York: Palgrave Macmillan, 2005); Yoon Pak, *Wherever I Go, I Will Always Be a Loyal American: Seattle's Japanese American Schoolchildren during World War II* (Hoboken, NJ: Taylor and Francis, 2013); Greg Robinson, *By Order of the President: FDR and the Internment of Japanese Americans* (Cambridge, MA: Harvard University Press, 2001); Lawson Fusao Inada, ed., *Only What We Could Carry: The Japanese American Internment Experience* (Berkeley, CA: Heyday Books, 2000); Eric K. Yamamoto, *Race, Rights, and Reparation: Law and the Japanese American Internment* (New York: Wolters Kluwer Law & Business, 2013); and Alice Yang Murray, *Historical Memories of the Japanese American Internment and the Struggle for Redress* (Stanford, CA: Stanford University Press, 2008).

3・Aleksandr Ėtkind 認為，遭到壓抑或遺忘的歷史就像惡夢一樣，會以意想不到的方式回復，他也指出這個觀念出自 Hannah Arendt 與 Vassilii Grossman。Ėtkind, *Warped Mourning: Stories of the Undead in the Land of the Unburied* (Stanford, CA: Stanford University Press, 2013), 30-34.

4・Louis Fiset, *Camp Harmony: Seattle's Japanese Americans and the Puyallup Assembly Center* (Urbana: University of Illinois Press, 2009), 12.

5・Saidiya Hartman, *Lose Your Mother: A Journey along the Atlantic Slave Route* (New York: Farrar, Straus and Giroux, 2008), 115.

6・一九四二年二月十三日，美國國會外國僑民國籍與顛覆破壞委員會建議「立刻疏散所有日裔與其他民眾，包括僑民與公民，這些人應視為對美國所有戰略區域的國防安全造成危險與威脅。」西雅圖一份報紙的讀者投書說法更直接：「讓日本鬼子到處亂跑會造成嚴重破壞。」Fiset, *Camp Harmony*, 38-39.

7．「疏散」一詞普遍用於當住民遭受颶風、洪水等天災的危害時進行的暫時安置；「疏散」用於日裔美國人的監禁，顯示政府官員認為西岸憤怒的反日風潮像天災一樣難以控制與預測。疏散也可以指軍隊撤出防區或民眾離開居住區；疏散更一般的定義是「清除」或「清空」。二次大戰期間，將涉有嫌疑的少數民族從一般國民中清除或孤立出去，這類行動並非只發生在美國。加拿大政府曾監禁華人。英屬印度曾監禁德裔民眾。蘇聯政府也曾在邊區針對可能叛國的少數民族進行大範圍的「清除」政策，包括德裔、波蘭裔、韃靼人、印古什人（Ingushi）、車臣人（Chechens）與卡累利阿人（Karelians）。納粹政府惡名昭彰，採取了最極端與有限的措施將「有病的」少數民族如猶太人與吉普賽人從國家中移除。

8．見 Susan Buck-Morss, *Dialectics of Seeing: Walter Benjamin and the Arcades Project* (Cambridge, MA: MIT Press, 1989), 38.

9．Monica Itoi Sone, *Nisei Daughter* (Seattle: University of Washington Press, 1979).

10．Mary Young, "setting Sun: Popular Culture Images of the Japanese and Japanese Americans and Public Policy," *Explorations in Ethnic Studies* 16, no. 1 (January 1993): 51-62. 其他與這個主題相關的戰時歌曲："A Jap Is a Sap," "The Japs Haven't Got a Chinaman's Chance," "Mow the Japs Down," "Oh, You Little Son of an Oriental."

11．Jeanne Wakatsuki Houston and James D. Houston, *Farewell to Manzanar: A True Story of Japanese American Experience during and after the World War II Internment* (Boston: Houghton Mifflin, 1973).

12．珍珠港事變兩天後，聯邦調查局幹員與西雅圖警方逮捕一百一十六名日本國民。逮捕的對象包括社區協會與企業領袖、老師、武術教練、農夫與了解沿岸水域的漁民。Fiset, *Camp Harmony*, 26-28; 引自 55。

13．見 Sone, *Nisei Daughter*; Wakatsuki Houston, Farewell to Manzanar.

14．Henry Lefebvre, *Everyday Life in the Modern World*, trans. Sacha Rabinovitch (New Brunswick, NJ: Transaction Books, 1990), 22.

15．Fiset, *Camp Harmony*, 26.

16．Wakatsuki, *Farewell to Manzanar*, 94.

17．Ibid., 117.

18．Roland Barthes, *Mythologies* (New York: Hill and Wang, 1994), 152.

19．Elizabeth Becker, "Private Idaho," *New Republic*, May 4, 1992.

20．見 Hales, *Levittown: Documents of an Ideal American Suburb*, http://tigger.uic.edu/~pbhales/Levittown.html (accessed January 15, 2014).

21．Orin Starn 認為，在監禁營工作的美國民族誌學者協助將監禁營變成近似烏托邦的社會適應中心，日裔美國人在這裡以民主自治與辛勤工作原則為基礎打造出新的社群，這個過程將成為日裔美國人完全融入美國國家社群的初步階段。戰時再安置局（War Relocation Authority）釋出的人類學報告與照片描述工作中的被監禁者愉快地製作家具、上學、打掃房屋，種植甘藍——所有人都是社會上具生產力的成員。報告與照片絕口不提鐵絲網、守衛塔與監禁營所在的沙漠位置。Starn, "Engineering Internment: Anthropologists and the War Relocation Authority," *American Ethnologist* 13, no. 4 (November 1986); 700-720.

22．關於移民轉變成「外國人」的討論，見 Mae M. Ngai, *Impossible Subjects: Illegal Aliens and the Making of Modern America* (Princeton, NJ: Princeton

University Press, 2004). 引自 Wakatsuki Houston and Houston, Farewell to Manzanar, 94.

23．"Minutes of Meeting of Community Council and Block Commissioners with Mr. S. T. Kimball", January 4, 1945. 巴拿馬飯店地下室。

24．Greg Robinson, *A Tragedy of Democracy: Japanese Confinement in North America* (New York: Columbia University Press, 2009), 275-80.

25．"War Relocation Authority Minidoka Project Report," February 28, 1945, 巴拿馬飯店地下室。

26．Robinson 表示，邁爾從一開始就反對監禁，認為這是不公義與種族歧視的行為。Robinson, *Tragedy of Democracy*, 279.

27．Barthes, *Mythologies*, 143.

28．"War Relocation Authority Minidoka Project Report."

29．Fiset, *Camp Harmony*, 12.

30．Janis L. Edwards, "Ethnic Contradiction and Reconciliation in Japanese American Interment Memorials," in G. Mitchell Reyes, ed., *Public Memory, Race, and Ethnicity* (Newcastle upon Tyne: Cambridge Scholars, 2010), 79.

31．Fiset, *Camp Harmony*, 58.

32．Jamie Ford, *Hotel on the Corner of Bitter and Sweet: A Novel* (New York: Ballantine, 2009).

33．Gail Dubrow with Donna Graves, *Sento at Sixth and Main: Preserving Landmarks of Japanese American Heritage* (Seattle: Seattle Arts Commission, 2002); Phuong Le, "Japanse Past Displayed in the International District Hotel," *Seattle Post-intelligencer*, July 23, 1999; Paula Block, "Tea and Treasures: A Hotel Gets Hip, From the Basement Up," *Seattle Times*, November 3, 2002.

34．"Historic Panama Hotel Bed and Breakfast," http://www.panamahotel.net/bathhouse%20tours.htm.

35．Ngai, *Impossible Subjects*, 227.

36．"Misteaching History on Racial Segregation: Ignoring Purposeful Discriminatory Government Policies of the Past Contributes to the Ongoing Achievement Gap," *Economic Policy Institute*, http://www.epi.org/publication/misteaching-history-racial-segregation-ignoring/ (accessed January 14, 2014).

37．Douglas S. Massey, "Residential Segregation and Neighborhood Conditions in U.S. Metropolitan Areas," in *America Becoming: Racial Trends and Their Consequences*, ed. Neil Smelser, William Julius Wilson, and Faith Mitchell (Washington, DC: National Academy Press, 2001). 舉例來說，美國黑人社區的隔離程度越高，肺癌發生率也越高。美國白人則相反。Awori J. Hayanga, Steves B. Zeliadt, and Leah M. Backhus, "Residential Segregation and Lung Cancer Mortality in the United States," *JAMA Surgery* 148, no. 1 (January 2013): 37-42.

38．John W Dower, *War without Mercy: Race and Power in the Pacific War* (New York: Pantheon, 1986).

39．Edwards, "Ethnic Contradiction," 75.

40．Robinson, *Tragedy of Democracy*.

41．被監禁過的人有較高的自殺率，容易罹患慢性病，而且壽命較短。四成的第二代移民活不到六十歲。G. Jensen, "The Experience of Injustice: Health and Consequences of the Japanese American Internment" (PhD diss. Ann Arbor, 1997), 引自 Edwards, "Ethnic Contradiction," 201.

## 第三章

1・本章的一個版本，"Chernobyl: History in the Dead Zone," *Chronicle of Higher Education*, September 23, 2005, B6-B9.

2・*Kiddofspeed*, http://www.kiddofspeed.com/chapter1.html.

3・Mary Mycio 揭穿了這場騙局，並且以我，一個被網站欺騙的助理教授，做為這個故事的主角。Mycio, "Account of Chernobyl Trip Takes Web Surfers for a Ride," *Los Angeles Times*, July 6, 2004, http://articles.latimes.com/2004/jul/06/world/fg-chernobyl6.

4・Mycio 之後出版了 *Wormwood Forest: A Natural History of Chernobyl* (Washington, DC: Joseph Henry Press, 2005)。

5・Aleksandr Esaulov, *Chernobyl': Letopis' mertvogo goroda* (Moscow: Evropa, 2006), 65-83.

6・Natalia Manzurova and Cathie Sullivan, *Hard Duty: A Woman's Experience at Chernobyl* (Tesuque, NM: Sullivan and Manzurova, 2006), 35.

7・Ihor F. Kostin, *Chernobyl: Confessions of a Reporter* (New York: Umbrage, 2007).

8・Kiddofspeed, http://www.kiddofspeed.com/chapter5.html (accessed January 10, 2014).

9・Thom Davies, "A Visual Geography of Chernobyl: Double Exposure," *International Labor and Working-Class History*, no. 84 (Fall 2013), 116-39.

10・Eduard Vlasov, "The World According to Bakhtin: On the Description of Space and Spatial Forms in Mikhail Bakhtin's Works," *Canadian Slavonic Papers/ Revue Canadienne Des Slavistes* 37, nos. 1/2 (March 1995): 50.

11・James Lawson, "Chronotope, Story, and Historical Geography: Mikhail Bakhtin and the Space-Time of Narratives," *Antipode* 43, no. 2 (March 2011): 386.

12・Katerina Clark and Michael Holquist, *Mikhail Bakhtin* (Cambridge, MA: Harvard University Press, 1984), 22, 46-48.

13・Hana Owen, "Bakhtinian Thought and the Defence of Narrative: Overcoming Universalism and Relativism," *Cosmos and History: The Journal of Natural and Social philosophy* 7, no. 2 (July 2011): 143.

14・Clark and Holquist, Mikhail Bakhtin, 142-43.

15・Sarah Cameron, "The Hungry Steppe: Soviet Kazakhstan and the Kazakh Famine, 1921-1934" (Phd diss., Yale University, 2010).

16・Mycio, "Account of Chernobyl Trip."

17・數十年來，史家與學者嘗試了第一人稱敘事觀點寫作，最常出現的是回憶錄形式。針對歷史與敘事者所做的一些傑出探索，見 Saidiya Hartman, *Lose Your Mother: A Journey along the Atlantic Slave Route* (New York: Farrar, Straus and Giroux, 2008); Richard White, *Remembering Ahanagran: Storytelling in a Family's Past* (New York: Hill and Wang, 1998); Alice Yaeger Kaplan, French Lessons: A Memoir (Chicago: University of Chicago Press, 1993); Ronald Fraser, *In Search of a Past: The Rearing of an English Gentleman*, 1933-1945 (New York: Atheneum, 1984).

18・Philip J. Ethington, "Placing the Past: 'Groundwork' for a Spatial Theory of History," *Rethinking History* 11, no. 4 (December 2007):471.

19・關於普里皮亞特副市長對於這場災難的生動描述，見 Esaulov, *Chernobyl'*.

20・Alfred John DiMaio, *Soviet Urban Housing: Problems and Policies* (New York: Praeger 1974), 60; Alexei Osipovich Kudriavtsev, *Ratsional'noe ispol'zovanie territorii pri planirovke I zastroike gorodov SSSR* (Moscow, 1971), 3.

21・Evgenii Ternei, "Zhivaia legenda mertvogo goroda," *Zerkalo nedeli*, April 29-Mar 5, 1995, http://www.zerkalo-neceli.com.

22・研究蘇聯最後一個世代的人的書信與日記之後發現，許多人肯定蘇聯的價值與生活方式，見 Alexei Yurchak, *Everything Was Forever, Until It Was No More: The Last Soviet Generation* (Princeton, NJ: Princeton University Press, 2006)。對蘇聯經濟改善的檢證，見 G. I. Khanin. "The 1950s: The Triumph of the Soviet Economy." *EuropeAsia Studies* 55, no. 8 (December 2003): 1199.

23・Esaulov, Chernobyl', 65-83.

24・Kostin, Chernobyl, 23, 70, 74, 76.

25・"Dopovida zapiska UKDB," March 12, 1981, and N. K. Vakulenko, "O nedo-statochnoi nadezhnosti kontrol'nozmeritel'nykh proborov," October 16, 1981, in Secrets of the Chernobyl Disaster (Minneapolis, MN: East View Publications, 2003). 地方新聞記者也提到同樣的事，見 Ternei, "Zhivaia legenda mertvogo goroda."

26・Susan Buck-Morss, The Dialectics of Seeing: Walter Benjamin and the Arcades Project (Cambridge, MA: MIT Press 1989), 95.

27・關於自己必須更強烈地意識到文件是如何被揀選與檔案化，見 Francis X. Blouin and William G. Rosenberg, Processing the Past: Contesting Authority in History and the Archives (New York: Oxford University Press, 2011), 65-66, 73.

## 第四章

1・Kathleen Day, "Sting Reveals Security Gap at Nuclear Agency," *Washington Post*, July 12, 2007, A1.

2・作者對安娜・米留提娜的訪談，二〇一〇年六月二十一日，克什特姆。一九五七年重大事故之後，廠方管理人員逐漸引進衛生與監控的安全機制。"Stenogrammy na vtoroi Ozerskoi gorodskoi partkonferentsii, 30 Nov. 1957, Ob'edinennyi Gosudarstvennyi Arkhiv Cheliabinskoi Oblasti, Cheliabinsk, Russia (OGAChO) 2469/1/117, 205, 238.

3・Valentina Pesternikova, Nadezhda Okladnikova, Margarita Sumina, and Victor Doshchenko, "Occupational Diseases from Radiation Exposure at the First Nuclear Plant in the USSR," Science of the Total Environment 142 (1994):9-17; Angelina Gus'kova, *Atomnaia otrasl'strasl' strany: Clazami vracha* (Moscow: Real'noe vremia, 2004), 82.

4・見 Kate Brown, *Plutopia: Nuclear Families, Atomic Cities, and the Great Soviet and American Plutonium Disasters* (New York: Oxford University Press, 2013), 187-96. 關於暴露造成的危險，見 G. Thompson, "Unmasking the Truth: The Science and Policy of Low-Dose Ionizing Radiation," *Bulletin of the Atomic Scientists* 68, no. 3 (May 2012): 44-50. 關於修改過的傾倒於捷恰河的廢料總量，見 M. O. Degteva et al., "Reevaluation of Waterborne Releases of Radioactive Materials from the Mayak Production Association into the Techa River in 1949-1951," *Health Physics* 102, no. 1 (January 2012):25-38.

5・V. N. Novoselov and V. S. Tolstikov, *Atomnyi sled na Urale* (Cheliabinsk: Rifei, 1997), 171.

6・Elaine Scarry, *The Body in Pain: The Making and Unmaking of the World* (New York: Oxford University Press, 1987), 1-7.

7・關於把某些工人歸類為「核子」而另一些是「非核子」，當中有一些建構出來的性質，見 Gabrielle Hecht, *Being Nuclear: Africans and the Global Uranium Trade* (Cambridge, MA: MIT Press, 2012).

8．前瑪亞克生產廠放射學家 Mira Kossenko 指出，蘇聯監測人員數年來在捷恰河測量的劑量數據被日本研究人員認定為不可靠，他們拒絕使用這些數據。作者對 Kossenko 的訪談，二〇一二年五月十三日，紅木城（Redwood City），加州。

9．S. A. Roach and S. M. Rappaport, "But They Are Not Thresholds: A Critical Analysis of the Documentation of Threshold Limit Values," *American Journal of Industrial Medicine* 17 (1998): 727-53; Gregg Mitman, Michele Murphy, and Christopher Sellers, "Introduction, A Cloud Over History," in *Landscapes of Exposure: Knowledge and Illness in Modern Environments*, ed. Mitman, Murphy, and Sellers (Chicago: University of Chicago Press, 2004), 13.

10．Karen Dorn Steele, "U.S., Soviet Downwinders Share Legacy of Cold War," *Spokesman Review*, July 13, 1992, A4.

11．從製片的角度看檔案館，見紀錄片 Chelyabinsk: The Most Contaminated Spot on the Planet, directed by Slawomir Grünberg (Chip Taylor Production, 1995).

12．關於這份資料的宣導冊子，見 Ministry of Health of Russia, *Muslyumovo: Results of 50 Years of Observation* (Chelyabinsk, 2001)。針對蘇聯科學的論戰與輕視態度，關於這方面的討論，見 Donna Goldstein and Magdalena E. Stawkowski, "James V. Neel and Yuri E. Dubova: Cold War Debates and the Genetic Effects of Low-Dose Radiation," *Journal of the History of Biology*, online edition (July 2014)。

13．從二〇〇二年到二〇〇四年，美國能源部投入資金研究游離輻射，多發性硬化症與帕金森氏症之間的關係。在像斯波坎郡（Spokane County）這種位於漢福德下風處的地區，研究人員發現罹患多發性硬化症的頻率大幅升高。Walter B. Eidbo and Merle P. Prater, "Linkage—Multiple Sclerosis and Ionizing Radiation," paper presented at Conference of Radiation Control Program Directors Radon Meeting (2004). 也可見瑞典研究人員調查醫院 X 光的診斷與職業暴露的作品。Olav Axelson, Anne-Marie Landtblom, and Ulf Flodin, "Multiple Sclerosis and Ionizing Radiation," Scandinavian Journal of Work and Environmental Health 19, no. 6 (1993): 399-404. 能源部目前也與美國航空暨太空總署共同進行低劑量的醫學研究計畫。絕大多數研究與遺傳學有關（http://lowdose.energy.gov/about_projects_doe_nasa.aspx）. 二〇〇七年，能源部資助低劑量輻射暴露的研究並且獲得進展，他們發現「基因與蛋白質表現出現劑量依存變化，這與高劑量的狀態不同」。當科學家終於成功區別出特定身體變化與低劑量暴露的不同時，對這項研究的資助也在二〇一一年到二〇一三年之間逐漸減少。這項研究被視為已經「完成」，但能源部卻未發表最終報告。引自 Rod Adams, "Why Was DOE's Low Dose Radiation Research Program Defunded in 2011," *Atomic Insights*, November 26, 2013, atomicinsights.com. 關於這篇文章的評論與要求進行更多的研究，見 C. K. Hill, "The Low-Dose Phenomenon: How Bystander Effects, Genomic Instability, and Adaptive Responses Could Transform Cancer-Risk Models," *Bulletin of the Atomic Scientists* 68, no., 3 (May 2012): 51-58.

14．*Atomnaia otrasl'strany*, 111. 二〇一四年，負責捷恰河患者的實驗研究站站長 Alexander Akleev 知會活動分子，該機構將不再為慢性輻射綜合症診斷進行任何分析。與 Nadezhda Kutepova 的對話，二〇一四年四月五日，華盛頓特區。

15．儘管二〇〇五年美國國家科學院輻射影響研究委員會游離輻射生物影響第七次會議得出結論：「沒有所謂在暴露閾值之下，低濃度游離輻射是無害的證據。」此外，除了癌症，也證明了低劑量暴露「會對健康造成其他退化性影響」，但這些洞見並未整合到法律訴訟規則之中。

16．H. M. Parker to S. T. Cantril, "Action Taken on Report on Visit to Site W, April 9, April 13, 1945 by G. Failla," July 10, 1945, HW71973, DOE Public Reading Room (PRR), Richland, WA; Parker, Control of Ground Contamination, August 19, 1954, HW 32808, PRR.

17．Scott Kirsch 提到，一九六二年，原子能委員會科學家 Harold Knapp 提出不同意見，並且在委員會內引發問題，他要求對內華達州測試場下風處的兒童與乳牛進行檢測。其他研究人員監測測試場周邊的環境，但 Knapp 要求做點不同的測試。他提議核對暴露者與暴露地的數據。這個提案在委員會內引發一波抗爭，Knapp 因此不得接觸內華達州的監測結果。Kirsch, "Harold Knapp and the Geography of Normal Controversy: Radioiodine in the Historical Environment," in Mitman, Murphy, and Seller, *Landscapes of Exposure*, 167-81.

18．Gus'kova, *Atomnaia otrasl'strany*, 87; Novoselov and Tolstikov, *Atomnyi sled*, 247.

19．V. N. Novoselov and V. S. Tolstikov, Taina "*Sorokovki*" (Ekaterinburg: Ural'skii rabochii, 1995), 247-48.

20．V. Larin, Kombinat "Maiak": *Problem ana veka* (Moscow: KMK Scientific Press, 2001), 202-3.

21．Gregg Mitman, "In Search of Health: Landscape and Disease in American Environmental History," *Environmental History* 10, no. 2 (April 2005): 184-210.

22．Siddhartha Mukherjee, *The Emperor of All Maladies: A Biography of Cancer* (New York: Scribner, 2010).

23．Linda Nash, "Finishing Nature: Harmonizing Bodies and Environments in Late-Nineteenth-Century California," *Environmental History* 8, no. 1 (January 2003): 25-52.

24．見 National Archive, Atlanta (NAA), Record Group 326. 曼哈頓計畫首次出現的醫學研究被歸類為「毒物學」，而放射生物學一般被編碼為「T」，也就是毒物學的縮寫。關於借用工業安全標準，見 Barton C. Hacker, *The Dragon's Tail: Radiation Safety in the Manhattan Project*, 19421946 (Berkeley: University of California Press, 1987), 51.

25．Linda Nash, "Purity and Danger: Historical Reflections on the Regulation of Environmental Pollutants," Environmental History 13, no. 4 (October 2008): 644; Christopher Sellers, "Discovering Environmental Cancer: Wilhelm Hueper, Post-World War II Epidemiology, and the Vanishing Clinician's Eye," *American Journal of Public Health* 87, no. 11 (1997): 1824-35.

26．關於最早的一項研究，見 L. Jacobson and R. Overstreet, "Absorption and Fixation of Fission Products and Plutonium by Plants," June 1945, Bancroft Library, Special Collections, Ernest O. Lawrence Papers (EOL), Berkeley, CA, reel 43, (box 28), folder 40.

27．"Summary Medical Research Program," NAA, 326876, box 24, "Fish Program."

28．Nash, "Finishing Nature," 44. 也可見 Christopher Sellers, "Factory as Environment: Industrial Hygiene, Professional Collaboration and the Modern Sciences of Pollution," *Environmental History Review* 18, no. 1 (April 1994): 55-83.

29．員工擔心他們的病源自於漢福德數十年的汙染，關於這點見 H. M. Parker, "Action Taken on Report on Visit to Site W by G. Failla," July 10, 1945, HW71973, PRR; Hofmaster to Jackson, July 24, 1951, H. M. Jackson Papers (HMJ), box 28, folder 23, University of Washington Special Collections; Stafford Warren, "Case of Leukemia in Mr. Donald H. Johnson," February 7, 1945, NAA, RG 4nn3268505, box 54, MD 700.2, "Enclosures"; K. R. Heid to W. F. Mills, July 30, 1979, and Michael Tiernan, August 10, 1979, RLHT595-0013-Del, PRR.

30．Nash, "Purity and Danger," 653-55.

31．公眾暴露指南發展於一九五〇年代晚期。見 Gilbert Whittemore 對 Lauriston Sale Taylor 的訪談，一九九〇年八月十一日，Niels Bohr Library and Archive, section II, http://www.aip.org/history/ohilist/5153_2.html.

32．見 Brown, *Plutopia*, 178-84.

33．Novoselov and Tolstikov, *Atomnyi sled*, 170.

34・關於例外，見 "Experiments to Test the Validity of the Linear rdose/mutation Rate Relation at Low Dosage," RG 4nn326876, Box 24, "Summary Medical Research Program," NAA.

35・Christopher Sellers, "Body, Place and the State: The Makings of an 'Environmentalist' Imagery in the Post-World War II U.S." *Radical History Review*, no. 74 (Spring 1999), 52-54.

36・Sarah S. Lochlann Jain, *Malignant: How Cancer Becomes Us* (Berkeley: University of California Press, 2013), 80. 癌症藥物的隨機控制實驗中，人類主體遭到抹除，關於這點見頁 117。

37・Sanjiv Pandita, "Environment and Labour in China: Change is Led from Below," *International Labor and Working-Class History*, no. 85 (Spring 2014), 210-6.

38・David Richardson, Steve Wing, and Alice Stewart, "The Relevance of Occupational Epidemiology to Radiation Protection Standards," *New Solutions* 9, no. 2 (1999):133-51.

39・Sander Greenland, "Underestimating Effects: Why Causation Probabilities Need to Be Replaced in Regulation, Policy, and the Law," *Bulletin of the Atomic Scientists* 68, no. 3 (2012):76-83.

40・在漢福德環境劑量重建（HEDR）案例中，研究人員重建居住在提煉廠下風處居民數十年來接受的可能劑量。這項研究的重點是透過環境監測來估計劑量暴露。見 J. E. Till, "Environmental Dose Reconstruction," in *Proceedings of the Thirty-First Annual Meeting of the National Council on Radiation Protection and Measurement (NCRP), Washington, DC, April 12-13, 1995* (Bethesda, MD: National Council on Radiation Protection, 1997). 漢福德甲狀腺疾病研究的科學家運用漢福德環境劑量重建的估計與電腦程式，檢視七個被暴露的郡一共三千四百四十名居民。研究在參與者中發現了甲狀腺癌與甲狀腺疾病的病例，但根據漢福德環境劑量重建的劑量評估，認為這些人的罹病風險與未受到輻射劑量暴露的人的罹病風險是相同的。Center for Disease Control, "Summary of the Hanford Thyroid Disease Study Final Report," June 2002.

41・"Karta ekologicheskogo sostoianiia Cheliabinskoi oblasti," (Cheliabinsk, 1994); A. E. Ivanova, V. G. Semyonova, N. S. Gavrilova, G. N. Evdokushkina, and L. A. Gavrilov, "Mortality Trends: Role of Particular Age Groups and Causes of Death in Their Shaping," *Obshchestvenno zdorov'e I profilaktika zabolevanii* 6 (2004): 3-9.

42・絕大多數銅礦只含有十分少量的銅，大概只有百分之一或更少，其餘卻是汙染物或廢料。精煉廠排出有毒金屬如鉛，砷與汞，這些金屬都無法分解。它們會留在原地，汙染水路、土壤、家中塵土與菜園，直到被清理乾淨為止。Marianne Sullivan, *Tainted Earth: Smelters, Public Health, and the Environment* (New Brunswick, NJ: Rutgers University Press, 2013), 3, 15.

43・新的敘事醫學領域正在產生，要在治療過程中整合生平與敘事。Lorrie Klosterman, "Narrative Medicine Heals Bodies and Souls" Utne Reader, September-October 2009, 3. 醫療人類學領域已經針對地貌，健康與身體的關係問題探索了一段時間。例見 João Guilherme Biehl, *Vita: Life in a Zone of Social Abandonment* (Berkeley: University of California Press, 2005); Barbara Rose Johnston and Holly M. Barker, *Consequential Damages of Nuclear War: The Rongelap Report* (Walnut Creek, CA: Left Coast Press, 2008); 以及關於受歡迎的探索，Kristen Iversen, *Full Body Burden: Growing Up In the Nuclear Shadow of Rocky Flats* (New York: Crown, 2012)。

44・Dipesh Chakrabarty, "The Climate of History: Four Theses," *Critical Inquiry* 35 (Winter 2009).

## 第五章

1．本文部分刊載為 "For the Love of Memory: The Hasids Return to Ukraine," *Culture Front Magazine* 8, no. 1 (Spring 1999).

2．根據蘇聯安全官員的記錄，這些教派運動涵蓋了沃里尼亞（Volynia）、波多里亞（Podillia）與基輔各州的人口。見 Olena Pchilka, "Ukrain'ski narodni legendy ostann'ogo chasu," *Etnografichnyi visnyk* 1 (1925): 43, 47.

3．Gershon David Hundert, ed., *Essential Papers on Hasidism: Origins to Present* (New York: New York University Press, 1991), 4-5; Martin Bubers, "My Way to Hasidism," in Hundert, *Essential Papers*, 501; and *Evreiskaia entsiklopedia* (St. Petersburg, 1913), 966. 有許多理論解釋哈西姆猶太教為什麼集中在右岸烏克蘭發展。見 Simon Dubnov, "The Beginnings: The Baal Shem Tov (Besht) and the Center in Podillia," and Benzion Dinur, "The Origins of Hasidism and its Social and Messianic Foundations," both in Hundert, *Essential Papers*, 25-57, 86-87; Murray Jay Rosman, *Founder of Hasidism: A Quest for the Historical Ba'al Shem Tov* (Berkeley: University of California Press, 1996); Yitzhak Buxbaum, *The Light and Fire of the Baal Shem Tov* (New York: Continuum, 2006); Adam Teller, "Hasidism and the Challenge of Geography: The Polish Background to the Spread of the Hasidic Movement," *AJS Review: The Journal of the Association for Jewish Studies* 30, no. 1 (2006): 1-29; and Shmuel Yosef Agnon and S Goĭzman, Rasskazy o Baal'-Shem-Tove (Moscow: Tekst: Knizhniki, 2011).

4．Karel C. Berkhoff, *Harvest of Despair: Life and Death in Ukraine under Nazi Rule* (Cambridge, MA: Harvard University Press, 2008), 175-96; Ulrich Herbert, *Hitler's Foreign Workers: Enforced Foreign Labor in Germany under the Third Reich* (Cambridge: Cambridge University Press, 2006), 167-71, 279-82.

5．Herbert, *Hitler's Foreign Workers*, 164-65, 227-28, 244-46, 267-68.

6．Anna Knisch to Semen Knisch（無日期），United States Holocaust Memorial Museum (USHMM) LM0358, reel 3, microfilm from the State Archive of the Kiev Oblast (DAKO) 4826/1/2, p. 8.

7．正好相反，中世紀史家發現基督徒與猶太人文化相互影響，而且有著共同的社會議題。見 Ivan G. Marcus, *Rituals of Childhood: Jewish Acculturation in Medieval Europe* (New Haven, CT: Yale University Press, 1996); Elisheva Baumgarten, *Mothers and Children: Jewish Family Life in Medieval Europe* (Princeton, NJ: Princeton University Press, 2004).

8．Pchilka, "Ukrainskii nardoni legendy"; David Blackbourn, *Marpingen: Apparitions of the Virgin Mary in Nineteenth-Century Germany* (New York: Knopf, 1994).

9．當代的例子，見 Vera Shevzov, "Miracle-Working Icons, Laity, and Authority in the Russian Orthodox Church, 1861-1917," *Russian Review* 58, no. 1 (January 1999): 40, 45. 一九五〇年代有類似的理性化過程，見 Monica Black, "Miracles in the Shadow of the Economic Miracle: The 'Supernatural '50s' in West Germany,'" *Journal of Modern History* 84, no. 4 (December 2012): 833-60.

10．「病理學」與「流行病」這些社會議題觀念經常在提到十九世紀末俄羅斯社會分裂的印象時被提及。見 Irina Paperno, "Constructing the Meaning of Suicide: The Russian Press in the Age of the Great Reforms," in *Imperial Russia: New Histories for the Empire*, ed. Jane Burbank and David L. Ransel (Bloomington: Indiana University Press, 1998), 305-32.

11．Ivan Alekseevich Sikorskii, "Psikhopaticheskaia epidemiia 1892 goda v Kievskoi guberni," *Sbornik nauchno-literaturnykh statei: pop voprosam obshchestvennoi psikhologii, vospitaniia I nervon-psikhicheskoi gigieniy* 5 (1900):44-114.

12．Olga Semyonova Tian-Shanskaia, *Village Life in Late Tsarist Russia*, ed. David L. Ransel (Bloomington: Indiana University Press, 1993).

13．西科爾斯基除了是精神科醫師，也是早期的種族人類學家，他致力於保存羅斯人（Rus'）後裔的雅利安人特質，以免受到墮落的鄰人汙染，包括烏克蘭邊境地區的猶太人、波蘭人與「德意志人」。見 Faith Hillis, *Children of Rus': Right-Bank Ukraine and the Invention of a Russian Nation* (Ithaca, NY:Cornell University Press, 2013), 103.

14．Sikorskii, "Psikhopaticheskaia epidemiia, 59-64.

15．Nykanor Dmytruk, "Z novogo pobutu," *Ethnografichnyi visnyk* 2 (1926), 31-37. 關於這起事件的討論，見 Kate Brown, *A Biography of No Place: From Ethnic Borderland to Soviet Heartland* (Cambridge, MA: Harvard University Press, 2004), 69.

16．哈拉維說這是「移動式的定位」。Haraway, "Situated Knowledges," 583.

17．Gilbert Meilaender, "Dependent Rational Animals: Why Human Beings Need the Virtues and The MacIntyre Reader," *First Things*, October 1999, http://www.firstthings.com/article/2007/01/dependent-rational-animals-why-human-beings-need-the-virtues-and-the-macintyre-reader-35.

## 第六章

1．本文最初發表於 *American Historical Review* 106, no. 1 (February 2001): 17-48。卡爾拉格的意思是 Karagandinskaia lager，卡拉干達勞改營。

2．Iuri ĭ Aleksandrovich Poliakov and V. B. Zhiromskaia, eds., *Vsesoiuznaia perepis' naseleniia 1937 goda—obshchie itogi: Sbornik dokumentov* (Moscow: ROSSPĖN, 2007), 180.

3．相同的評論者經常提到蘇聯都市空間的重複與一成不變，並且將這些特質歸咎於社會主義極權政府的國家控制與毫無創意由上到下的計畫視角，但他們卻忘了，美國房地產開發的重複與一成不變也在繁榮的資本主義中心出現。

4．然而，在平緩的高地，格子並非不可避免。過去絲路的沿線城市，如塔什干（Tashkent）、撒馬爾罕（Samarkand）與喀什（Kashgar），市中心是清真寺與市集，四周的街道都迂迴蜿蜒，看不出特定的模式。在美國的西南部，梅薩維德（Mesa Verde）是一座建築在台地懸崖上的複雜迷宮，普韋布洛・波尼托（Pueblo Bonito）將梅薩維德團團圍住，就像一座當代的足球場。

5．Italo Calvino, *Invisible Cities*, trans. William Weaver (New York: Harcourt Brace Jovanovich, 1978), 11. 昂希・勒費弗爾認為，從一個生產模式過渡到另一個生產模式，必定會造成新空間的產生。他主張歷史應研究「內在連結、扭曲、置換、相互內在關係以及它們與特定社會或生產模式的空間實踐之間的關連」。Lefebvre, *The Production of Space*, trans. Donald Nicholson-Smith (Oxford: Blackwell, 1994), 42-46. 此外，Marshall Berman 指出，革命必須產生新的空間類型。見 Berman 對 Cherny-shevsky 水晶宮的討論，*All That Is Solid Melts into Air: The Experience of Modernity* (New York: Simon and Schuster, 1982), 241-44.

6．蘇聯聯邦與共和國安全機構的名稱與管轄範圍經常更動。一九三四年，國家政治保衛總局併入內務人民委員部，後者負責管理古拉格與特別屯墾區。一九四六年，負責國家安全的機構改名為內務部。為了避免混淆，在本文中，我會把蘇聯安全機構統稱為內務人民委員部。

7．蘇聯安全部隊負責各種監禁、逮捕與流放工作。被捕者被送到監獄或勞改營。被放逐者被限制居住在特定地區，稱為「特別屯墾區」或「勞動屯墾區」。關於蘇聯的刑罰制度，見 Edwin Bacon, *The Gulag at War: Stalin's Forced Labour System in the Light of the Archives* (New York: New York University Press, 1994); Viktor P. Danilov and S. A. Krusil'nikov, eds., *Spetspereselentsy v Zapadnoi Sibiri, 1933-1938* (Novosibirsk: ÉKOR, 1994); Galina Mikhailovna Ivanova, *Gulag v sisteme totalitarnogo gosudarstva (Moscow: Moskovskii obshchestvennyi nauchnyi fond, 1997)*; Michael Jakobson, *The Origins of the GULAG: The Soviet Prison-Camp System, 1917-1934* (Lexington, KY, 1993); Lynne Viola, *The Unknown Gulag: The Lost World of Stalin's Special Settlements* (Oxford: Oxford University Press, 2007); Steven Anthony Barnes, *Death and Redemption: The Gulag and the Shaping of Soviet Society* (Princeton, NJ: Princeton University Press, 2011);Wilson T. Bell, "Was the Gulag and Archipelago? De-Convoyed Prisoners and Porous Borders in the Camps of Western Siberia," *Russian Review* 72, no. 1 (January 2013): 116-41. 關於統計數據，見 J. Otto Pohl, *The StalinistPenal System: A Statistical History of Soviet Repression and Terror, 1930-1953* (Jefferson, NC: McFarland, 1997); and V. H. Zemskov, "Spetsposelentsi," *Sotsiologicheskie issledovaniia* 11 (1990): 3-17.

8．Deborah Cohen and Maura O'Connor, *Comparison and History: Europe in Cross-National Perspective* (New York: Routledge, 2004).

9．拿納粹德國與史達林主義蘇聯相比，認為兩者同是「極權主義」國家，對於這樣的觀點出現了一些有趣的評論，見 Ian Kershaw and Moshe Lewin, eds., *Stalinism and Nazism: Dictatorships in Comparison* (Cambridge: Cambridge University Press, 1997). 關於極權主義國家概念變遷的討論，見 Abbott Gleason, *Totalitarianism: The Inner History of the Cold War* (New York: Oxford University Press, 1995). 近期認為德國與俄國歷史「相互糾纏」的學術研究，見 Michael David-Fox and Alexander M. Martin, *Fascination and Enmity: Russia and Germany as Entangled Histories, 1914-1945* (Pittsburgh, PA: University of Pittsburgh Press, 2012); Omer Bartov and Eric D. Weitz, *Shatterzone of Empires: Coexistence and Violence in the German, Habsburg, Russian, and Ottoman Borderlands* ( Bloomington: Indiana University Press, 2013).

10．相反地，在冷戰之前、一九三〇年代及二次大戰期間，歷史學家、政治學者與記者則在蘇聯與美國之間尋找、而且真的找到了類似點。不僅左傾分子，連右翼商人與政治人物也認為美蘇之間有共通點，他們前往當地，與蘇聯交換資訊。舉例來說，魯弗斯・伍茲（Rufus Woods），一名具影響力而且在政治上偏保守派的華盛頓州報業人士，同時也是大古力水壩（Grand Coulee Dam）的主要推動者，他曾在一九三〇年代初數次前往蘇聯。伍茲雖然是保守派人士，卻讚賞蘇聯的工業化運動，並且認為同樣的大建設模式可以讓西方恢復活力。見 Robert E. Ficken, *Rufus Woods, the Columbia River and the Building of Modern Washington* (Pullman: Washington State University Press, 1995). 關於蘇聯的新政主義者，見 Amity Shlaes, *The Forgotten Man: A New History of the Great Depression* (New York: Harper Perennial, 2008), 47-85. 適切的美蘇比較研究，見 William T. R. Fox, *The Super-Powers: The United States, Britain, and the Soviet Union—Their Responsibility for Peace* (New York: Harcourt, Brace and Company, 1944); I. A. Startsev, *Amerika I Russkoe obshchestvo* (Moscow: Izd-vo Akademii nauk SSSR, 1942); Merle Elliott Tracy, *Our Country, Our People, and Theirs* (New York: Macmillan, 1938); Edmund Wilson, *Travels in Two Democracies* (New York: Harcourt, Brace and Company, 1936).

11．Jonathan A. Becker, *Soviet and Russian Press Coverage of the United States: Press, Politics, and Identity in Transition* (New York: St. Martin's Press, 1999).

12．Lefebvre, *Production of Space*,55, 62.

13．Iain Chambers 寫道：「早期二元性的瓦解——真實與人造，本來與虛假——導致人們捨棄先前的知識論的確定性，進入了具有指導性的混亂狀態。」Chambers, *Migrancy, Culture, Identity* (London: Routledge, 1994), 58.

14．見 Michel Foucault 論強制的技巧，*Discipline and Punish: The Birth of the Prison, trans. Alan Sheridan* (New York: Vintage, 1995). 在蘇聯，敵人與人民叛徒最常被冠上同情資本主義或「資產階級—民族主義」國家的罪名。同時，在美國，一次大戰期間，Palmer Raids 在眾議院非美活動調查委員會聽證會上表示，社會主義者、共產主義者及其「同路人」構成具威脅性的不忠誠公民。見 Alan M. Ball, *Russia's Last Capitalists: The Nepmen, 1921-1929* (Berkeley: University of California Press, 1987); Victor S. Navasky, *Naming Names* (New York: Hill and Wang, 2003).

15．如 Foucault 的做法，*Discipline and Punish*, 167-200.

16．如 David Rollison 所言：「空間的組織（與想像）與維持既有權力結構大有關係。」Rollison, "Exploding England: The Dialectics of Mobility and Settlement in Early Modern England," *Social History* 24 (January 1999): 1-16.

17．勒費弗爾指出，西屬美洲城鎮如何以格子為基礎而建立，這種做法反映了新城市權力的政治與行政權威。格子讓西班牙殖民者以階序的角度來安排空間，他們把空間劃分成一個個分隔的小單元，使其各自擁有不同的功能。Lefebvre, *Production of Space*, 151.

18．James C. Scott, *Seeing Like a State: How Certain Schemes to Improve the Human Condition Have Failed* (New Haven, CT: Yale University Press, 1998), 2.

19．芝加哥以西的地區如何以這種方式出現在地圖上與商品化，相關研究見 William Cronon, *Nature's Metropolis: Chicago and the Great West* (New York: Norton, 1991).

20．Sim van der Ryn and Peter Calthorpe, *Sustainable Communities: A New Design Synthesis for Cities, Suburbs, and Towns* (San Francisco: Sierra Club Books, 1986), 3. 斯科特對比了格子狀工業城市與中東古城麥地那，後者每個鄰里社區都是獨特的，「總數達百萬的設計與活動」，沒有整體的計劃或地圖。Scott, *Seeing Like a State*, 184.

21．關於美國西部故事的變遷討論，見 William Cronon, "A Place for Stories: Nature, History and Narrative," *Journal of American History* 78 (1992): 1347-76.

22．引自 John William Reps, *The Forgotten Frontier: Urban Planning in the American West before 1890* (Columbia: University of Missouri Press, 1981), 454.

23．Carroll Van West, *Capitalism on the Frontier: Billings and the Yellowstone Valley in the Nineteenth Century* (Lincoln: University of Nebraska Press, 1993), 120.

24．Ibid., 119.

25．Waldo Orlando Kliewer, "The Foundations of Billings, Montana" (MA thesis, University of Washington, 1938), 11, 20.

26．West, *Capitalism on the Frontier*, 124.

27．見 Reps, *Forgotten Frontier*; Cronon, *Nature's Metropolis*; Richard White, *The Organic Machine: The Remaking of the Columbia River* (New York: Hill and Wang, 1995).

28．一九三〇年，卡拉干達礦場生產共三千噸的煤，低於一九一三年前革命時期的七千三百噸。見 O. Malybaev, *Bor'ba KPSS za sozdanie I razvitie tret'ei ugol'noi bazy SSSR* (Alma-Ata: Kazakhskoe gos. Izd-vo, 1961), 64.

29．"Politburo Resolutions," Secret Sector of the All-Union Resettlement Committee of the SNK SSSR, Rossiiskii Gosudarstvennyi Arkhiv Ekonomiki [Russian State Economics Archive] (hereafter, RGAE), 1/5675/48a.

30．卡爾拉格的行政中心本身就是一座城鎮，座落在卡拉干達市區之外。卡爾拉格有分支單位，遍布卡拉干達州各處。到了一九三六年初，在卡爾拉格共計有三萬七千九百五十八名囚犯與八百零六名職員。S. Dil'manov and E. Kuznetsova, *Karlag* (Alma-Aty, 1997).

31・在工業運動期間建立的格子狀城市包括馬格尼托哥爾斯克（Magnitogorsk）、下塔吉爾（Nizhnii Tagil）、奧爾斯克（Orsk）、新庫斯內次（Novokuznetsk）、馬凱耶夫卡（Makeevka）、青年城（Komsomol'sk）、布拉茨克（Bratsk）、馬加丹（Magadan）與諾里爾斯（Noril'sk）。蘇聯都市計畫與馬格尼托哥爾斯克從無到有的建立，相關討論見 Stephen Kotkin, *Magnetic Mountain: Stalinism as a Civilization* (Berkeley: University of California Press, 1995), 72-85, 108-23。社會主義世界的都市建築與歷史的討論，見部落格 http://www.secondworldurbanity.org/.

32・見 Berman 對俄國革命現代城市的討論，"the dream of modernization without urbanization," in *All That Is Solid*, 241-44。呼應卡拉干達去都市化的都市空間的說法，見 Sabit Mukanov, *Karaganda* (Moscow: Foreign Languages Publishing House, 1954).

33・土地是從 Letovichnii 與 Bliukherovskii 的肉類集體農場重分配，這表示這些土地原本是分配給哈薩克的牧場主人。見 "Dokladnaia zapiska o pereselenii I khoziaistvennom ustroistva Ukrainskikh pereselentsev v Kazakhskoi ASSR," October 11, 1936, Gosudarstvennyi Arkhiv Rossiiskoi Federatsii (State Archive of the Russian Federation; hereafter, GARF), 9479/1/36, 23-26. 在另一份文獻中，三十七個屯墾區獲得的土地面積是九十五萬五千七百四十英畝。Pliner to Ezhov, Agranov, and Berman, GARF 9479/1/36, 36-39. 也可見 Pohl, *Stalinist Penal System*, 40. 古拉格勞改營制度的拓展，背後存在著不斷成長的經濟推力，關於這點見 Ivanova, *Gulag v sisteme totalitarnogo gosudarstva*, 84-88.

34・這些「非定居地」原本屬於哈薩克人放養牲畜的農場，這些土地重新分配給內務人民委員部做為農地使用，並且進行劃分、移轉與估價，其他土地的處理也有類似之處，見 Director of the Land Fund of the Labor Colony, NKVD Shkele to GULAG NKVD Pliner, November 5, 1936, RGAE 5675/1/140, 1, 12; All-Union Department of Resettlement, Berman to Miroshnikov on the incorporation of the department into the NKVD, July 4, 1936, RGAE 5675/1/165, 1. 25.

35・*Billings Herald*, June 1, 1882, 引自 West, *Capitalism on the Frontier*, 133.

36・Mukhanov, *Karaganda*.

37・Berman 寫道：「這道金錢、速度、性與權力的方程式並非資本主義所獨有。它也是二十世紀社會主義集體奧祕的核心。」Berman 指出，在美蘇社會，民眾的自我形象完全建立在整個移動的人群身上。他在討論歌德（Johann Wolfgang Goethe）《浮士德》（*Faust*）的現代主義觀點時提到，關鍵在於「不放過任何東西，要超越所有疆界……所有自然與人為藩籬都要在生產與建造的熱潮前倒下。」Berman, *All That Is Solid*, 49, 64.

38・一個七人工作團隊在一個月內完成了一間公共澡堂、一間醫院與一所學校。A. S. Elagin, B. N. Abisheva, and K. Nurpeisov, eds., *Karaganda, Istoriia gorodov Kazakhstana* (Alma-Ata: Nauka, 1989).

39・引自 Reps, *Forgotten Frontier*, 693.

40・Kliewer, "Foundations of Billings, Montana," 22.

41・Kotkin, *Magnetic Mountain*, 106.

42・Richard White, "*It's Your Misfortune and None of My Own*": *A New History of the American West* (Norman: University of Oklahoma Press, 1993), 216.

43・見被放逐到哈薩克的人的描述，Stanisław Ciesielski and Anton Kuczynski, eds., Polacy w Kazachstanie: Historia I *wspolczesnosc* (Wrocław: Wydawnictwo Uniwersytetu Wrocławskiego, 1996); Krzysztof Samborski, "Zyczliwosci zadnoi," *Dziennik Polski*, July 6, 1995; Jerzy Sierociuk, "Archipelag Kokczetaw," *Przeglad*

Akademicki 13-14 (1994). Vieda Skultans 寫道，被流放到西伯利亞或被監禁在勞改營的人，他們強調他們居住之地的廣大與空無一物，並且認為這是他們對當地地貌缺乏個人記憶的原因之一。Skultans, *The Testimony of Lives: Narrative and Memory in Post-Soviet Latvia* (London: Routledge, 1998), 28.

44．如勒費弗爾所言，「認為空間一開始是空的，之後才被社會生活填充與調整，這種觀念的背後其實也存在著一種假設，那就是認為空間一開始是『純淨』的，並且認為這是『自然』，是一種人類現實的起源點。」勒費弗爾認為，這種「空的」空間只是另一種空間的再現形式。Lefebvre, *Production of Space*, 190.

45．事實上，現在北美大平原上的大牧場經營者，正面臨過度放牧造成的土壤侵蝕問題，他們因此改進了放牧方法，遵循過去野牛群的放牧模式。

46．Mukanov, *Karaganda*; Elagin, Abisheva, and Nurpeisov, *Karaganda*; T. Y. Barag, *Karaganda* (Moscow: Gos. Izd-vo Arkhitektury I gradostroitel'sva, 1950); Malybaev, *Bor'ba KPSS*.

47．Malybaev, *Bor'ba KPSS*, 15.

48．Ibid., 102.

49．關於前蘇聯時期與蘇聯時期的哈薩克歷史，見 Martha Brill Olcott, *The Kazakhs*, 2nd ed. (Stanford, CA: Stanford University Press, 1995); Elizabeth E. Bacon, *Central Asians under Russian Rule: A Study in Culture Change*, 2nd ed. (Ithaca, NY: Cornell University Press, 1980); A. K. Akhmetov, ed., History of Kazakhstan: *Essays* (Almaty: Gylym, 1988); M. K. Kozilbaev and K. S. Algazhumanov, *Tatalitarnii sotsializm: Real'nost' I posledstviia* (Almaty, 1997).

50．White, *"It's Your Misfortune,"* 87.

51．羅里斯認為，有兩種方式可以把土地轉變成財產。首先是將人趕離土地。其次是把舊文化的痕跡完全抹除。他表示，藉由這種方式，「資本主義價值擴展導致對地貌的巨大操作與轉變就能摧毀人類的記憶。」David Rollison, *The Local Origins of Modern Society: Gloucestershire 1500-1800* (London: Routledge, 1992), 73.

52．West, *Capitalism on the Frontier*, 175.

53．出自《比靈斯郵報》，一八八四年四月十七日，引自 Kliewer, "Foundations of Billings, Montana."

54．見 Olcott, *Kazakhs*; A. K. Akshiyev, et al., eds., *Istoriia Kazakhstana* (Almaty, 1993), 310.

55．作者訪談 M. K. Kozybaev，阿拉木圖，一九九七年九月。

56．Charles Phillips and Allan Axelrod, eds., *Encyclopedia of the American West* (New York: Macmillan, 1996), 4:1092.

57．這段克羅族歷史的簡略敘述只提到印第安人受害的後設敘事。克羅族在建立克羅族保留區的適應力與實用主義，加速了部族朝現代自我意識轉折，關於這方面的複雜觀點，見 Frederick E. Hoxie, *Parading through History: The Making of the Crow Nation in America, 1805-1935* (Cambridge: Cambridge University Press, 1995).

58．見 Olcott, *Kazakhs*, chap. 8.

59．見 Tsentral'nii Gosudarstvennyi Arkhiv Kinofotodokumentov Respubliki Kazakhstan (hereafter, TsGAK RK), photo numbers: 5-4377, 5-3655, 5-4380 (1930).

60. "Twenty Years of the Billings Gazette," *Billings Gazette*, 1905.

61. West, *Capitalism on the Frontier*, 145.

62. 內務人民委員部再安置局下令在哈薩克的幹員從哈薩克牧民盜取來的土地上劃定新疆界。報告源自 Alma-Ata on Karaganda Oblast', RGAE 5675/1/140 (Autumn 1936), ll. 13-19. 一九三一年，內務人民委員部再安置局開始將 kulaks（富農）放逐到哈薩克，之後，在一九三六年，又放逐了一群波蘭人與德國人。這項放逐計畫的開拓性質與卡爾拉格的建立類似。一名官員在提到一九三六年計畫時表示：「絕大多數新工業基地位於卡拉干達州。新建立地區的人口稀疏，造成嚴重問題。經過一連串的活動，再安置活化了這個空曠地帶，使農業發展成為可能。」這個地區有多邊緣，從以下報告的摘錄就可看出：「幾乎每一塊土地都找不到水源。」From Land Fund (OMZ) to Pliner, November 2, 1936, RGAE 5675/1/40, 4. 也可見 Director of the Land Fund of the Labor Colony, NKVD Shkele to GULAG NKVD Pliner, November 5, 1936, RGAE 5675/1/140, 12. 關於一九三六年的放逐，見 GARF 5446/18a/209 (23/I/36); 關於烏克蘭共和國提議放逐，見 the Central State Archives of Government Organizations of Ukraine (hereafter, TsDAHOU) 1/16/12 (February 25, 1936); TsDaHOU 1/16/12, l. 346 (November 25, 1935); 關於內務人民委員部在哈薩克做的準備工作，見 Berman to Yagoda, April 16, 1936, GARF 9479/1/36, 7-11, and July 13, 1936, GARF 9479/1/36, 12-16.

63. 屯墾區大部分座落在「無人居住的大草原，乾旱無灌溉的區域」，年雨量在八到十七英寸之間，而在哈薩克的烈日與強風下，蒸發量也非常高。關於地形的描述，見 Berman to Yagoda, July 13, 1936, GARF 9479/1/36, 1, 2-16, the State Archive of the Kochetau Oblast' (hereafter, GAKO), 906/1/29, and George J. Demko, *The Russian Colonization of Kazakhstan, 1896-1916* (Bloomington: Indiana University Press, 1969), 15.

64. 內務人民委員部也在這些社群旁草創了新城鎮，為新學校、醫院、商店與住戶設置街道。土地與責任經常在國有企業與政府機關之間換手，但土地總是掌握在大型官僚組織手裡，這些組織可能是內部安全機關、地區政府或經濟機構。舉例來說，內務人民委員部的勞改屯墾機構負責為那些被放逐到哈薩克的人提供分配網絡、文化與教育設施、醫療服務以及農業獸醫專門知識，這種狀況一直到一九三〇年代晚期才移交給土地銀行與地區政府。見 "Obiasnitel'naia zapiska NKVD SSSR za 1937 god," GARF 9479/1/41, 11.

65. 哈薩克卡拉干達州內務人民委員部報告指出，來自烏克蘭的開拓者抵達後「搞不清楚狀況」，對哈薩克的資訊有誤。他們被告知哈薩克位於南方，氣候溫暖，因此他們賣掉保暖衣物而且帶了鹽，因為聽說哈薩克當地缺鹽。有些家庭沒有攜帶任何保暖衣物，而且帶了九十磅的鹽。見 Berman to Yagoda, April 16, 1936, GARF 9479/1/36, 7-11.

66. 負責放逐的一名地方官員在一份祕密文件報告中指出，九成的被放逐者受到 Friedrich Ralow 說法的影響：「我很高興受到再安置；我會得到比現在我在集體農場裡更好的工作。」還有一些再安置官員也提到其他村落有類似感受，但他們也提到道別時的悲傷以及有些人其實不願離去。State Archives of the Zhitomir Oblast' (hereafter, DAZO), 42/1/372; P-87/1/3, 27-30, and P-42/1/327, 76. 被放逐者樂於遭到放逐，這聽起來難以相信，但我們必須考慮到，這場放逐發生在民眾自願從歐俄一處過於擁擠的農業區遷徙到哈薩克處女地的世紀。從一八八〇年到一九八〇年，超過五百萬人為了尋找處女地與機會而遷徙到哈薩克。關於統計數據，見 V. Moiseenko, "Migratsiia naseleniia v perepiskakh Rossii I SSSR," *Voprosy statistiki* 3 (1997): 30-36.

67. 七萬名被放逐者，有六萬四千三百一十九名於一九三六年十月抵達卡拉干達州。見 GARF 9479/1/36, 19.

68. 作者訪談瑪麗亞・安澤傑夫斯卡亞，圖爾加里，哈薩克，一九九七年九月二十九日。

69．關於要求允許從烏克蘭右岸邊區被放逐到哈薩克的人員名單，見 DAZO, P-42/1/372 (1936), 29, 78, 87, 163-41。

70．被放逐者不能離開他們的屯墾區超過二十五公里。見 "Postanovlenie SNK SSSR o trudovykh poseleniiakh OGPU v zapadnoi Sibiri I Kazakhstane," June 9, 1933, GARF 5446/57/25, 11. 21-22. 真正阻止被放逐者離開特別屯墾區的不是法律。內務人民委員部官員在報告中指出，被放逐者大量逃亡到蘇聯其他地方」，並且下令增派衛兵駐防於鐵路與特別屯墾區。Berman to Zalin, GARF, June 1937, 9479/1/38, 1-2. 在哈薩克北部的科克舍套州（Kokchetav Province），第一年就有百分之九的被放逐者逃亡，GAKO 11/1/39, 144.

71．J. C. Murphy, *The Comical History of Montana: A Serious Story for Free People* (San Diego, 1912), 40.

72．作者在哈薩克卡拉干達德國文化中心的訪談，一九九七年十月十三日。

73．說一九三七年是個好年似乎有點奇怪，因為一九三七年正是大恐怖盛行的一年。然而，被放逐者在一九三七年獲得的農業成功如此巨大，導致內務人民委員部官員擔心屯墾區的富農人數增多。見 Pohl, *Stalinist Penal System*, 63。在此同時，Zemskov 認為，一九三七年代表「勞動流放政權自由化的高峰」。V. H. Zemskov, "Ob uchete spetskontingenta NKVD vo vsesoiuznykh perepisei naseleniia 1937," *Sotsiologicheskie issledovaniia* 2 (1991):75.

74．作者訪談伯妮絲·麥可基，李文斯頓，蒙大拿州，一九九八年四月二十日。

75．作者訪談瑪麗亞·安澤傑夫斯卡亞，圖爾加里，哈薩克，一九九七年九月二十九日。瑪麗亞居住的「特別屯墾區」通常只會造成國家的損失，國家為了支持這些屯墾區，往往必須持續補助才能讓它們撐到隔年。與北美大平原的開拓者一樣，哈薩克的特別屯墾區居民也陷入惡性循環之中。秋天，他們繳稅給國家，並且還清國有銀行的貸款；春天，他們需要更多貸款與補助才能耕作。見 Danilov , *Spetspereselentsi*, 8.

76．West, *Capitalism on the Frontier*, 136.

77．Dil'manov and Kuznetsova, *Karlag*.

78．White, *"It's Your Misfortune,"* 236. 也可見斯科特討論農業現代化的方案，這類計畫強調科技專門知識、計畫與中央控制，因此造成商業與政治的壟斷，削弱了農民的自治程度。Scott, *Seeing Like a State*, 271.

79．West, *Capitalism on the Frontier*, 169.

80．Margarete Buber-Neumann, *Under Two Dictators*, trans. Edward Fitzgerald (London: V. Gollancz, 1950), 111.

81．命令如下：「窩瓦河（Volga）的德國人當中有數十萬名異議分子與間諜準備從事恐怖主義活動與破壞。」Postanovlenie SNK SSSR I TsK VKP (b), August 26, 1941, and ukaz Verkhovnogo Soveta SSSR, August 28, 1941, "O pereselenii nemtsev iz Saratovskoi, Stalingradskoi oblastei I Respubliki Nemtsev Povol'zhya," 複製於 G. A. Karpikova, ed., *Iz istorii Nemtsev Kazakhstana, 1921-75 gg.: Sbornik dokumentov* (Almaty: Gotika, 1997), 95. 根據這樣的分類被放逐的人數總共有一百零九萬三千四百九十人，其中三十九萬三千五百三十七人一九四九年時居住在哈薩克。Zemskov, "Spetsposelentsi," 10, 12.

82．Fred C. Koch, *The Volga Germans: In Russia and the Americas, from 1763 to the Present* (University park: Pennsylvania State University Press, 1977), 214.

83．Nels Anderson, *Men on the Move* (Chicago: University of Chicago Press, 1940), 227.

84．Ibid.

85．Steve Hochstadt 討論經濟推動力與農業貧困導致流動勞動力人數越來越多，權力越來越弱，見 *Mobility and Modernity: Migration in Germany, 1820-1989* (Ann Arbor: University of Michigan Press, 1999), 211-12.

86．Mikolaj Iwanow, *Pierwszy naród ukarany: Stalinizm wobec polskiej ludnosci kresowej, 1921-1938* (Warsaw: Państwowe Wydawn. Nauk, 1991); Ciesielski and Kuczynski, *Polacy w Kazachstanie*; Robert Conquest, *The Nation Killers: The Soviet Deportation of Nationalities* (London: Macmillan, 1970); Alexander Nekrich, *The Punished Peoples: The Deportation and Fate of Soviet Minorities at the End of the Second World War*, trans. George Sanders (New York: Norton, 1978); Genrich Strons'kii, *Zlet i podinnya: Pol's'kii natsional'nii raion v Ukraini y 20-30 roki* (Ternopil, 1992). 人們流離失所的形象被普及化為一種理想「類型」，關於這點見 Lisa H. Malkki, *Purity and Exile: Violence, Memory, and National Cosmology among Hutu Refugees in Tanzania* (Chicago: University of Chicago Press, 1995), 8-14.

87．作者訪談瑪麗亞．威瑪，卡拉干達，一九九七年十月。

88．勒費弗爾寫道：「在空間中，時間消耗或吞噬了生命。」Lefebvre, *Production of Space*, 57.

89．關於煤礦開採的特殊「工作景象」，見 Thomas G. Andrews, *Killing for Coal: America's Deadliest Labor War* (Cambridge, MA: Harvard University Press, 2010).

90．Mary Murphy, *Mining Cultures: Men, Women, and Leisure in Butte, 1914-41* (Urbana: University of Illinois Press, 1997), 4.

91．這個數字是從四百萬製造業工人中得出的；在這些工人中，每年有五十萬人意外受傷。Edward L. Ayers, ed., *American Passages: A History of the United States* (Fort Worth, TX: Harcourt College, 2000).

92．Pohl, *Stalinist Penal System*, table 25, p. 48. 這不是說美國勞工死亡與蘇聯勞改營造成的死亡可以相提並論。內務人民委員部指揮的產業占了全蘇聯各項產業總生產量的百分之十五到七十五之間。一九三〇年代，超過數千名無償的蘇聯工人死於工作。

93．內務人民委員部的命令很明確：「被徵召來的勞動軍沒有權利成立混居的屯墾區。他們必須被安置在特殊的隔離區，與一般工人區別開來。」GARF 9479/1/57, 7-8.

94．一九四九年，在哈薩克，有八十二萬一百六十五名被放逐者住在被看守的「特別屯墾區」。特別屯墾者的類別分成以下幾個國家明定的種族—政治群體：德國人、車臣人、印古什人、卡拉恰伊人（Karachaevs）、巴什基爾人、卡爾梅克人、聽命於弗拉索夫將軍（General Vlasov）與德國勾結的俄國人、烏克蘭民族主義分子，以及來自喬治亞（Georgia）與克里米亞的被放逐者。Zemskov, "Spetsposelentsi," 3-17.

95．見 Terry Martin, *The Affirmative Action Empire: Nations and Nationalism in the Soviet Union, 1923-1939* (Ithaca, NY: Cornell University Press, 2001), 152.

96．Yda Schreuder, "Labor Segmentation, Ethnic Division of Labor, and Residential Segregation in American Cities in the Early Twentieth Century," Professional Geography 41 (1989): 131-43.

97．無論是蘇聯還是美國城市，種族聚居區都未達到純粹形式；人們移出與移入種族聚居區，但通常頗為困難。

98．Marshall Berman 評論波特萊爾（Baudelaire）對十九世紀巴黎的描述時寫道，不難理解波特萊爾「喚起內心情感的偶遇」永遠不可能在當代都市空間樣貌中出現：「到了我們這個世紀，都市空間經過系統化設計與組織，確保了衝突與對立不會發生……十九世紀都市主義的特徵是林蔭大道，這是將爆炸性物質與人力結合在一起的媒介；二十世紀都市主義的特徵則是公路，公路的出現使得上述物質與人力分崩離析。」Berman, *All That Is Solid*, 165.

99・身為「勞動軍」成員的瑪麗亞・威瑪，於一九四七年獲得自由。見 Pohl, *Stalinist Penal System*, 76. 然而，分區仍有其他來自卡爾拉格的犯人，直到一九五五年，這些分區才從城市景象中消失，卡拉干達州終於釋放最後幾類不自由的人口。卡爾拉格於一九五六年關閉，在卡拉干達的鄉間，被稱為「特別屯墾者」的被放逐者逐漸因為一九五四年到一九七四年的一系列立法而獲得遷徙自由。Karpikova, *Iz istorii Nemtsev Kazakhstana*; Dil'manov and Kuznetsova, Karlag, 12; and V. H. Zemskov, "Massovoe osvobozhdenie spetsposelentsev I ssyl'nykh, 1954-1966 gg.," *Sotsiologicheskie issledovaniia* 4 (1991): 5-25.

100・作者訪談瑪麗亞・威瑪，卡拉干達，錄音帶，一九九七年十月。

## 第七章

1・本章部分內容發表為 "A Place in Biography for Oneself," *American Historical Review* 114 (June 2009): 596-605.

2・關於一九二〇年代右岸烏克蘭的奇蹟現象與不潔力量的信仰，見 Nykanor Dmytruk, "Pro chudesa na Ukraini roku 1923-80," *Ethnografichnyi visnyk* 1 (1925): 50-65; Dmytruk, "Z novogo pobutu," *Ethnografichnyi visnyk* 2 (1926): 31-37; Dmytruk, "'Chudesa' na Poltavshchyni, 1928," Ethnografichnyi visnyk 8 (1929): 168-80; Vasyl' Kravchenko, "Osapatova dolina," *Etnografichnyi visnyk* 2 (1926): 108-11; Olena Pchilka, "Ukrain'ski narodni legendy ostann'ogo chasu," *Etnografichnyi visnyk* 1 (1925): 43-47; Ludmila Vinogradov, "Polesskaia demonologiia" in Anna Skrypnyk, ed., Polissia—*mova, kul'tura, istoriia* (Kiev, 1996).

3・關於波利西亞（Polesia）是斯拉夫文明的搖籃，見 Stefaniia Gvozdevich, "Arkhaichnyi element u rodil'ni obriadovosty polishchukiv" in Anna Skrypnyk, ed., *Polissia—mova, kul'tura, istoriia* (Kiev: Asotsiatsiia etnolohiv, 1996), 247-51.

4・見 "Kharakteristika Dzerzhinskogo natsional'nogo pol'skogo raiona BSSR," Gosudarstvennyi Arkhiv Rossiiskoi Federatsii (GARF) 3316/64/1537, (1934):17-22. 關於蘇聯烏克蘭的波蘭自治區的政治—民族—地理性質的類似報告，見 GARF, 3316/28/775, (1934): 33-42. 關於白俄羅斯的波蘭區的報告，見 GARF, 3316/28/775, (1935): 27.

5・個人傳記，或自傳敘述，是蘇聯政治生活特有的部分。Jochen Hellbeck 形容這是一種個人的公共「作品，目的是為了自我保護」。邊疆地區的少數民族地區的傳記作者，把個人社會主義轉變與集體變節的敘事與形容詞運用在少數民族地區，彷彿他們——「波蘭人」或「德國人」——像同一具身體一樣整齊劃一地行動。蘇聯官員用「傳記」這個術語與語言來描述地域而非描述個人，顯示在一九三〇年代「傳記」這個概念如何傳布到以民族劃分的地域上。Hellbeck, *Revolution on My Mind: Writing a Diary under Stalin* (Cambridge, MA: Harvard University Press, 2006): 7. 也可見 Sheila Fitzpatrick, *Tear off the Masks! Identity and Imposture in Twentieth-Century Russia* (Princeton, NJ: Princeton University Press, 2005); Igal Halfin, *From Darkness to Light Class, Consciousness, and Salvation in Revolutionary Russia* (Pittsburgh, 2000).

6・Zofia Kossak-Szczucka, *Pożoga: Wspomnienia z Wołynia, 1917-1919* (Kraków: Nakl. Krakowskiej Spółki Wydawniczej, 1923); Maria Dunin-Kozicka, *Burza od wschodu: Wspomnienia z Kijowszczyzny, 1918-1920* (Łódź: Wydawnj. "Artus," 1990); Anna Zahorska's books *Uchodzy* (1922), *Odrutowana okolica* (Warsaw: Biblioteka Domu Polskiego, 1925), and *Trucizny* (Warsaw: Dom Książki Polskiej, 1928); Kazimierz Leczycki, "Brat z tamtej strony." *Słowo*, no. 61 (Wilno, 1923);Jerzy Stempowski, *W doline Dniestru i inne eseje Ukraińskie: Listy o Ukrainie* (Warsaw: LNB, 1993); V. G. Bogoranz, *Evreiskoe mestechko v revoliutsii* (Moscow, 1926); L.Aizenberg, "Chudo tsadika v kassastionnom senate," *Evreiskaia letopis'* 4 (1926): 81; L. M. Aizenberg, "Chudo tsadika v kassastionnom senate," *Evreiskaia letopis'* 4 (1926); Herbert Henke, "Der dornige Weg zum Wissen: Autobiographische Skizzen,"*Feniks*, no. 11 (September 1995), 2-76.

7・Marshall Berman, *All That Is Solid Melts in Air: The Experience of Modernity* (New York: Simon and Schuster, 1982).

8・關於烏克蘭的波蘭人，見 W. Tągoborski, *Polacy Związku Radzieckiego: Ich pochodzenie, udział w Rewolucji Padźiernikowej I budownictwie socjalistycznym* (Moscow, 1929); Mikołaj Iwanow, *Pierwszy naród ukarany: Stalinizm wobec polskiej ludności kresowej, 1921-1938* (Warsaw: Państwowe Wydawn. Nauk, 1991); Janusz M. *Kupczak, Polacy na Ukrainie w latach 1921-1939* (Wrocław: Wydawn, Uniwersytetu Wrocławskiego, 1994); Genrikh Strons'kyi, *Zlet I podinnia: pol'skii natsional'nii raion v Ukrainy u 20-30 roki* (Ternopil', 1992); Antoni Urbanski, *Z czarnego szlaku I tamtych rubieży: Zabytki polskie przepadłe na podolu, Wołyniu, Ukraine* (Gdansk: Graf, 1991). 關於烏克蘭的德國人，見 Meir Buchsweiler, *Volksdeutsch in der Ukraine am Vorabend und Beginn des Zweitern Weltkriegs: Ein Fall Doppelter Loyalität?* (Gerlingen: Bleicher, 1984); Bogdan Chyrko, *Nemtsi v Ukraini 20-30-ti rr. XX ct (Kiev, 1994) S. Nikel, Die Deutschen in Wolhynien(Kharkiv, 1936); Nikolaus Arndt, Die Deutschen in Wolhynien: Ein Kulturhistorischer Überblick* (Würzburg: Kraft, 1994); Alfred Karasek, *Die Deutschen Siedlungen in Wolhynien* (Plauen: G. Wolff, 1931); Hugo Karl Schmidt, *Die Evangelisch-Lutherische Kirche in Wolhynien* (Marburg: Elwert, 1992). 關於猶太人的歷史，見 I. A. S Khonigman, *Evrei Ukrainy: Kratkii ocherk istorii* (Kiev: Ukrainskofinskiĭ in-t menedzhmenta I biznesa, 1992);*Istoriia Evreev na Ukraine I v Belorussii: Ėkspeditsii, pami'atniki, nakhodki: Sbornik nauchnykh trudov* (Sankt-Peterburg: Peterburgskiĭ evreĭskiĭ universitet, 1994); Mikhail Mitsel', *Evrei Ukrainy v 1943-1953 Gg.: Ocherki Dokumentirovannoĭ Istorii* (Kiev: Dukh I litera, 2004); Avrahm Yarmolinsky, *The Jews and Other Minor Nationalities under the Soviets* (New York: Vanguard Press, 1928). 關於納粹德國在右岸烏克蘭創造的「德意志裔人」（Volksdeutsch）的觀念，見 Wilhelm Fielitz, *Das Stereotyp des Wolhyniendeutschen Umsiedlers: Popularisierungen zwischen Sprachinselforschung und Nationalsozialistischer Propaganda* (Marburg: Elwert, 2000). 自從《無名之地的歷史》出版之後，出現了幾部波蘭—烏克蘭邊境地區及其混合人口的歷史著作。例見 Omer Bartov and Eric D. Weitz, *Shatter-zone of Empires: Coexistence and Violence in the German, Habsburg, Russian, and Ottoman Borderlands* Bloomington: Indiana University Press, 2013); Timothy Snyder, *Bloodlands: Europe between Hitler and Stalin* (New York: Basic Books, 2010); Daniel Adam Mendelsohn, *The Lost: A Search for Six of Six Million* (New York: Harper-Collings, 2006).

9・米哈伊爾・巴赫京與 Dmitri Likhachev 這兩名古拉格倖存者的作品呈現的生命經驗，見 Aleksander Ėtkind, *Warped Mourning: Stories of the Undead in the Land of the Unburied* (Stanford, CA: Stanford University Press, 2013), 69.

10・從一九二〇年到一九二八年，工廠每年平均生產一百萬個鐘錶，占了美國國內鐘錶生產的半數以上，而且超過排名第二的競爭者兩倍以上。E. C. Alft, *Elgin: An American History*, 1835-1985 (Elgin, IL: Crossroads Communications, 1999), elginhistory.com (accessed November 22, 2007), chap. 7, sect. 3.

11・Ibid., chap. 5, sect. 1.

12・Ibid., chap. 10, sect. 7.

13．在 Jefferson Cowie 寫的美國無線電公司（RCA）歷史中，他指出美國無線電公司在二次大戰後首度將一些部門從紐澤西州（New Jersey）的康登（Camden）遷到中西部，當地「就像數十年後的美墨邊境一樣」被規劃成低薪地區，生產「有競爭力、由女性製造」的商品。Cowie, *Capital Moves: RCA's Seventy-Year Quest for Cheap Labor* (Ithaca, NY: Cornell University Press, 1999), 34.

14．*Alft, Elgin*, chap. 10, sect. 6.

15．從一九七九年到一九八六年，俄亥俄州（Ohio）、密西根州（Michigan）、印第安納州（Indiana）、伊利諾州與威斯康辛州（Wisconsin）失去了百分之十九的製造業工作。James Rhodes, "Youngstown's Ghost? Memory, Identity and Deindustrialization," *International Labor and Working-Class History*, no. 84 (Fall 2013), 56.

16．Alft, *Elgin*, chap. 7, sec. 3.

17．"The Kane County Pimpernel," *Time*, October 5, 1970. 關於菲利普斯自己出版的回憶錄，見 Ray Fox, aka Jim Phillips, *Raising Kane: The Fox Chronicles* (Kansas, 1999).

18．引自 Douglas Martin, "James Phillips, 70, Environmentalist Who Was Called the Fox," *New York Times*, October 22, 2001.

19．關於早期環境運動的近期歷史，見 Adam Rome, *The Genius of Earth Day: How a 1970 Teach-In Unexpectedly Made the First Green Generation* (New York: Hill and Wang, 2014).

20．關於作者與主題之間的界線以及界線在歷史寫作中的地位，見 "Round Table: Self and Subject," *Journal of American History* 89, no. 1 (June 2002): 15-53.

21．一九九九年，俄亥俄州著名的去工業化城市揚斯敦（Youngstown），該市市長 George McKelvey 諷刺地評論說，「華府有人顯然這麼說：『問題都在揚斯頓身上。那裡的人不夠聰明，不明白我們在做什麼。』」關於這段引文以及把社區內部化分析成一種失落之地，見 John Russo and Sherry Lee Linkon, "Collateral Damage: Deindustrialization and the Uses of Youngstown," in Jefferson Cowie and Joseph Heathcott, *Beyond the Ruins: The Meanings of Deindustrialization* (Ithaca, NY: ILR Press, 2003), 209.

22．如 Dolores Hayden 指出的，「在美國經驗中，對於無安身之地的絕望，與地方帶來的愉悅一樣重要。」"The American Sense of Place and the Politics of Space," in *American Architecture: Innovation and Tradition*, ed. David G. De Long, Helen Searing, and Robert A. M. Stern (New York: Rizzoli, 1986), 184.

23．有許多網站，見 "Dereliction Addiction," http://uexplorer.wordpress.com/; "The Bohemian Blog," http://www.thebohemianblog.com/p/urban-exploration-urbex.html

24．關於去工業化空間的資料來源非常多。舉例來說，見 C. Campbell, "Residual Landscapes and the Everyday: An Interview With Edward Burtynsky," *Space and Culture* 11, no. 1 (2008): 39-50; Jennifer Baichwal, dir., *Manufactured Landscapes* (Zeitgeist Films, 2006); Dan Austin and Sean Doerr, *Lost Detroit: Stories behind the Motor City's Majestic Ruins* (Charleston, SC: History Press, 2010); Bill McGraw, "Life in the Ruins of Detroit," *History Workshop Journal* 63, no. 1 (2007): 288-302; N. Millington, "Post-Industrial Imaginaries: Nature, Representation and Ruin in Detroit, Michigan," *International Journal of Urban and Regional Research* 37, no. 1 (2013): 279-96; Andrew Moore, Philip Levine, and Akron Art Museum, *Detroit Disassembled* (Bologna: Damiani Editore; Akron, OH: Akron Art Museum, 2010). 關於全球去工業化的議題，見 *International Labor and Working-Class History*, no. 84 (Fall 2013).

25．Douglas Coupland, "Unclassy: The Old Class Definitions Are Becoming Obsolete," *FT Magazine*, January 10, 2014, http://www.ft.com/cms/s/2/81e53694-78c5-11e3-a148-00144feabdc0.html#axzz2qluclwoi.

26．Tim Strangleman, "'Smokestack Nostalgia,' 'Ruin Porn' or Working-Class Obituary: The Role and Meaning of Deindustrial Representation," *International Labor and Working-Class History*, no. 84 (Fall 2013), 23-38.

27．Sue Halpern, "Mayor of Rust, John Fetterman," *New York Times Magazine*, February 11, 2011; Sean Posey, "The Battle for Braddock, January 24, 2013, rustwire.com.

28．對於混亂失序的兩面性的生動描述，見 Paige Williams, "Drop Dead, Detroit!" New Yorker, January 27, 2014, 32-39. 不動產轉移到新地點喪失的價值，對這個過程所做的馬克思主義分析，見 Don Mitchell, "Working-Class Geographies: Capital, Space, and Place," in *New Working-Class Studies*, ed. John Russo and Sherry Lee Linkon (Ithaca, NY: Cornell University Press, 2005), 78-97.

29．Thomas J. Sugrue, *The Origins of the Urban Crisis: Race and Inequality in Postwar Detroit* (Princeton, NJ: Princeton University Press, 1996); William J. Wilson, *When Work Disappears: The World of the New Urban Poor* (New York: Knopf, 1996); Loïc J. D. Wacquant, *Urban Outcasts: A Comparative Sociology of Advanced Marginality* (Cambridge, MA: Polity, 2008).

30．Jason Segedy, "Looking Ahead after Growing Up with Declines," November 6, 2013, rustwire.com. 感謝 Steve Seegal 提醒我這個網站。

31．一九八九年，底特律有五千二百一十五棟廢棄的建築物。McGraw, "Life in the Ruins," 294.

32．關於「慢暴力」的定義，見 Rob Nixon, *Slow Violence and the Environmentalism of the Poor* (Cambridge, MA: Harvard University Press, 2011), 2-3.

33．"Clyde, Ohio, Child-Cancer Cluster Confounds Parents, Medical Investigators," Plain Dealer/Cleveland.com, http://www.cleveland.com/nation/index.ssf/2010/12/clyde_ohio_child-cancer_cluste.html (accessed January 29, 2014); "America's Infant Mortality Crisis," http://www.aljazeera.com/programmes/faultlines/2013/09/20139248355279581.html (accessed January 29, 2014).

34．關於二十世紀中葉美國高薪與工業成長時代無法長久存續的問題，見 Cowie and Heathcott, *Beyond the Ruins*, 14.

35．例見以馬里蘭州（Maryland）麻雀角（Sparrow's Point）為中心的口述歷史計畫，計畫對象是一個位於巴爾的摩麻雀角鋼廠周圍的社區。"Sparrows Point," http://millstories.umbc.edu/sparrows-point/.

36．Helen M. Cox and Colin A, Holmes, "Loss, Healing, and the Power of Place," *Human Studies* 23, no. 1 (January 2000), 70.

# 參考書目

Agnon, Shmuel Yosef, and S. Goĭzman. Rasskazy o Baal'-Shem-Tove. Moscow: Tekst: Knizhniki, 2011.

Aizenberg, L. "Chudo tsadika v kassastionnom senate," Evreiskaia letopis' 4 (1926)

—— "Mestechko Kaminski i ego obivateli." Evreiskaia letopis' 4 (1926).

Alft, E. C. Elgin: An American History, 1835–1985. 1984; Elgin, IL: Crossroads Communications, 1999.

Anderson, Nels. Men on the Move. University of Chicago Sociological Series. Chicago, IL: University of Chicago Press, 1940.

Andrews, Thomas G. Killing for Coal: America's Deadliest Labor War. Cambridge, MA: Harvard University Press, 2010.

Arndt, Nikolaus. Die Deutschen in Wolhynien: Ein Kulturhistorischer Uberblick. Würzburg: Kraft, 1994.

Austin, Dan, and Sean Doerr. Lost Detroit: Stories behind the Motor City's Majestic Ruins. Charleston, SC: History Press, 2010.

Ayers, Edward L., ed. American Passages: A History of the United States. Fort Worth, TX: Harcourt College, 2000.

Bacon, Edwin. The Gulag at War: Stalin's Forced Labour System in the Light of the Archives. New York: New York University Press, 1994.

Bacon, Elizabeth E. Central Asians under Russian Rule: A Study in Culture Change. 2nd ed. Ithaca, NY: Cornell University Press, 1980.

Baichwal, Jennifer, director. Manufactured Landscapes. Distributed by Zeitgeist Films, 2006.

Ball, Alan M. Russia's Last Capitalists: The Nepmen, 1921–1929. Berkeley: University of California Press, 1987.

Barag, T. Y. Karaganda. Moscow: Gos. izd-vo Arkhitektury i gradostroitel'stva, 1950.

Barnes, Steven Anthony. Death and Redemption: The Gulag and the Shaping of Soviet Society. Princeton, NJ: Princeton University Press, 2011.

Barr, Juliana. Peace Came in the Form of a Woman: Indians and Spaniards in the Texas Borderlands. Chapel Hill: University of North Carolina Press, 2007.

Barthes, Roland. Mythologies. New York: Hill and Wang, 1994.

Bartov, Omer, and Eric D Weitz. Shatterzone of Empires: Coexistence and Violence in the German, Habsburg, Russian, and Ottoman Borderlands. Bloomington: Indiana University Press, 2013.

Bassin, Mark. "Russia between Europe and Asia: The Ideological Construction of Geographical Space." Slavic Review 50, no. 1 (Spring 1991): 1–17.

Bassin, Mark, Christopher David Ely, and Melissa Kirschke Stockdale. Space, Place, and Power in Modern Russia : Essays in the New Spatial History. DeKalb: Northern Illinois University Press, 2010.

Baumgarten, Elisheva. Mothers and Children: Jewish Family Life in Medieval Europe. Princeton, NJ: Princeton University Press, 2004.

Becker, Elizabeth. "Private Idaho." New Republic. May 4, 1992.

Becker, Jonathan A. Soviet and Russian Press Coverage of the United States: Press,Politics, and Identity in Transition. New York: St. Martin's Press, 1999.

Bell, Wilson T. "Was the Gulag an Archipelago? De-Convoyed Prisoners and Porous Borders in the Camps of Western Siberia." Russian Review 72, no. 1 (January 2013): 116–41.

Berkhoff, Karel C. Harvest of Despair: Life and Death in Ukraine under Nazi Rule. Cambridge, MA: Harvard University Press, 2008.

Berman, Marshall. All That Is Solid Melts into Air: The Experience of Modernity. New York: Simon and Schuster, 1982.

Biehl, João Guilherme. Vita: Life in a Zone of Social Abandonment. Berkeley: University of California Press, 2005.

Black, Monica. "Miracles in the Shadow of the Economic Miracle: The 'Supernatural '50s' in West Germany.'" Journal of Modern History 84, no. 4 (December 2012): 833–60.

Blackbourn, David. Marpingen: Apparitions of the Virgin Mary in Nineteenth-Century Germany. New York: Knopf, 1994.

Blouin, Francis X., and William G. Rosenberg. Processing the Past: Contesting Authority in History and the Archives. New York: Oxford University Press, 2011.

Bogoraz, V. G. Evreiskoe mestechko v revoliutsii. Moscow, 1926.

Bonnett, Alastair. The Idea of the West: Culture, Politics, and History. Houndmills, Basingstoke: Palgrave Macmillan, 2004.

Bradley, Harriet. "The Seductions of the Archive: Voices Lost and Found." History of the Human Sciences 12, no. 2 (May 1999): 107–22.

Brown, Kate. A Biography of No Place: From Ethnic Borderland to Soviet Heartland. Cambridge, MA: Harvard University Press, 2004.

——. Plutopia: Nuclear Families, Atomic Cities, and the Great Soviet and American Plutonium Disasters. New York: Oxford University Press, 2013.

Buber-Neumann, Margarete. Under Two Dictators. Trans. Edward Fitzgerald. London: V. Gollancz, 1949.

Buchsweiler, Meir. Volksdeutsche in der Ukraine am Vorabend und Beginn des Zweiten Weltkriegs: Ein Fall Doppelter Loyalitat? Gerlingen: Bleicher, 1984.

Buck-Morss, Susan. The Dialectics of Seeing: Walter Benjamin and the Arcades Project. Cambridge, MA: MIT Press, 1989.

Burton, Antoinette M. Archive Stories: Facts, Fictions, and the Writing of History. Durham, NC: Duke University Press, 2005.

Buxbaum, Yitzhak. The Light and Fire of the Baal Shem Tov. New York: Continuum, 2006.

Calvino, Italo. Invisible Cities. Trans. William Weaver. New York: Harcourt Brace Jovanovich, 1978.

Cameron, Sarah. "The Hungry Steppe: Soviet Kazakhstan and the Kazakh Famine, 1921–1934." PhD diss., Yale University, 2010

Campbell, C. "Residual Landscapes and the Everyday: An Interview With Edward Burtynsky." Space and Culture 11, no. 1 (2008): 39–50.

Casey, Edward S. The Fate of Place: A Philosophical History. Berkeley: University of California Press, 1997.

Chambers, Iain. Migrancy, Culture, Identity. London: Routledge, 1994.

Ciesielski, Stanisław, and Anton Kuczynski, eds. Polacy w Kazachstanie 1940–1946: Historia i wspolczesnosc. Wrocław: Wydawnictwo Uniwersytetu Wrocławskiego, 1996.

Clark, Katerina, and Michael Holquist. Mikhail Bakhtin. Cambridge, MA: Harvard University Press, 1984.

Cohen, Deborah, and Maura O'Connor. Comparison and History: Europe in Cross-National Perspective. New York: Routledge, 2004.

Conquest, Robert. The Nation Killers: The Soviet Deportation of Nationalities. London: Macmillan, 1970.

Cowie, Jefferson. Capital Moves: RCA's Seventy-Year Quest for Cheap Labor. Ithaca, NY: Cornell University Press, 1999.

Cowie, Jefferson, and Joseph Heathcott. Beyond the Ruins: The Meanings of Deindustrialization. Ithaca, NY: ILR Press, 2003.

Cox, Helen M., and Colin A. Holmes. "Loss, Healing, and the Power of Place." Human Studies 23, no. 1 (January 2000): 63–78.

Cronon, William. "AHA Presidential Address: 'Storytelling.'" American Historical Review 118, no. 1 (February 2013): 1–20.

——. Changes in the Land: Indians, Colonists, and the Ecology of New England. New York: Hill and Wang, 2011.

——. Nature's Metropolis: Chicago and the Great West. 1st ed. New York: W. W. Norton, 1991.

——. "A Place for Stories: Nature, History and Narrative," Journal of American History 78 (1992): 1347–76.
Danilov, Viktor Petrovich, and S. A. Krasil'nikov, eds. Spetspereselentsy v zapadnoĭ Sibiri, 1933–1938. Novosibirsk: ĖKOR, 1994.
David-Fox, Michael, and Alexander M. Martin. Fascination and Enmity: Russia and Germany as Entangled Histories, 1914–1945. Pittsburgh, PA: University of Pittsburgh Press, 2012.
Davies, Thom. "A Visual Geography of Chernobyl: Double Exposure." International Labor and Working-Class History, no. 84 (Fall 2013), 116–39.
Day, Kathleen. "Sting Reveals Security Gap at Nuclear Agency." Washington Post, July 12, 2007, A1.
Degteva, M. O., N. B. Shagina, M. I. Vorobiova, L. R. Anspaugh, and B. A. Napier. "Reevaluation of Waterborne Releases of Radioactive Materials from the Mayak Production Association into the Techa River in 1949–1951." Health Physics 102, no. 1 (January 2012): 25–38.
De Long, David Gilson, Helen Searing, and Robert A. M. Stern, eds. American Architecture: Innovation and Tradition. New York: Rizzoli, 1986.
Demko, George J. The Russian Colonization of Kazakhstan, 1896–1916. Bloomington: Indiana University Press, 1969.
DiMaio, Alfred John. Soviet Urban Housing: Problems and Policies. New York: Praeger, 1974.
Dmytruk, Nykanor. "Pro chudesa na Ukraini roku 1923–go." Ethnografichnyi visnyk 1 (1925): 50–65.
——. "Z novogo pobutu." Ethnografichnyi visnyk 2 (1926): 31–37.
——. "'Chudesa' na Poltavshchyni, 1928." Etnografichnyi visnyk 8 (1929): 168–80.
Dower, John W. War without Mercy: Race and Power in the Pacific War. New York: Pantheon, 1986.
Dunin-Kozicka, Maria. Burza od wschodu: Wspomnienia z Kijowszczyzny, 1918–1920. Łódź: Wydawn. "Artus," 1990.
Elagin, A. S., B. N. Abisheva, and K. Nurpeisov, eds. Karaganda: Istoriia gorodov Kazakhstana. Alma-Ata: Nauka, 1989.
Esaulov, Aleksandr. Chernobyl': Letopis' mertvogo goroda. Moscow: Evropa, 2006.
Ethington, Philip J. "Placing the Past: 'Groundwork' for a Spatial Theory of History." Rethinking History 11, no. 4 (December 2007): 465–93.
Ėtkind, Aleksandr. Warped Mourning: Stories of the Undead in the Land of the Unburied. Stanford, CA: Stanford University Press, 2013.
Fenn, Elizabeth A. Encounters at the Heart of the World: A History of the Mandan People. New York: Hill and Wang, 2014.
Ficken, Robert E. Rufus Woods, the Columbia River and the Building of Modern Washington. Pullman: Washington State University Press, 1995.
Fielitz, Wilhelm. Das Stereotyp Des Wolhyniendeutschen Umsiedlers: Popularisierungen Zwischen Sprachinselforschung und Nationalsozialistischer Propaganda. Marburg: Elwert, 2000.
Fiset, Louis. Camp Harmony: Seattle's Japanese Americans and the Puyallup Assembly Center. Urbana: University of Illinois Press, 2009.
Fitzpatrick, Sheila. Tear Off the Masks! Identity and Imposture in Twentieth-Century Russia. Princeton, NJ: Princeton University Press, 2005.
Ford, Jamie. Hotel on the Corner of Bitter and Sweet: A Novel. New York: Ballantine, 2009.
Foucault, Michel. Discipline and Punish: The Birth of the Prison. Trans. Alan Sheridan. New York: Vintage, 1995.
——. Madness and Civilization; a History of Insanity in the Age of Reason. New York: New American Library, 1967.
Fox, William T. R. The Super-Powers: The United States, Britain, and the Soviet Union—Their Responsibility for Peace. New York: Harcourt, Brace and Company, 1944.
Fraser, Ronald. In Search of a Past : The Rearing of an English Gentleman, 1933–1945. New York: Atheneum, 1984.

Gleason, Abbott. Totalitarianism: The Inner History of the Cold War. New York: Oxford University Press, 1995.
Goldstein, Donna, and Magdalena E. Stawkowski. "James V. Neel and Yuri E. Dubova: Cold War Debates and the Genetic Effects of Low-Dose Radiation." Journal of the History of Biology, online edition (July 2014).
Grant, Kimi Cunningham. Silver Like Dust: One Family's Story of America's Japanese Internment. New York: Pegasus Books, 2012.
Grünberg, Slawomir, director. Chelyabinsk: The Most Contaminated Spot on the Planet. Chip Taylor Production, 1995.
Gus'kova, A. K. Atomnaia otrasl' strany: Glazami vracha. Moscow: Real'noe vremia, 2004.
Hacker, Barton C. The Dragon's Tail: Radiation Safety in the Manhattan Project, 1942–1946. Berkeley: University of California Press, 1987.
Hales, Peter Bacon. Levittown: Documents of an Ideal American Suburb. http:// tigger.uic .edu / ~pbhales /Levittown .html (accessed January 15, 2014).
Halpern, Sue. "Mayor of Rust, John Fetterman." New York Times Magazine, February 11, 2011.
Halttunen, Karen. "Groundwork: American Studies in Place—Presidential Address to the American Studies Association, November 4, 2005." American Quarterly 58, no. 1 (2006): 1–15.
Haraway, Donna. "Situated Knowledges: The Science Question in Feminism and the Privilege of Partial Perspective." Feminist Studies 14, no. 3 (October 1988): 575–99.
Hartman, Saidiya. Lose Your Mother: A Journey along the Atlantic Slave Route. New York: Farrar, Straus and Giroux, 2008.
Hayanga, Awori J., Steve B. Zeliadt, and Leah M. Backhus. "Residential Segregation and Lung Cancer Mortality in the United States." JAMA Surgery 148, no. 1 (January 2013): 37–42.
Hayashi, Brian Masaru. Democratizing the Enemy: The Japanese American Internment. Princeton, NJ: Princeton University Press, 2010.
Hecht, Gabrielle. Being Nuclear: Africans and the Global Uranium Trade. Cambridge, MA: MIT Press, 2012.
Hellbeck, Jochen. Revolution on My Mind: Writing a Diary under Stalin. Cambridge, MA: Harvard University Press, 2006.
Henke, Herbert. "Der dornige Weg zum Wissen: autobiographische Skizzen." Feniks, no. 11 (September 1995), 2–76.
Herbert, Ulrich. Hitler's Foreign Workers: Enforced Foreign Labor in Germany under the Third Reich. Cambridge: Cambridge University Press, 2006.
Hill, C. K. "The Low-Dose Phenomenon: How Bystander Effects, Genomic Instability, and Adaptive Responses Could Transform Cancer-Risk Models." Bulletin of the Atomic Scientists 68, no. 3 (May 2012): 51–58.
Hillis, Faith. Children of Rus': Right-Bank Ukraine and the Invention of a Russian Nation. Ithaca, NY: Cornell University Press, 2013.
Hochstadt, Steve. Mobility and Modernity: Migration in Germany, 1820–1989. Ann Arbor: University of Michigan Press, 1999.
Hoxie, Frederick E. Parading through History: The Making of the Crow Nation in America, 1805–1935. Cambridge: Cambridge University Press, 1995.
Hundert, Gershon David, ed. Essential Papers on Hasidism: Origins to Present. New York: New York University Press, 1991.
Inada, Lawson Fusao, ed. Only What We Could Carry: The Japanese American Internment Experience. Berkeley, CA: Heyday Books, 2000.
Ivanova, A. E., V. G. Semyonova, N. S. Gavrilova, G. N. Evdokushkina, L. A. Gavrilov, "Mortality Trends: Role of Particular Age Groups and Causes of Death in Their Shaping,". Obshchestvenno zdorov'e i profilaktika zabolevanii 6 (2004): 3–9.
Ivanova, Galina Mikhailovna. Gulag v sisteme totalitarnogo gosudarstva. Moscow: Moskovskiĭ obshchestvennyĭ nauchnyĭ fond, 1997.
Iversen, Kristen. Full Body Burden: Growing Up in the Nuclear Shadow of Rocky Flats. New York: Crown, 2012.

Iwanow, Mikolaj. Pierwszy narod ukarany: Stalinizm wobec polskiej ludnosci kresowej, 1921–1938. Warsaw: Państwowe Wydawn. Nauk, 1991.
Jain, Sarah S. Lochlann. Malignant: How Cancer Becomes Us. Berkeley: University of California Press, 2013.
Johnston, Barbara Rose, and Holly M. Barker. Consequential Damages of Nuclear War: The Rongelap Report. Walnut Creek, CA: Left Coast Press, 2008.
Kaplan, Alice Yaeger. French Lessons: A Memoir. Chicago: University of Chicago Press, 1993.
Karasek, Alfred. Die Deutschen Siedlungen in Wolhynien. Plauen: G. Wolff, 1931.
Karpikova, G. A., ed. Iz istorii Nemtsev Kazakhstana, 1921–1975 gg.: Sbornik dokumentov. Almaty: Gotika, 1997.
Katti, Christian S. G., and Bruno Latour. "Mediating Political 'Things,' and the Forked Tongue of Modern Culture: A Conversation with Bruno Latour." Art Journal 65, no. 1 (April 2006): 94–115.
Kershaw, Ian, and Moshe Lewin, eds. Stalinism and Nazism: Dictatorships in Comparison. Cambridge: Cambridge University Press, 1997.
Khanin, G. I. "The 1950s: The Triumph of the Soviet Economy." Europe-Asia Studies 55, no. 8 (December 2003): 1187–1212.
Khonigsman, I. A. S. Evrei Ukrainy: Kratkiĭ ocherk istorii. Kiev: Ukrainsko-finskiĭ in-t menedzhmenta i biznesa, 1992.
Klosterman, Lorrie. "Narrative Medicine Heals Bodies and Souls." Utne Reader, September–October 2009.
Koch, Fred C. The Volga Germans: In Russia and the Americas, from 1763 to the Present. University Park: Pennsylvania State University Press, 1977.
Kossak-Szczucka, Zofia. Pożoga; Wspomnienia z Wołynia, 1917–1919. Kraków: Nakł.
Krakowskiej Spółki Wydawniczej, 1923.
Kostin, Ihor F. Chernobyl: Confessions of a Reporter. New York: Umbrage, 2007.
Kotkin, Stephen. Magnetic Mountain: Stalinism as a Civilization. Berkeley: University of California Press, 1995.
Kravchenko, Vasyl'. "Osapatova dolyna." Etnografichnyi visnyk 2 (1926): 108–11.
Kudriavtsev, Alekseĭ Osipovich. Ratsional′noe ispol′zovanie territoriĭ pri planirovke i zastroĭke gorodov SSSR. Moscow, 1971.
Kupczak, Janusz M. Polacy na Ukrainie w latach 1921–1939. Wrocław: Wydawn, Uniwersytetu Wrocławskiego, 1994.
Larin, V. Kombinat "Maiak": Problema na veka. Moscow: KMK Scientific Press, 2001.
Lawson, James. "Chronotope, Story, and Historical Geography: Mikhail Bakhtin and the Space-Time of Narratives." Antipode 43, no. 2 (March 2011): 384–412.
Leczycki, Kazimierz. "Brat z tamtej strony." Słowo, no. 61. Wilno, 1923.
Lefebvre, Henri. Everyday Life in the Modern World. Trans. Sacha Rabinovitch. New Brunswick, NJ: Transaction Books, 1990.
——. The Production of Space. Trans. Donald Nicholson-Smith. Oxford: Blackwell, 1994.
Lynch, Michael. "Archives in Formation: Privileged Spaces, Popular Archives and Paper Trails." History of the Human Sciences 12, no. 2 (1999): 65–87.
Malkki, Liisa H. Purity and Exile: Violence, Memory, and National Cosmology among Hutu Refugees in Tanzania. Chicago: University of Chicago Press, 1995.
Malybaev, O. Bor′ba KPSS za sozdanieiI razvitie tret′eĭ ugol′noĭ bazy SSSR. Alma-Ata: Kazakhskoe gos. izd-vo, 1961.
Manbo, Bill T., and Eric L. Muller. Colors of Confinement: Rare Kodachrome Photographs of Japanese American Incarceration in World War II. Chapel Hill: University of North Carolina Press, 2012.

Manzurova, Natalia, and Cathie Sullivan. Hard Duty: A Woman's Experience at Chernobyl. Tesuque, NM: Sullivan and Manzurova, 2006.
Marcus, Ivan G. Rituals of Childhood: Jewish Acculturation in Medieval Europe. New Haven, CT: Yale University Press, 1996.
Martin, Terry. The Affirmative Action Empire: Nations and Nationalism in the Soviet Union, 1923–1939. Ithaca, NY: Cornell University Press, 2001.
Massey, Doreen B. Space, Place, and Gender. Hoboken, NJ: Wiley, 2013.
McGraw, Bill. "Life in the Ruins of Detroit." History Workshop Journal 63, no. 1 (2007): 288–302.
McSheffrey, Shannon. "Detective Fiction in the Archives: Court Records and the Uses of Law in Late Medieval England." History Workshop Journal, no. 65 (2008), 65–78.
Mendelsohn, Daniel Adam. The Lost: A Search for Six of Six Million. New York: HarperCollins, 2006.
Millington, N. "Post-Industrial Imaginaries: Nature, Representation and Ruin in Detroit, Michigan." International Journal of Urban and Regional Research 37, no. 1 (2013): 279–96.
"Misteaching History on Racial Segregation: Ignoring Purposeful Discriminatory Government Policies of the Past Contributes to the Ongoing Achievement Gap." Economic Policy Institute. http:// www .epi .org /publication /misteaching-history-racial-segregation-ignoring/ (accessed January 14, 2014).
Mitman, Gregg. "In Search of Health: Landscape and Disease in American Environmental
History." Environmental History 10, no. 2 (April 2005): 184–210.
Mitman, Greg, Michelle Murphy, and Christopher Sellers, eds. Landscapes of Exposure: Knowledge and Illness in Modern Environments. Chicago: University of Chicago Press, 2004.
Mitsel', Mikhail. Evrei Ukrainy v 1943–1953 gg.: Ocherki dokumentirovannoĭ istorii. Kiev: Dukh i litera, 2004.
Moiseenko, V. "Migratsiia naseleniia v perepiskakh Rossii i SSSR." Voprosy statistiki 3 (1997): 30–36.
Monahan, Torin, and Jill A. Fisher. "Benefits of 'Observer Effects': Lessons from the Field." Qualitative Research 10, no. 3 (June 2010): 357–76.
Moore, Andrew, Philip Levine, and Akron Art Museum. Detroit Disassembled.Bologna: Damiani Editore; Akron, OH: Akron Art Museum, 2010.
Mukherjee, Siddhartha. The Emperor of All Maladies: A Biography of Cancer. New York: Scribner, 2010.
Mukanov, Sabit. Karaganda. Moscow: Foreign Languages Publishing House, 1954.
Murphy, J. C. The Comical History of Montana: A Serious Story for Free People. San Diego, 1912.
Murphy, Mary. Mining Cultures: Men, Women, and Leisure in Butte, 1914–41. Urbana: University of Illinois Press, 1997.
Murray, Alice Yang. Historical Memories of the Japanese American Internment and the Struggle for Redress. Stanford, CA: Stanford University Press, 2008.
Mycio, Mary. "Account of Chernobyl Trip Takes Web Surfers for a Ride." Los Angeles Times, July 6, 2004. http:// articles .latimes .com /2004 /jul /06 /world /fg-chernobyl6 (accessed July 6, 2004).
——. Wormwood Forest: A Natural History of Chernobyl. Washington, DC: Joseph Henry Press, 2005.
Nash, Linda. "Finishing Nature: Harmonizing Bodies and Environments in Late-Nineteenth-Century California." Environmental History 8, no. 1 (January 2003): 25–52.
——. "Purity and Danger: Historical Reflections on the Regulation of Environmental Pollutants." Environmental History 13, no. 4 (October 2008): 651–58.
Navasky, Victor S. Naming Names. New York: Hill and Wang, 2003.
Neiwert, David A. Strawberry Days: How Internment Destroyed a Japanese American Community. New York: Palgrave Macmillan, 2005.
Nekrich, A. M. The Punished Peoples: The Deportation and Fate of Soviet Minorities at the End of the Second World War. Trans. George Sanders. New York: Norton, 1978.

Ngai, Mae M. Impossible Subjects: Illegal Aliens and the Making of Modern America. Princeton, NJ: Princeton University Press, 2004.
Nixon, Rob. Slow Violence and the Environmentalism of the Poor. Cambridge, MA: Harvard University Press, 2011.
Novoselov, V. N. and V. S. Tolstikov. Atomnyi sled na Urale. Chliabinsk: Rifei, 1997.
——. Taĭna "Sorokovki." Ekaterinburg: Ural'skiĭ rabochiĭ, 1995.
Olcott, Martha Brill. The Kazakhs. 2nd ed. Stanford, CA: Hoover Institution Press, Stanford University Press, 1995.
Owen, Hana. "Bakhtinian Thought and the Defence of Narrative: Overcoming Universalism and Relativism." Cosmos and History: The Journal of Natural and Social Philosophy 7, no. 2 (July 2011): 136–56.
Pak, Yoon. Wherever I Go, I Will Always Be a Loyal American: Seattle's Japanese American Schoolchildren during World War II. Hoboken, NJ: Taylor and Francis, 2013.
Pchilka, Olena. "Ukrain'ski narodni legendy ostann'ogo chasu." Etnografichnyi visnyk 1 (1925): 43–47.
Peacock, Margaret. Innocent Weapons: The Soviet and American Politics of Childhood in the Cold War. Chapel Hill: University of North Carolina Press, 2015.
Peeren, Esther, and Maria del Pilar Blanco, eds. Popular Ghosts: The Haunted Spaces of Everyday Culture. London: Bloomsbury Academic, 2010.
Pesternikova, Valentina, Nadezhda Okladnikova, Margarita Sumina, and Victor Doshchenko. "Occupational Diseases from Radiation Exposure at the First Nuclear Plant in the USSR." Science of the Total Environment 142 (1994): 9–17.
Phillips, Charles, and Alan Axelrod, eds. Encyclopedia of the American West. 4 vols. New York : Macmillan, 1996.
Pohl, J. Otto. The Stalinist Penal System: A Statistical History of Soviet Repression and Terror, 1930–1953. Jefferson, NC: McFarland, 1997.
Poliakov, Iuriĭ Aleksandrovich, and V. B. Zhiromskaia, eds. Vsesoiuznaia perepis′ naseleniia 1937 goda—obshchie itogi: Sbornik dokumentov. Moscow: ROSSPĖN, 2007.
Reps, John William. The Forgotten Frontier: Urban Planning in the American West before 1890. Columbia: University of Missouri Press, 1981.
Reyes, G. Mitchell, ed. Public Memory, Race, and Ethnicity. Newcastle upon Tyne: Cambridge Scholars, 2010.
Rhodes, James. "Youngstown's Ghost? Memory, Identity and Deindustrialization." International Labor and Working-Class History, no. 84 (Fall 2013), 56.
Robinson, Greg. By Order of the President: FDR and the Internment of Japanese Americans. Cambridge, MA: Harvard University Press, 2001.
——. A Tragedy of Democracy: Japanese Confinement in North America. New York: Columbia University Press, 2009.
Rollison, David. "Exploding England: The Dialectics of Mobility and Settlement in Early Modern England." Social History 24, no. 1 (January 1999): 1–16.
——. The Local Origins of Modern Society: Gloucestershire 1500–1800. London:
Routledge, 1992.
Rosman, Murray Jay. Founder of Hasidism: A Quest for the Historical Ba'al Shem Tov.
Berkeley, CA: University of California Press, 1996.
Roach, S. A., and S. M. Rappaport. "But They Are Not Thresholds: A Critical Analysis of the Documentation of Threshold Limit Values." American Journal of Industrial Medicine 17 (1998): 727–53.
Scarry, Elaine. The Body in Pain: The Making and Unmaking of the World. New York: Oxford University Press, 1987.
Schmidt, Hugo Karl. Die Evangelisch-Lutherische Kirche in Wolhynien. Marburg: Elwert, 1992.

Schreuder, Yda. "Labor Segmentation, Ethnic Division of Labor, and Residential Segregation in American Cities in the Early Twentieth Century." Professional Geography 41 (1989): 131–43.

Scott, James C. Seeing Like a State: How Certain Schemes to Improve the Human Condition Have Failed. New Haven, CT: Yale University Press, 1998.

Scott, Rebecca J., and Jean M. Hébrard. Freedom Papers an Atlantic Odyssey in the Age of Emancipation. Cambridge, MA: Harvard University Press, 2012.

Secrets of the Chernobyl Disaster. Minneapolis, MN: East View Publications, 2003.

Sellers, Christopher. "Body, Place and the State: The Makings of an 'Environmentalist' Imaginary in the Post–World War II U.S." Radical History Review, no. 74 (Spring 1999), 31–64.

——. "Discovering Environmental Cancer: Wilhelm Hueper, Post–World War II Epidemiology, and the Vanishing Clinician's Eye." American Journal of Public Health 87, no. 11 (1997): 1824–35.

——. "Factory as Environment: Industrial Hygiene, Professional Collaboration and the Modern Sciences of Pollution." Environmental History Review 18, no. 1 (April 1994): 55–83.

——. "Thoreau's Body: Towards an Embodied Environmental History." Environmental History 4, no. 4 (October 1999): 486–514.

Sheppard, E. "The Spaces and Times of Globalization: Place, Scale, Networks, and Positionality*." Economic Geography 78, no. 3 (2002): 307–30.

Shevzov, Vera. "Miracle-Working Icons, Laity, and Authority in the Russian Orthodox Church, 1861–1917." Russian Review 58, no. 1 (January 1999): 26–48.

Shales, Amity. The Forgotten Man: A New History of the Great Depression. New York: Harper Perennial, 2008.

Sikorskii, Ivan Alekseevich. "Psikhopaticheskaia epidemiia 1892 goda v Kievskoi Guberni." Sbornik nauchno-literaturnykh statei: Po voprosam obshchestvennoi psikhologii, vospitaniia i nervno-psikhicheskoi gigieniy 5 (1900): 44–114.

Skultans, Vieda. The Testimony of Lives: Narrative and Memory in Post-Soviet Latvia. London: Routledge, 1998.

Snyder, Timothy. Bloodlands: Europe between Hitler and Stalin. New York: Basic Books, 2010.

Solnit, Rebecca. The Faraway Nearby. New York: Viking 2013.

Sone, Monica Itoi. Nisei Daughter. Seattle: University of Washington Press, 1979.

Starn, Orin. "Engineering Internment: Anthropologists and the War Relocation Authority." American Ethnologist 13, no. 4 (November 1986): 700–720.

Startsev, I. A. Amerika i Russkoe obshchestvo. Moskva: Izd-vo Akademii nauk SSSR, 1942.

Steedman, Carolyn. Dust: The Archive and Cultural History. New Brunswick, NJ: Rutgers University Press, 2002.

Steele, Karen Dorn. "U.S., Soviet Downwinders Share Legacy of Cold War." Spokesman Review, July 13, 1992, A4.

Stempowski, Jerzy. W doline Dniestru i inne eseje Ukraińskie: Listy o Ukrainie. Warsaw: LNB, 1993.

Stoler, Ann Laura. Along the Archival Grain: Epistemic Anxieties and Colonial Common Sense. Princeton, NJ: Princeton University Press, 2009.

——. Carnal Knowledge and Imperial Power: Race and the Intimate in Colonial Rule. Berkeley: University of California Press, 2002.

Strangleman, Tim. "'Smokestack Nostalgia,' 'Ruin Porn' or Working-Class Obituary: The Role and Meaning of Deindustrial Representation." International Labor and Working-Class History 84, no. 1 (Fall 2013): 23–37.

Sugrue, Thomas J. The Origins of the Urban Crisis: Race and Inequality in Postwar Detroit. Princeton, NJ: Princeton University Press, 1996. Taylor, Joseph E. "Boundary Terminology." Environmental History 13, no. 3 (2008): 454–81.

Teller, Adam. "Hasidism and the Challenge of Geography: The Polish Background to the Spread of the Hasidic Movement." AJS Review: The Journal of the Association for Jewish Studies 30, no. 1 (2006): 1–29.

Ternei, Evgenii. "Zhivaia legenda mertvogo goroda." Zerkalo nedeli, April 29–May 5, 1995.

Thompson, G. "Unmasking the Truth: The Science and Policy of Low-Dose Ionizing Radiation." Bulletin of the Atomic Scientists 68, no. 3 (May 2012): 44–50.

Tian-Shanskaia, Olga Semyonova. Village Life in Late Tsarist Russia. Edited by David L. Ransel. Bloomington: Indiana University Press, 1993.

Till, J. E. "Environmental Dose Reconstruction." In Proceedings of the Thirty-First Annual Meeting of the National Council on Radiation Protection and Measurements (NCRP), Washington, DC, April 12–13, 1995. Bethesda, MD: National Council on Radiation Protection, 1997.

Tollebeek, Jo. "'Turn'd to Dust and Tears': Revisiting the Archive." History and Theory 43, no. 2 (2004): 237–48.

Tracy, Merle Elliott. Our Country, Our People, and Theirs. New York: Macmillan, 1938.

Van der Ryn, Sim, and Peter Calthorpe. Sustainable Communities: A New Design Synthesis for Cities, Suburbs, and Towns. San Francisco: Sierra Club Books, 1986.

Viola, Lynne. The Unknown Gulag: The Lost World of Stalin's Special Settlements. Oxford: Oxford University Press, 2007.

Vlasov, Eduard. "The World According to Bakhtin: On the Description of Space and Spatial Forms in Mikhail Bakhtin's Works." Canadian Slavonic Papers/Revue Canadienne Des Slavistes 37, nos. 1/2 (March 1995): 37–58.

Wacquant, Loïc J. D. Urban Outcasts: A Comparative Sociology of Advanced Marginality. Cambridge, MA: Polity, 2008.

Wakatsuki Houston, Jeanne, and James D. Houston. Farewell to Manzanar: A True Story of Japanese American Experience during and after the World War II Internment. Boston: Houghton Mifflin, 1973.

West, Carroll Van. Capitalism on the Frontier: Billings and the Yellowstone Valley in the Nineteenth Century. Lincoln: University of Nebraska Press, 1993.

White, Richard. "It's Your Misfortune and None of My Own": A New History of the American West. Norman: University of Oklahoma Press, 1993.

——. The Organic Machine: The Remaking of the Columbia River New York: Hill and Wang, 1995.

——. Remembering Ahanagran: Storytelling in a Family's Past. New York: Hill and Wang, 1998.

Williams, Paige. "Drop Dead, Detroit!" New Yorker, January 27, 2014.

Wilson, Edmund. Travels in Two Democracies. New York: Harcourt, Brace and Company, 1936.

Wilson, William J. When Work Disappears: The World of the New Urban Poor. New York: Knopf, 1996.

Withers, Charles W. J. "Place and the 'Spatial Turn' in Geography and in History." Journal of the History of Ideas 70, no. 4 (2009): 637–58.

Yaeger, Patricia. Dirt and Desire: Reconstructing Southern Women's Writing, 1930–1990. University of Chicago Press, 2000.

——. "Ghosts and Shattered Bodies." South Central Review 22, no. 1 (Spring 2005): 87–108.

Yamamoto, Eric K. Race, Rights, and Reparation: Law and the Japanese American Internment. New York: Wolters Kluwer Law & Business, 2013.

Yarmolinsky, Avrahm. The Jews and Other Minor Nationalities under the Soviets. New York: Vanguard Press, 1928.

Young, Mary. "Setting Sun: Popular Culture Images of the Japanese and Japanese Americans and Public Policy." Explorations in Ethnic Studies 16, no. 1 (January 1993): 51–62.

Yurchak, Alexei. Everything Was Forever, Until It Was No More: The Last Soviet Generation. Princeton, NJ: Princeton University Press, 2006.

Zahorska, Anna. Uchodzy. 1922.
——. Odrutowana okolica. Warsaw: Biblioteka Domu Polskiego, 1925.
——. Trucizny. Warsaw: Dom Książki Polskiej, 1928.
Zemskov, V. H. "Massovoe osvobozhdenie spetsposelentsev i ssyl'nykh, 1954–1966 gg." Sotsiologicheskie issledovaniia 4 (1991): 5–25.
——. "Ob uchete spetskontingenta NKVD vo vsesoiuznykh perepisei naseleniia 1937." Sotsiologicheskie issledovaniia 2 (1991): 75.
——. "Spetsposelentsi." Sotsiologicheskie issledovaniia 11 (1990): 3–17.

國家圖書館出版品預行編目(CIP)資料

惡托邦記：核城市到鐵鏽帶，未忘之地的歷史／凱特・布朗（Kate Brown）作；黃煜文譯.
-- 初版. -- 新北市：左岸文化出版：遠足文化事業有限公司發行，2021.12
面；　公分
譯自：Dispatches from dystopia: histories of places not yet forgotten
ISBN 978-986-06016-5-7（平裝）

1.世界史2.災難 3.旅遊文學

711　　110003493



遠足文化　讀者回函

**歷史・跨域 18**

# 惡托邦記：核城市到鐵鏽帶，未忘之地的歷史

*Dispatches from Dystopia: Histories of Places Not Yet Forgotten*

**作者**・凱特・布朗（Kate Brown）｜**譯者**・黃煜文｜**責任編輯**・龍傑娣｜**校對**・胡慧如｜**美術設計**・林宜賢｜出版・左岸文化 第二編輯部｜**社長**・郭重興｜**總編輯**・龍傑娣｜**發行人兼出版總監**・曾大福｜**發行**・遠足文化事業股份有限公司｜**電話**・02-22181417｜**傳真**・02-22188057｜**客服專線**・0800-221-029｜**E-Mail**・service@bookrep.com.tw｜**官方網站**・http://www.bookrep.com.tw｜**法律顧問**・華洋國際專利商標事務所・蘇文生律師｜**印刷**・崎威彩藝有限公司｜初版・2021年12月｜**定價**・380元｜**ISBN**・978-986-06016-5-7｜